AF617504

EXCESOS FEMENINOS. DELIRIOS MASCULINOS

Luis de León Barga

EXCESOS FEMENINOS. DELIRIOS MASCULINOS

Una lectura de nuestro tiempo

fórcola

Siglo XX

Siglo XX

Director de la colección: Javier Fórcola

Diseño de cubierta: Fórcola

Corrección: Luis Álvaro Santamaría

Maquetación: Fórcola

Producción: Teresa Alba

Imagen de cubierta: Barbara Steele y Mario Pisu en una escena de *8½* (1963), de Federico Fellini

C/ Querol, 4 – 28033 Madrid
www.forcolaediciones.com

Depósito legal: M-20815-2025
ISBN: 978-84-19969-31-6

Imprime: Estugraf Impresores, S.L.
Encuadernación: Encuadernaciones Industriales Sport S.L
Impreso en España, CEE. Printed in Spain

El papel utilizado para la impresión de este libro está calificado como papel ecológico y procede de bosques gestionados de manera sostenible.

INTRODUCCIÓN
La experiencia del exceso

El exceso como algo que desborda cualquier regla o límite ha tenido una creciente importancia desde las primeras décadas del siglo XX hasta nuestros días. Resultan evidentes sus consecuencias en el ámbito político, bélico y científico. Estos comportamientos extremos no tuvieron parangón con los siglos anteriores. Basta recordar los desastres cometidos durante la Primera y la Segunda Guerra Mundial. O los comportamientos radicales de ciertas ideologías que dieron lugar al Holocausto y el Gulag. Aunque también hubo una vertiente positiva con numerosos hallazgos científicos. Hechos que fueron posibles en muchos casos gracias a las conductas extremas de sus creadores. Este conjunto de comportamientos confirió al exceso una categoría moral ambivalente, pero eficaz, para transformar el mundo, aunque no siempre a mejor. De igual forma hubo acciones que empezaron en ámbitos privados y terminaron siendo importantes por su influencia en la forma de vida colectiva. Conductas menos conocidas que las surgidas en la guerra, la política o la ciencia y a las que dedicamos nuestra atención.

En las grandes metrópolis de América y Europa, después de la Primera Guerra Mundial (1914-1918), el crecimiento económico y el deseo de olvidar los efectos de un conflicto devastador favorecieron que muchos excesos íntimos se generalizasen. La crisis económica de 1929, el ascenso de los totalitarismos en los años treinta y la posterior Segunda Guerra Mundial devolvieron lo extremo a la Historia. Habrá que esperar a la década de los años cincuenta para que las actitudes radicales vuelvan con fuerza en el ámbito de lo privado, y obtengan una fuerte resonancia en los medios de comunicación. Por lo general para condenarlos, pero también para cumplir con la finalidad de la prensa popular de publicar historias «llamativas» que captasen audiencia. En los años sesenta y posteriores las conductas excesivas adquirieron carta de normalidad e incluso llegaron a estar de moda entre los jóvenes, siempre más propensos a las actitudes intensas y la innovación. Actitudes impulsadas también por las oleadas de liberación política y sexual de esos años.

Sin embargo, las conductas excesivas son algo consustancial a la condición humana. En la Biblia leemos las historias de numerosos personajes que intentan franquear los límites, como ocurrió durante la construcción de la Torre de Babel. Tampoco la mitología griega se queda atrás y los dioses castigan a los hombres que transgreden los límites que les han impuesto, como le sucedió a Ícaro cuando intentó acercarse hasta el Sol volando con alas de cera. La palabra «exceso» viene del latín *excesus* y significa «pasado de la raya». Como está formada léxicamente por el prefijo *ex-* (hacia fuera) y *cedere* (caminar, caer, dar el paso, abandonar), estaba relacionada con los juegos de lucha y pugilato en los que se establecían unos límites mediante rayas en el suelo para que los contendientes peleasen dentro de ellos. Para los antiguos romanos el concepto de límite (*limes*), también definía las fortalezas que marcaban las fronteras del imperio. Quien vivía fuera del *limes* estaba considerado un bárbaro y venía a ser alguien que no hablaba latín y tenía una biología más animal que humana, condición que les hacía proclives a la violencia y el salvajismo.

En los diálogos de Platón, al hablar de las distintas formas de medir, el filósofo griego distinguió entre el número y la conducta. Lo primero era lo cuantificable aritméticamente y lo segundo consistía en medir la forma de proceder de los hombres. La justa medida de las acciones humanas consistía en mantener una conducta prudente, ordenada y que se situaba entre dos extremos. Una conducta «medida» no podía ser inamovible debido a los cambios propios de la condición humana. Otro filósofo de la Antigüedad griega, Aristóteles, se pronunció en el mismo sentido, al igual que las religiones monoteístas. El mundo antiguo siempre vio en el exceso algo reprobable, no sólo desde la moral, sino también en lo social y político, ya que inducía a quebrantar el orden natural.

Pero cada época histórica ha tenido sus excesos que se modificaban según los límites del momento. Monarcas, aristócratas, burgueses y cualquier clase social poseía un código de conducta franqueable con desórdenes sexuales, gastronómicos, económicos... Pero cuando superaban los límites morales, de salud pública u otros impuestos por las autoridades, se convertían en un asunto de orden público. El ejemplo más conocido fue el del escritor y libertino marqués de Sade (París, 1740-Charenton, 1814). Encarcelado por el Antiguo Régimen, lo fue también en la Asamblea Revolucionaria, el Consulado y el Primer Imperio francés, y estuvo veintisiete años de su vida preso en diversas fortalezas y manicomios por delitos sexuales. En su encarcelamiento, tuvo mucha influencia el contenido de sus obras donde justificaba diversos crímenes y el triunfo del vicio sobre la virtud.

La historia de Sade corrobora que el exceso sólo adquiere su naturaleza cuando es reconocido públicamente como algo extremo. El exceso de algo desconocido resulta imposible. Tiene que saberse, debe hablarse de ello. Cuanto más publicitado esté, más excesivo resultará y mayor número de gente se interesará por esta «novedad» aunque sea por curiosidad. No obstante, la sociedad tiende a cambiar la vara de medir acerca de lo que considera excesivo. Hace siglos los tatuajes estaban vistos como una práctica de la mala vida y peor gusto. Ahora, con el ansia de embellecer el cuerpo y reclamar la atención ajena, han adquirido la patente de normalidad y consideración estética. Incluso la modificación corporal, las escarificaciones y los tatuajes extremos.

Con el Romanticismo el exceso fue visto de otra forma. Aunque podía resultar peligroso o dañino para la salud física y mental de quien lo acometía, así como para el orden social, también era la expresión de una forma de libertad personal, donde el individuo vivía de la manera que consideraba más adecuada. No obstante, habrá que esperar al proceso de individualización que se produjo a lo largo de los siglos XIX y XX para que el concepto de exceso se amplíe sobremanera. Para ello fueron clave el desarrollo urbano, el arte y los intentos de liberación política y social de los jóvenes, las mujeres y las minorías sexuales.

El sociólogo Georg Simmel explicó que la ciudad transformó en extraños los unos a los otros[1]. La gente se podía cruzar con mil caras sin reconocer a nadie. Las personas adoptaban peculiaridades distintas para diferenciarse y llamar la atención. Lo excéntrico fue visto como una forma de perfilar la propia identidad y se convirtió en el paraguas bajo el que se refugiaron quienes buscaban «algo más» por disconformidad con los valores imperantes, sus propias vidas, o la simple curiosidad.

En cuanto al arte basta mirar las obras de los artistas más representativos del siglo pasado. A comienzos del siglo XX, el papel del artista moderno consistía en romper las reglas establecidas para encontrar nuevas vías creativas y artísticas. Aunque no se puede hablar de una corriente transgresiva, sí hubo una tendencia generalizada por destronar el arte académico y ocupar su lugar. Es un proceso donde la vanguardia ataca lo establecido para terminar convirtiéndose en lo oficial. Como le dijo Pablo Picasso a su amigo argentino Pancho Bernareggi, «en el arte hay que matar al padre»[2]. En 1897, el pintor malagueño había entrado en la Real Academia de San Fernando de Madrid a los dieciséis años, donde permanecerá hasta junio de 1898. Picasso había sido enviado con grandes sacrificios por su padre, un pintor mediocre que había visto las posibilidades artísticas de su hijo. Es en ese momento cuando se produce la ruptura, no tanto afectiva como del concepto de pintura que Picasso tiene frente a los deseos paternos.

En un principio, el exceso artístico tiene un carácter de renovación, lo que se ve claramente en las vanguardias. Luego deriva en una crítica del arte desde el arte como hizo Marcel Duchamp, que inventó nuevas formas expresivas. En el cuadro *Desnudo bajando una escalera, nº 2* (1912) [ilus. 1], los múltiples puntos de vista superpuestos proporcionaban la sensación de movimiento. En su tiempo esta obra fue rechazada y objeto de burla y hoy está considerada como un cuadro clave del movimiento dadá.

En la segunda mitad del siglo XX muchos artistas hicieron del exceso la característica de su creación, no tanto

1. *Desnudo bajando una escalera, n.º 2* (1912), Marcel Duchamp

por romper normas que estaban rotas hace tiempo, sino como un signo de su época. También se buscaba provocar al espectador para que reaccionase atacando los últimos tabúes: la sexualidad, la religión y lo político.

A partir de los años noventa apenas hay restricciones para una creación artística. Tampoco existe consenso sobre lo que es una obra de arte, por lo que cualquier acción creativa puede ser definida como tal. Lo que hay son múltiples narrativas acerca de lo que representa una obra de arte. Los límites se han ampliado hasta lo indecible, gracias también a Internet, las tecnologías y una sociedad donde cada artista es libre de expresar lo que desea con el estilo que quiera, siempre y cuando no ataque otras orientaciones de género, raza o identidades sexuales.

En la experiencia del exceso del siglo XX tuvieron un papel importante los jóvenes, las mujeres y las minorías sexuales que lucharon para cambiar la sociedad o conquistar derechos. En estos ámbitos hubo numerosas actitudes radicales colectivas dentro de lo político. Sin embargo, he preferido narrar algunos perfiles individuales que expresan mejor el significado del exceso.

En términos cronológicos, no he establecido límites precisos y, a veces, algunos de los protagonistas se solapan en el tiempo. La mayor parte de mi relato transcurre en la segunda mitad del siglo XX donde los excesos «privados» tuvieron un auge que ni siquiera han sido superados hoy día. También me extiendo hasta el presente por el cambio radical que se ha producido en las actitudes excesivas.

Asimismo, me remonto a una época anterior, los locos años veinte, la cuna de muchas radicalidades posteriores. La sobrina de Oscar Wilde, Dorothy Wilde, y su círculo de amistades, representaron el comienzo del exceso femenino en los locos años veinte. Pionera en muchas cosas, no supo sacar partido a su talento en el tiempo nuevo que le había tocado vivir. La inestabilidad emocional y los desencuentros amorosos la condujeron hacia distintas adicciones. Pero no hay que confundir el exceso con la adicción. El primero puede resultar perjudicial pero no implica un hábito de dependencia similar al de un adicto. La personalidad excesiva hace uso de lo extremo para compensar o complementar ciertas necesidades y puede llevar una vida normal. En cambio, el adicto podrá ser, o no, excesivo en la forma de mantener su dependencia, pero necesita la adicción para sobrellevar el día a día.

A partir de los años sesenta también cambia el rol femenino respecto al sexo. De sus innumerables encuentros sexuales, la crítica de arte y escritora Catherine Millet elaboró años después una teoría sobre el amor.

Los excesos suelen ayudar en la búsqueda de nuevas sensaciones porque incrementan la euforia. Algunas mujeres jóvenes, en los años ochenta, abrazaron la pasión toxicómana como novedad festiva de su tiempo. Pero también la emplearon para escapar de conflictos familiares, inseguridades narcisistas y duelos mal resueltos. En España fueron mujeres que se movían dentro o cerca de la música moderna. Una postura que enlazaba con el desarreglo de los sentidos preconizada por Arthur Rimbaud en el siglo anterior, por lo que también fue una actualización del Romanticismo negro.

Tanto en las figuras femeninas como masculinas de vida excesiva, se vislumbra siempre la sombra de los padres. En el siglo XX, la familia es un orden social en declive, aunque sigue vigente el deseo de los hijos de sentirse reconocidos. Una exigencia que nunca está exenta de conflictos. Pero ese cordón umbilical con un origen familiar permite a los hijos volar fuera del nido con una mayor estabilidad. Tienen las referencias necesarias para no perderse del todo en su proceso de iniciación. En el paso de la juventud a la edad adulta siempre hay pérdidas y fracasos. No obstante, cuando el padre o la madre desaparece del horizonte del niño, la infancia se puede convertir en una experiencia malograda donde se sueña con otro mundo.

Es lo que le sucedió al psicólogo Timothy Leary que en los años sesenta impartió clases en la Universidad de Harvard y junto a un pequeño grupo de profesores y alumnos investigó el uso de las drogas psicodélicas. Tras experimentar sus efectos psicológicos, creyó que podían liberar el potencial humano y conducir a experiencias trascendentes. Tras marcharse de la universidad vistió la túnica del apóstol del LSD. Sin embargo, Leary no se limitaba a promover el consumo de drogas, sino que intentaba ampliar las percepciones, buscar un nivel más elevado de conciencia y desafiar las normas convencionales. Sus seguidores formaban parte de la contracultura de los años sesenta, en su mayor parte jóvenes.

El filósofo francés Michel Foucault estudió y practicó los límites del placer. El fotógrafo norteamericano Robert Mapplethorpe coincidía con Foucault en mantener su homosexualidad oculta, y en la falta de reconocimiento paterno. Mapplethorpe fue novio de la cantante Patti Smith, se convirtió en un gran retratista y su fervor por los hombres viriles vestidos de cuero le condujo a una guerra de fantasmagorías.

Con el advenimiento del siglo XXI, aparecen otros tipos de radicalidades que llegan hasta el presente. Tienen como protagonistas a hombres que arrastran una insatisfacción emocional vinculada a la masculinidad. En su búsqueda de una nueva hombría acorde con los nuevos tiempos, unos enseñan intrepidez y otros encuentran nuevos mundos con la técnica.

EXCESOS FEMENINOS. DELIRIOS MASCULINOS

Una lectura de nuestro tiempo

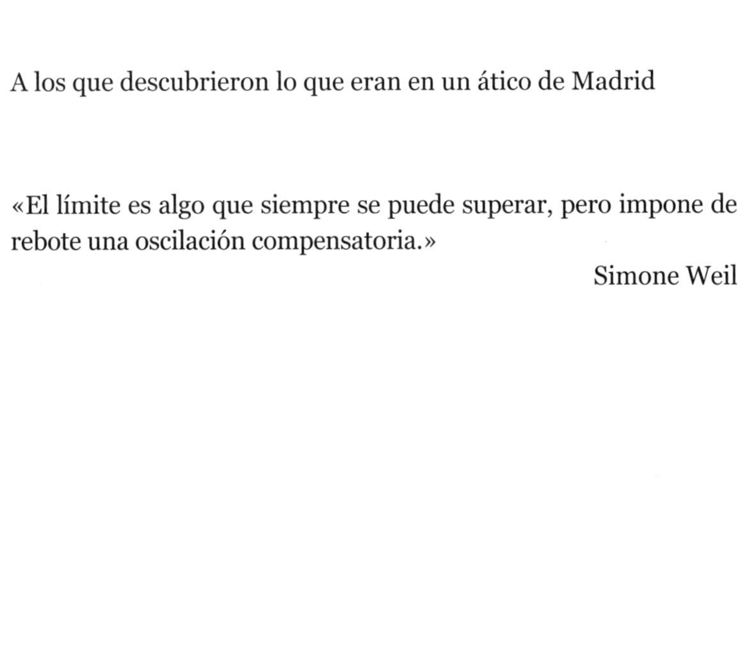

A los que descubrieron lo que eran en un ático de Madrid

«El límite es algo que siempre se puede superar, pero impone de rebote una oscilación compensatoria.»

Simone Weil

LA SOBRINA DE OSCAR WILDE

A Dorothy Wilde (Londres, 1895) [ilus. 2], la sobrina de Oscar Wilde, le encantaba conducir. La velocidad del automóvil reflejaba la audacia de los nuevos perfiles femeninos con los que se identificaba. Aprendió a hacerlo a los diecinueve años durante la Primera Guerra Mundial con la emoción añadida de las bombas. Dolly tenía la misma cara pálida y alargada de su tío, los ojos azul grisáceo y la melena oscura y un poco ondulada. A Dolly le gustaba aprovechar su parecido e incluso en una ocasión, cuando tenía treinta y cinco años, se «disfrazó» de Oscar Wilde

2. Dorothy Wilde, retrato fotográfico de Cecil Beaton

en un baile de máscaras en París. Siempre pensó que era mejor ser hija adoptiva de su tío que de su padre, William Wilde (1852-1899) que nunca llegó a ejercer de abogado y que envidiaba tanto el éxito de su hermano que llegó a escribir una crítica negativa de una obra de Oscar Wilde sin firmarla con su nombre. La madre de Dolly, más conocida como Lily, era Sophie Lees Wilde (1859-1922), una mujer guapa que tenía debilidad por los literatos y estaba enamorada del hermano de su marido, un amor imposible por la condición de homosexual de Oscar y estar casados los dos. A su vez, el padre de Dolly era un alcohólico que maltrataba a su mujer y cortejaba a otras con la esperanza de que alguna fuese un puerto de amarre para cambiar de suerte. Padres e hija vivían en la casa de la madre de Oscar Wilde. Los padres de Dolly siempre tuvieron cosas más importantes que hacer que ocuparse de su hija. No tanto para traer el sustento, porque vivieron del dinero de Oscar Wilde hasta que fue encarcelado y la suerte cambió a peor. Tras el fallecimiento de William en 1899 y el de Oscar al año siguiente, Dolly fue internada en un colegio rural católico. La madre se casó con el crítico literario y editor anglo-portugués Alexander Louis Teixeira de Mattos (1865-1921), uno de los mejores traductores de su tiempo. Cuando parecía que había encontrado el hombre de su vida, Alexander murió a los pocos años. El resultado fue que Dolly apenas tuvo vida familiar, por no hablar de carencias afectivas, y creció en un ambiente de escasez y abandono. Una situación que dejaría un rastro de dolor y resentimiento en su carácter, aunque nunca habló de su infancia salvo alguna anécdota perdida. Contaba que de niña le gustaba tragarse terrones de azúcar empapados con el perfume que empleaba su madre. Sin embargo, la madre le dejó una pequeña herencia de cuatro mil libras con el dinero obtenido gracias en parte a su matrimonio con Teixeira, y le nombró un albacea para administrarlos.

El primer gran exceso lo cometió a los diecinueve años cuando se marchó a Francia al poco de comenzar la Primera Guerra Mundial para ayudar en el esfuerzo bélico. Envió un telegrama por sorpresa a su madre para avisarle de su partida y aunque los verdaderos motivos de su viaje no están claros parece que también pesaron varios desencuentros con la madre. Afrancesada de corazón, se alistó como conductora de ambulancias de la Cruz Roja enviadas por países todavía neutrales en 1914, como los Estados Unidos. Dolly demostró arrojo y fue condecorada. Una personalidad excesiva suele tener un carácter intenso, y Dolly lo poseía con creces. Cuando se vive al máximo, todo carece de importancia salvo el presente inmediato. Algo que también le servía para alejar las tendencias depresivas. Emocionalmente, Dolly se trasladaba en cuestión de minutos del paraíso al infierno sin purgatorios.

En el frente tuvo la primera relación amorosa estable con otra conductora de ambulancias, una rica heredera norteamericana, Marion Carstairs (1900-1993). Dolly nunca se declaró lesbiana. Definía su sexualidad como una «preferencia» y mantenía en secreto su orientación sexual. En la posguerra tuvo bastantes relaciones ocasionales con mujeres, una actividad que definía como «conquistas amorosas de urgencia». Pero también había relaciones duraderas, como la que mantuvo con Alla Nazimova [ilus. 3], la gran actriz rusa de origen judío que vivió un tiempo en Londres. Nazimova se encontraba en el cénit de la fama tras haber trabajado en Hollywood en películas de cine mudo. Morena, pequeña y con un gran carisma, era una de las actrices más cotizadas. Había producido, interpretado y escrito el guion de las películas *Casa de muñecas* de Henrik Ibsen y *Salomé* de Oscar Wilde (1923), que se basaba en gran medida en las ilustraciones de Aubrey Beardsley para el libro de Oscar Wilde. Ambas cintas no tuvieron éxito y perdió bastante dinero. Como era habitual en las relaciones de Dolly, Nazimova era mayor que ella y podía ofrecerle un

3. Alla Nazimova como Marguerite Gautier en *Camille*, fotografía de Arthur Rice

sucedáneo de madre amante. Las relaciones con ricas herederas fue una constante en la vida de Dolly, tanto que en algún momento se podría pensar en ella como en una cazafortunas: además de resarcirse de la falta de afecto materno, encontraba la protección que necesitaba.

En cuanto a Marion [ilus. 4], una mujer de aspecto masculino y brazos tatuados, lo que entonces era raro incluso en hombres, se dio a conocer años después al gran público con el sobrenombre de Joe Carstairs, por sus aventuras con automóviles deportivos, lanchas motoras e hidroaviones, aparte de asuntos amorosos con Greta Garbo y Marlene Dietrich. Al sufrir el rechazo de mucha gente de su clase social por su condición de lesbiana, que no ocultaba, se compró una isla en las Bahamas e instauró allí su propio reino.

A su personalidad curiosa le gustaba experimentar, por lo que Dolly tampoco hacía ascos a probar drogas y

4. Marion Barbara «Joe» Carstairs, 1932

tenía debilidad por el alcohol lo mismo que su padre. Sin embargo, por encima de todo, Dolly se sentía una artista atraída por las novedades que preconizaban las vanguardias y destinada a escribir una gran obra.

Al igual que muchos jóvenes de su tiempo, abandonó el formalismo de la época prebélica y se rodeó de amistades poco convencionales. Detestaba perder el tiempo en trabajos de escaso interés y le horrorizaba el tedio de una realidad plana. Descuidada en las formas, resultaba inteligente y divertida. El apellido Wilde le abrió las puertas de los ambientes intelectuales. Entre Londres y París, Dolly prefería la capital francesa. Convertida en el faro de la modernidad y con una mayor libertad sexual que Londres, era donde mejor podía dar rienda suelta a sus preferencias. Dolly era una chica moderna de veinte años al comienzo de la década de los años veinte. Tenía la edad ideal en el momento indicado y vivía en la ciudad perfecta para ir a su aire.

Además del arte, a Dolly le encantaba viajar. Moverse era una liberación. Un sentimiento que simbolizaba un deseo que podía ser también metafórico. El viaje admite variantes que van desde la búsqueda de nuevos paisajes y costumbres al conocimiento. También la posibilidad de hacer nuevas amistades, huir o perseguir algo o alguien. A Dolly el viaje la alejaba de compromisos y tareas que no le gustaban. Como las de mantener un hogar fijo. Y le permitía tomar notas de sus experiencias para futuros libros que nunca escribirá. Con el paso del tiempo esta huida terminará siendo un viaje a la deriva, porque implicaba más desarraigo que aprendizaje o descubrimientos. En su caso se concretaba en desplazarse entre hoteles, pisos prestados y habitaciones de las casas de sus amistades, algo parecido a lo que había hecho su tío. Un vagabundeo habitacional que había empezado de niña. Durante las vacaciones escolares pasaba breves temporadas con su madre, que tampoco tenía una morada fija, antes de ser devuelta al internado.

Dolly era una mujer divertida e ingeniosa a ratos. Lánguida y melancólica otras veces. En cualquier reunión social destacaba. Parecía destinada a convertirse en una gran escritora. De momento sólo escribía cartas. Un día, sentada en la terraza de un restaurante parisino, un joven admirador se le acercó. Al día siguiente el aspirante acudió al bar del Hotel Ritz para almorzar con ella. Es Dolly quien le ha citado en ese sitio que le gusta y frecuenta. Ella le propone encuentros que luego incumple. Pero el joven no se desanima y hace guardia en el Ritz con la esperanza de verla. Le enviará notas apasionadas. Acabará siendo uno más de «los chicos de Dolly» que esperan verla a la salida de un hotel, en la terraza de un bar, en un local nocturno. Le dedican versos, epigramas, le envían postales y novelas recién publicadas. Y cuando ella necesita su compañía para acudir a algún evento se presentan de inmediato.

Dolly tenía una corte de admiradores de ambos sexos, pero en el caso de los hombres resultaba evidente que no se iba a la cama con ellos. Según el segundo hijo de Oscar Wilde, Vyvyan Holland, primo suyo, y que se conocieron cuando ella tenía veintidós años y él treinta y uno, Dolly se comportaba con los hombres como una «calientapollas». Pero también era su forma de ser, seductora y cariñosa, la que provocaba esperanzas y deseos. A uno le dice que vaya con ella a una fiesta y a otro que se acerque. El joven romántico se aproxima, pero ella es caprichosa y cuando él avanza demasiado, Dolly se aparta. No es pudor o prejuicios. Odia dar explicaciones sobre sus «preferencias» sexuales. Se considera por encima de todo una esteta como su tío Oscar Wilde.

La amazona del sexo eterno

La filósofa y escritora norteamericana Susan Sontag (1933-2004) escribió que en la Europa de los años sesenta había un grupo selecto de cuatrocientas lesbianas que tenían grandes fortunas, eran de la alta sociedad o actrices, diseñadoras, intelectuales... que vivían y se enamoraban entre Londres, París, Cannes y Capri, sin salir de su círculo. Para ellas, «el lesbianismo era una aristocracia dentro de otra aristocracia»[3]. Algo parecido ocurrió en el París del comienzo del siglo XX. La reina de este selecto grupo era la rica heredera norteamericana Natalie Clifford Barney, de la que Dolly se enamoró perdidamente. Se conocieron en 1927, en París. Dolly tenía treinta y dos años y Natalie estaba a punto de cumplir cincuenta. Natalie Barney era libertina en cuestiones amorosas. No aceptaba la monogamia, aunque mantenía con sus amantes relaciones que duraban toda la vida cuando no contemporizaba varias historias a la vez. Por eso las amantes del presente siempre tenían que aguantar la presencia de las anteriores.

Natalie Clifford Barney [ilus. 5] siguió la relación con Dolly hasta el final y le pagó la mayoría de sus gastos, aunque también contribuyeron otras amistades. En el círculo lésbico

5. Natalie Clifford-Barney

de Natalie, las mujeres adineradas acudían en ayuda de las más necesitadas. Tanto Natalie Barney como Dolly mantuvieron en paralelo otras relaciones amorosas, pero los cuatro intentos de suicidio de Dolly tuvieron lugar durante su relación con Natalie. En 1931, Natalie Barney se fugó con una actriz durante unos meses y abandonó todo contacto con Dolly, que se cortó las venas de la muñeca con una navaja de afeitar. Si por un lado Natalie era la «protectora» también era la causa de muchos de los sufrimientos amorosos de Dolly.

Al final, Dolly claudicó y se dejó llevar por el tiempo que marcaba Natalie Barney. El resultado fue una creciente insatisfacción y pensamientos contradictorios sobre su benefactora. Eleanor Fitzsimons, en su biografía de Dolly, cuenta que en una ocasión que se alojó en el elegante Hotel Montalembert, en París, el encargado llamó a Natalie para decirle que se llevase a Dolly ya que se pasaba el día en su habitación llorando y sus angustiosos llantos molestaban a los otros clientes. El llanto era debido a Natalie, una mujer que Dolly nunca entendió bien.

Amoríos aparte, Barney creó y mantuvo en París un salón literario que duró hasta los años sesenta y fue uno de los más importantes de la capital francesa durante la primera mitad del siglo XX. Un salón donde reunía a pintores, poetas, literatos y músicos que intercambiaban ideas y discutían sobre arte, literatura, cine... La madre de Natalie había tenido un salón frecuentado por pintores en París, lo que sirvió a la hija para aprender cómo funcionaban. También le venía bien para sus conquistas amorosas. Una de las primeras fue la poetisa simbolista inglesa, Pauline Tarn, que firmaba como Renée Vivien, otra rica heredera y lesbiana. Parecían estar hechas una para la otra, pero las tendencias autodestructivas de Renée y las infidelidades de Natalie acabaron con la relación.

La bailarina y futura espía Mata Hari actuó en diversas ocasiones para los invitados al salón, cuando las reuniones aún se celebraban en la casa de Natalie, en Neuilly. Al no poder representar una obra sobre la muerte de Safo por impedírselo el casero, Natalie Barney se trasladó a una vivienda unifamiliar en la rue de Jacob, que tenía un gran jardín con un templete de estilo griego. La tertulia de Natalie se celebraba los viernes y sobrevivió a la Primera Guerra Mundial. Durante la guerra, Natalie hizo del salón un foco pacifista y evitó que en su tertulia se hablase de asuntos políticos. En los años veinte adquirió una gran importancia. Debido a la negativa de la Academia Francesa de admitir mujeres en su consejo de «inmortales», en 1927 Natalie creó una «Academia de Mujeres» para ensalzar a las literatas, muchas de las cuales eran lesbianas. Entre las agasajadas se encontraban escritoras como Colette y Gertrude Stein, Lucie Delarue-Mardrus, Renée Vivien, Djuna Barnes, Mina Loy, Rachilde y Radclyffe Hall.

Por el salón, aparte de sus amigas, pasó toda la intelectualidad parisina y escritores de peso como su íntimo amigo Ezra Pound, Jean Cocteau, T. S. Eliot, Francis Scott Fitzgerald, Pierre Louys, Robert de Montesquieu, Paul Valéry, Paul Éluard, Anatole France, Max Jacob e incluso en una ocasión Marcel Proust. La escritora Sybille Bedford recuerda en sus memorias a Truman Capote en el salón de

Natalie Barney a finales de los años cuarenta, sentado en un sofá como un pequeño pequinés entre dos duquesas que le ofrecían pasteles de nata.

En su biografía sobre Capote, Gerald Clarke afirma que el escritor norteamericano hizo amistad con Natalie Barney a través de una amiga común cuando ella tenía más de setenta años. Según le contó Capote a Clarke, todavía encontraba nuevos amores y parecía una mujer de la alta sociedad de Dayton, Ohio, la ciudad donde había nacido. La describió como una señora «rellenita como una paloma y muy menuda, más bajita que yo. Tenía una piel preciosa, bonitas facciones y unos hermosos ojos azul claro. Siempre vestía de gris, con los zapatos gris oscuro y vestidos grises claros con una flor en la solapa; hasta su coche era de color gris»[4].

Durante la Primera Guerra Mundial, Natalie Barney comenzó una relación con la pintora estadounidense Romaine Brooks [ilus. 6], que duró más de cincuenta años y a la que no le importaba que fuese abierta. Romaine Brooks era madre de dos hijos de un anterior matrimonio, había vivido en Italia y mantuvo una historia con Gabriele d'Annunzio.

Al comenzar la Segunda Guerra Mundial, Natalie se trasladó a Florencia con Romaine Brooks y escribió algunos artículos profascistas pese a su ascendencia judía. Nunca se aclaró si fue un asunto de «obediencia debida» al vivir bajo un régimen totalitario o por convicción al estilo de su amigo Ezra Pound.

Natalie Barney había conocido a Oscar Wilde cuando tenía seis años. El tío de Dolly se encontraba dando una serie de conferencias en Estados Unidos y Natalie se encontraba de vacaciones con su familia en Long Island. Un grupo de golfillos empezó a molestarla. Oscar Wilde intervino y ahuyentó a los acosadores. Luego sentó a la niña en su regazo en un banco y le contó un cuento que Natalie siempre recordará como algo maravilloso. Casualidad o

6. Natalie Barney y Romaine Brooks, 1915

magia, cuando Dolly Wilde y sus hermosos ojos azul grisáceo aparecieron en la tertulia literaria de Natalie Barney, la norteamericana la instaló en su casa. A partir de este momento Dolly se convirtió en rehén de su amante Natalie. En la constelación amorosa de la norteamericana, Dolly fue importante, aunque no tanto como la escritora francesa Antoinette Corisande Élisabeth, duquesa de Clermont-Tonnerre (1875-1954), que fue una de las primeras feministas francesas o Romaine Brooks.

Dolly aspiraba a ser la pareja única de Natalie. Al no conseguirlo deseaba terminar la relación sin tener fuerzas para hacerlo. Sabía que su pasión amorosa estaba abocada al fracaso. Cuando conseguía huir de Natalie bebía demasiado. En la extensa correspondencia que mantuvieron a lo largo de sus vidas, se ve la devoción de Dolly y el dolor que implica para ella la vida amorosa de Natalie. La sobrina de Oscar Wilde era abierta de mente, pero posesiva en el amor. Deseaba la totalidad amorosa y, al no conseguirla, abría la espita a otro tipo de excesos.

Los secretos de la noche

Las drogas fueron bastante frecuentes en el París de comienzos del siglo XX para atender a una clientela habituada al consumo de opio tras haber vivido en la colonia francesa de Indochina. Además, la Primera Guerra Mundial contribuyó a incrementar el número de morfinómanos por las heridas de guerra, aunque eran atendidos dentro de la sanidad pública y privada. Lo que apareció masivamente por primera vez fue la cocaína, producida por laboratorios alemanes e introducida de contrabando en Francia. Su consumo empezó en los ambientes bohemios. El resultado fue que, sólo en París, en 1924, se contabilizaban unos ochenta mil cocainómanos en una población de más de dos millones y medio de personas, cifra notable para entonces[5].

En los ambientes que Dolly frecuentaba la cocaína no era una droga desconocida. Resultaba ideal para beber sin emborracharse y divertirse. Pronto el consumo de Dolly de alcohol y cocaína resultó excesivo incluso en los ambientes que frecuentaba, como Le Boeuf sur le Toit, el lugar de moda por excelencia en la noche parisina para artistas y bohemios.

También se hizo amiga de un grupo capitaneado por Jean Cocteau (1889-1963), un escritor muy conocido que militaba en los movimientos vanguardistas y se interesaba por cualquier manifestación artística. Cocteau fue un adicto reconocido al opio y publicó un libro sobre su proceso de desintoxicación. Alrededor suyo se movía un círculo amplio de conocidos. Uno de ellos era el escritor dadaísta Jacques Rigaut. Será en este ambiente en el que Dolly amplíe los saberes sobre las drogas dentro de sus excesos.

La figura de Rigaut tiene algunos paralelismos con la de Dolly y por eso se entendieron tan bien. Según el escritor Martin du Gard, Jacques Rigaut era guapo como un «gigoló rumano al acecho». Tenía unos misteriosos ojos grises claros, y siempre iba impecablemente vestido.

Desenfadado y cínico, frío y encantador, Rigaut fascinaba a hombres y mujeres.

Al igual que millones de jóvenes europeos, Jacques Rigaut había participado en la guerra de trincheras. Se enroló voluntario con su íntimo amigo Maxime François-Poncet, hijo de un consejero del Tribunal de Apelación. Max representaba para él un hermano mayor, un cómplice en todo. Ambos participaron en la batalla del Somme, una de las mayores carnicerías de la Primera Guerra Mundial, en la que hubo más de un millón de bajas en cinco meses. Max murió al ser alcanzado en la carótida por una granada. La muerte de su amigo le dejó devastado y sin saber qué camino tomar. Entonces empezó a tomar cocaína para sobreponerse al dolor: «Me lancé a la droga como si fuese una cita con una mujer muy deseada», dijo años después. Una experiencia que fue bastante común entre los que sobrevivieron a la Primera Guerra Mundial.

Dolly y Rigaut tenían inquietudes literarias, aunque apenas escribieron. Rigaut expresó a los veinte años su deseo de suicidarse al cumplir los treinta, un propósito que la gente tomaba como una *boutade* dadaísta. En 1920, una amiga le llevó al Certà, el café donde se reunían los dadaístas; en diciembre, en el número 17 de la revista dadaísta *Littérature*, escribió un artículo en el que defendía el suicidio como una vocación.

Lo mismo que Dolly, Rigaut vivía subvencionado por mujeres adineradas. En 1926, se casó en Nueva York con la multimillonaria Gladys Barber, que había conocido dos años antes en París. Barber tenía treinta y dos años y había ido a Francia para divorciarse de su marido, dueño de una naviera. A principios de 1925, regresó a Nueva York con ella; se casaron al año siguiente. Fue el comienzo de una vida de palacio en palacio, de Palm Beach a Cuba y Suiza, mientras él bebía y se drogaba cada vez más. Al cabo de un año, se separó y regresó a la capital francesa. Al igual que hizo con otras amigas a las que inició o facilitó drogas, descubrió a Dolly la heroína. Poco a poco, de la cocaína Dolly pasó a inyectarse heroína. Será un amigo de Dolly, Victor Cunard, quien descubre a su proveedor de drogas al llevarlo con ella a una cena. Él lo identifica como un «escritor surrealista». Cunard añade que Dolly estuvo maravillosa y las pupilas de sus ojos azules, agrandados por los efectos de la droga, brillaban como dos zafiros.

A veces la vida social no resultaba muy divertida. Había cenas y reuniones en las que Dolly se aburría sobremanera. Entonces miraba alrededor como si fuese una mascota en busca de algo que pudiese distraerla y se dirigía hacia el cuarto de baño. Al salir, su rostro poseía la satisfacción de la gata que ha encontrado su juguete favorito. Entonces le resultaba más entretenido perderse en los sueños propios y seguir las conversaciones ajenas como si fuese un hilo musical. Pero las drogas tienen un lado peligroso. Más de una vez las amistades de Dolly tendrán que reanimarla de una sobredosis. Ella hacía como si fuese un vulgar desmayo. La duchaban con agua fría incluso vestida con el traje de fiesta o la reanimaban a bofetadas. En cuanto a la bebida, tenía un mal beber. Lloraba y se tornaba agresiva. Poco a poco, lo que al principio formaba parte de sus excesos se transforma en adicción. Dolly comienza un largo peregrinaje por sanatorios de desintoxicación. Nos acercamos al final de los locos años veinte.

También Rigaut busca desintoxicarse. En 1929, ingresa en una clínica de Malmaison, luego en otra. En un sanatorio que fue la antigua casa del diplomático, político y escritor François-René, vizconde de Chateaubriand, tras pasar una noche en vela con otras amistades, en la madrugada del 6 de noviembre de 1929, se disparó con una pistola en el corazón tras calcular la trayectoria de la bala. Acababa de cumplir treinta años.

Un suicidio que ocurrió días después del crac de la bolsa de Nueva York de noviembre de 1929. Los locos años veinte cierran el telón y abren el paso a los años treinta.

La democracia parlamentaria está en crisis y ganan fuerza las dos ideologías que ofrecen una nueva sociedad: el fascismo y el comunismo. Se imponen los caracteres fuertes, la jerarquía y las ideologías. La frivolidad es una actitud mal vista y el exceso sólo se permite y alienta si tiene fines políticos. El mundo se hace más «fanático» y Dolly ya no logra la aprobación de sus travesuras.

Las últimas afinidades

Más allá de Natalie y las drogas, las amistades de Dolly siempre fueron las alineaciones típicas de los equipos que juegan las grandes ligas de la vanidad: millonarios, artistas, gente del mundo de la moda, actores, noctámbulos, desclasados, ociosos... Dolly vivió con ellos noches alocadas. Conoce a Scott y Zelda Fitzgerald. Él se quedó asombrado de la «falta absoluta de prudencia» de Dolly, que intentó seducir a Zelda. Se suceden los bailes hasta el amanecer, el sexo libre, excursiones en coche a Tánger o campeonatos de tenis en el parque del castillo de un conde polaco. Un conjunto de actividades que conforman la dualidad de su existencia. Por un lado, una intensa vida social y, por otro, periodos de reclusión voluntaria lejos del mundanal ruido. Las fiestas casan mal con una cama rodeada de libros y Dolly necesita seguir en el candelero. La vida social es un trabajo tan abnegado como el de cualquier *influencer*. Dolly se empeña en brillar. Hay veces que le cuesta disimular. Demasiado impetuosa y vital para resultar hipócrita.

De todas las amantes de Natalie Barney, la que más daño le hizo fue Nadine Hwang [ilus. 7], una abogada china que tuvo una vida de película muy del siglo XX[6]. Nadine se trasladó en 1933 a París donde conoció a Natalie Barney. Hwang solía ir vestida de hombre y era bastante atractiva. Natalie la nombró su secretaria y chófer, aparte de ser su amante oficial a comienzos de los años

7. Nadine Hwang, 1945

treinta. La abogada china se dedicó a distanciar de Natalie a las otras rivales, en primer lugar a Dolly. Lo tenía fácil porque, como secretaria, Nadine organizaba las citas para la amplia red de relaciones de Natalie Barney.

Nadine Hwang puso en evidencia a Dolly ante Natalie presentándola como una peligrosa drogadicta y enseñándole su jeringuilla y la droga tras registrarle el bolso a escondidas. La acusó también de ser la autora del robo de un zafiro azul y de formar parte de una red de traficantes de drogas. Natalie echó a Dolly de su casa con la excusa de que era mejor que se internase en algún sanatorio para desintoxicarse.

Las entradas y salidas de las clínicas de Dolly se complicaron en los años treinta cuando le descubrieron unos bultos en el pecho izquierdo y le hicieron diagnósticos contradictorios sobre un posible cáncer. No quiso operarse y buscó terapias y medicinas alternativas para intentar curarlo. Dolly también tenía una vertiente espiritual con influencias católicas desde su infancia y decidió peregrinar a Lourdes para rogar por la curación de su cáncer.

En cuanto a su manutención, Dolly era consciente de que sus exigencias económicas no podían ser desorbitadas. En realidad, las amistades de la alta sociedad la trataban como una pariente pobre y ella se limitaba a cumplir con el papel. En una carta enviada a Natalie en el invierno de 1934 desde Londres, Dolly le cuenta que gasta poco y come en sitios baratos y va en autobús. Como buena rentista de lujo, Natalie tenía miedo de arruinarse y miraba los gastos con lupa. Dolly le cuenta que desea ir a verla en París y le pide que no la abandone.

Las amistades veían que las clínicas servían de poco y quienes contribuían a su mantenimiento cada día eran más reacios a conceder nuevas donaciones. Pero también hubo médicos, amantes y amistades decididos a intentar que saliese del túnel de autodestrucción en que se encontraba, incluso mantuvieron una discreta vigilancia acerca de su estado. En el verano de 1939, cuando Dolly pasaba por uno de sus peores momentos –solía estar casi siempre drogada y cuando no borracha o peleándose con su amante de turno– una amiga joven se hizo cargo de sus finanzas. Dolly se había encerrado durante una semana en una habitación de un hotel londinense llorando aterrorizada porque necesitaba operarse, pero no tenía dinero.

En octubre de 1939, empezó a tomar paraldehído a diario, un éter utilizado como hipnótico y ansiolítico para el insomnio. Se lo había recetado un médico para paliar los efectos del síndrome de abstinencia de la heroína y luchar contra el insomnio que la aquejaba. Antes de que se le diagnosticase el cáncer, tuvo muchas enfermedades leves. También sufrió varias crisis nerviosas. Fue entonces cuando empezó a pasar días enteros en la cama.

En cuanto a su vida amorosa, Dolly mantuvo en Londres una relación con una cantante y actriz de origen sudafricano, Gwen Farrar [ilus. 8]. Era hija de un hombre de negocios y político sudafricano que dejó una gran herencia a su hija. Artista de talento y comediante cotizada en espectáculos de variedades, había sido amante de otras parejas de Dolly. Gwen se enamoró de ella. En cambio, Dolly la menospreciaba por su escaso nivel cultural. Aunque

8. Gwen Farrar y Dorothy Wilde, c. 1937

disciplinada en los asuntos de trabajo, Gwen era alcohólica y daba unas fiestas en su casa londinense bastante escandalosas y a las que sólo podían asistir mujeres. Natalie Barney no veía con buenos ojos la relación de Dolly con la sudafricana y la acusaba de desequilibrarla todavía más. En febrero de 1939, Gwen y Dolly dejaron de salir.

Cuando la encargada de la limpieza de las habitaciones del hotel londinense que ocupaba Dolly entró con la llave maestra en la mañana del 10 de abril de 1941, tras llamar a la puerta y no obtener respuesta, vio el cadáver de una mujer de unos cuarenta años. La policía encontró varias botellas de paraldehído y dosis de heroína. Sin embargo, tampoco parecía haber sufrido una sobredosis. El juez de instrucción definió a Dolly como una «solterona independiente» y en el certificado de defunción escribió que «murió por causas desconocidas». La autopsia tampoco aportó pruebas concluyentes de si fue un suicidio o un accidente. Lo que sí desveló es que en los pulmones tenía pequeñas formaciones cancerígenas.

Años después de la muerte de Dolly, Natalie Barney editó un libro con una selección de las cartas de su antigua amante. Publicado de forma privada en 1951, con el título *In Memory of Dorothy Ierne Wilde*: *Oscaria*, es un pequeño volumen en el que Barney escribió el prólogo y las notas finales del libro. Se trataba de las cartas de amor que Dolly le había enviado.

Natalie Barney mantuvo distintas relaciones amorosas hasta su muerte, a los noventa y seis años. Curiosamente al amigo de Dolly, el escritor Jacques Rigaut, le sucedió algo parecido. Sus escritos fueron recopilados por sus amigos y publicados en 1970, con el título de *Agencia general del suicidio*, una breve colección de fragmentos y aforismos.

Poco antes de la liberación de Francia, Nadine Hwang fue deportada por los ocupantes alemanes al campo de concentración de Ravensbrück, en mayo de 1944, por causas desconocidas. Allí conoció a la cantante Nelly Mousset-Vos [ilus. 9], internada por haber sido correo de la resistencia belga. Hwang sobrevivió y regresó a París al final de la Segunda Guerra Mundial donde en 1946 se reunió con Nelly, que había sido trasladada al campo de exterminio de Mauthausen. En 1950 las dos se marcharon a Caracas donde se hicieron pasar por primas y vivieron juntas veinte años. Cuando Nadine Hwang enfermó regresaron a Bruselas. Nadine falleció el 16 de febrero de 1972 en la capital belga.

Los excesos de Dolly Wilde fueron la forma de paliar el desorden emocional y amoroso de su vida. Al principio se trataba de locuras que estaban de moda en el tiempo que le tocó vivir. Todo cambió cuando el exceso se transformó en adicción. El viaje que emprendió sin lograr nunca la estabilidad emocional nos recuerda el cuento de Hans Christian Andersen *Los zapatos rojos*. Escrito en 1845, la protagonista es una niña pobre que en verano va descalza y en invierno lleva unos zuecos que le hacen daño. El día que muere su madre, el cortejo fúnebre se cruza con un coche de caballos de una señora mayor, rica y poderosa.

9. Nadine Hwan y
Nelly Mousset-Vos, c. 1969

La señora se compadece de la pobre Karen que lleva unos zapatos de tela que le ha hecho la zapatera del pueblo. La mujer la adopta y educa. Con el tiempo, todos los vecinos y conocidos le dicen que se ha convertido en una joven muy guapa. Para ir a la iglesia, un día la señora le compra unos zapatos y Karen los elige de color rojo reluciente para llamar la atención. La anciana señora estaba mal de la vista y creía que eran negros. A Karen le gustaban porque le recordaban los que calzaba una princesa que vio un día en un desfile. Cuando se los puso la gente se fijaba en ella y Karen se veía más hermosa. Un día que los llevaba puestos, un viejo soldado los tocó y le dijo que eran unos bonitos zapatos de baile. Entonces Karen se puso a bailar. No podía detenerse y tampoco descalzarse. Antes de morir de agotamiento, un verdugo le cortó los pies y un carpintero le fabricó unos de madera. Karen tuvo que rehacer su vida y aprender a moverse con muletas.

La moraleja cruel del cuento criticaba la vanidad de sobresalir de lo que se consideraba normal en la sociedad de su tiempo. En cambio, los zapatos rojos de Dolly Wilde fueron un útil exceso durante una parte de su vida. Luego resultaron insuficientes para resguardarla de las tempestades que zarandeaban su corazón y tuvo que ayudarse con muletas para moverse.

UNA VÍA RÁPIDA PARA LIBERAR LA MENTE

El psicólogo Timothy Leary era un hombre muy inteligente, divertido y físicamente apuesto. Había nacido el 22 de octubre de 1920, en Springfield, Massachusetts. Su abuelo era el patriarca de una acaudalada familia de origen irlandés, y el padre un dentista alcoholizado que confiaba en mejorar su vida gracias a la herencia. Pero al morir el patriarca los familiares comprobaron que había dilapidado el patrimonio. Tras cobrar su escasa parte, el padre de Timothy entregó mil dólares a la esposa y cien al único hijo, y desapareció. Atrás quedaban años de peleas feroces en el matrimonio, a las que a veces se sumaba el hijo, que defendía a la madre. Pero entre la familia paterna y la materna Timothy prefería la del padre, soñadores que desdeñaban el camino tradicional y se perdían rumbo a la tierra prometida.

Para satisfacer los deseos de su madre, Leary ingresó en 1940 en la academia militar de West Point. No era el lugar más apropiado para un joven díscolo e inquieto. A una disciplina de hierro se sumaba la actitud de los alumnos veteranos dispuestos a despellejar a los novatos hasta que fuesen aptos para esa cofradía viril. En lugar de plegarse a las normas, Leary intentó eludirlas. Tras una noche de borrachera fuera de la academia con otros alumnos no pudo levantarse por la mañana. Convocado por el capitán, el oficial deseaba saber si habían sido los cadetes de los cursos superiores los que le habían incitado a beber. Leary, que estaba borracho y apenas se tenía en pie, confirmó la culpabilidad de los mayores, lo cual no era verdad. Según el código de honor de la academia militar no se podía mentir ni siquiera en defensa propia. El comité de honor de los veteranos le ordenó que abandonase la academia por haber mentido. Tim decidió apelar a un tribunal militar que le absolvió: al estar tan bebido no se le podía hacer responsable de su declaración. Entonces sus compañeros dejaron de hablarle y le hicieron la vida imposible. Leary era un tipo duro y aguantó un año. Luego llegó a un acuerdo con los veteranos. Dejaría West Point a cambio de que se leyese durante la comida, delante de todos los cadetes, una declaración en la que el comité de honor confirmaba su inocencia. Para un hombre que nunca había deseado ser militar fue un triunfo irse de esa manera.

A Leary siempre le había gustado comprender las motivaciones de la conducta propia y ajena, por lo que decidió matricularse en psicología. La única universidad que le aceptó fue la de Alabama. Leary destacó como un alumno brillante. Además, el futuro psicólogo se ligó a la chica más divertida y sofisticada que encontró en el campus. Se llamaba Betty Harlow. El modelo materno de abnegación y tedio no era el de Leary.

Un sábado de noviembre de 1942, la chica estaba castigada por haber vuelto demasiado tarde la noche anterior y no podía salir. Leary saltó la valla que separaba los dormitorios de los dos sexos y durmió con ella. Alguien debió verle porque a la mañana siguiente fue citado por el rector, que le preguntó si se había acostado con Betty. Según el director, nadie en la larga historia de la Universidad de Alabama había llegado tan lejos. Lo más seguro es que hubiese ocurrido lo contrario, pero los protagonistas debieron ser más hábiles y no les descubrieron. A pesar de su brillante currículum académico, Leary fue expulsado de la universidad. Se repetía la historia de West Point.

Las ambiciones maternas de hacer de su hijo un hombre de provecho se habían desmoronado de nuevo. Entonces se inscribió en la única universidad que le aceptó, la de Illinois. Al entrar Estados Unidos en la Segunda Guerra Mundial, tuvo que enrolarse meses después en una unidad de artillería antiaérea acuartelada en una gélida instalación en Virginia. Las duras condiciones le causaron una bronquitis crónica y la sordera de un oído debido a los disparos de los cañones. El ejército ofrecía a los universitarios que estudiaban psicología la posibilidad de compatibilizar sus estudios con el servicio militar, y Leary dejó el servicio activo en 1944 y fue destinado como psicólogo en un hospital militar en Butler, Pensilvania.

En el departamento de Psicología trabajaba de enfermera una universitaria muy atractiva. Esta morena de ojos castaños se llamaba Marianne Busch y tenía un punto de desequilibrio que salía a la luz cuando bebía. Entre la fascinante Marianne y Timothy se produjo un flechazo amoroso reforzado por una buena entente sexual y la mutua afición alcohólica. Se casaron en abril de 1945 en Nueva York y celebraron la noche de bodas en un elegante hotel. Debido al alcohol ingerido durante la cena, Marianne tropezó en la puerta giratoria de la entrada con su traje de boda y quedó atrapada un buen rato entre las hojas de cristal. Toda una premonición de lo que se avecinaba.

En los años siguientes Leary [ilus. 10] se trasladó a Washington en cuya universidad estatal hizo la tesis sobre distintos sistemas de medición de la inteligencia. Esta etapa de rara tranquilidad en su vida acabó con su traslado a California, en cuya Universidad de Berkeley, situada en la bahía de San Francisco, fue admitido para hacer el doctorado. El matrimonio se trasladó a vivir a un pequeño apartamento cerca de la universidad.

El 25 de septiembre de 1947 nació su primogénita, Susan. La madre tuvo una depresión posparto. La llegada de la niña causó los primeros problemas en la pareja. Marianne poco a poco dejó de representar el molde que le gustaba a Timothy. Ahora se había convertido en un clon de su madre, ansiosa e introvertida. Mientras tanto, él se dedicaba a trabajar para mantener a la familia. Esta versión difiere de lo que contaron varios amigos del matrimonio. Marianne no

10. Timoty Leary, c. 1960

estaba deprimida cuando nació su hija y aceptaba la nueva situación. Al contrario, era una madre amorosa y atenta. En lo que sí coincidían todos era en que tenía una personalidad complicada. Dos años más tarde, en 1949, nació Jack. Con el nacimiento del nuevo hijo los celos de Susan se dispararon ya que era el preferido del padre. Marianne estaba ocupada en cuidar a sus dos retoños y Leary se encontró desplazado. Aborrecía desarrollar una carrera burocrática y mediocre. Tampoco estaba contento en su trabajo. Sólo le entendía otro estudiante de origen irlandés, Frank Barron, con el que salía de copas y hablaban de psicología, pero también de literatura. Ambos deseaban ampliar los campos de la psicología y, en el caso de Leary, hacer de ella una ciencia medible y objetiva como la física. Entretanto su matrimonio naufragaba. Marido y mujer hacían vidas separadas. La única actividad en común consistía en beber los fines de semana en las fiestas que se celebraban en casas de los amigos o en la suya propia, ahora que se habían cambiado a una más espaciosa.

El primer viaje al extranjero que hizo Timothy Leary fue a España, en Palma de Mallorca, donde viajó con mujer e hijos en 1952 para pasar un año sabático con el dinero de una beca y el propósito de escribir un libro de psicología. El cambio entre el dólar y la peseta le convertía en un hombre rico para el estándar de la vida española de aquel tiempo. Vivieron en un chalé en las afueras de Palma.

La experiencia española transformó a Leary en un hombre ambicioso, no tanto en el sentido material como en el de ser reconocido por su mérito profesional. En cuanto a su vida diaria, Timothy extendió el hábito de beber a diario. Pese a las desavenencias conyugales no pensó en separarse de su mujer. Una cosa era el placer de los sentidos y otra el amor que sentía hacia Marianne y sus hijos. Su matrimonio era el de una pareja tradicional con amantes ocasionales. Él echó el ojo a una mujer casada que se parecía a la actriz Audrey Hepburn (un modelo femenino por el que sentía debilidad), de treinta y dos años, alegre y extrovertida, y que había empezado a trabajar en el departamento como ayudante. Se llamaba Mary Della Cioppa y mantuvieron sus respectivos matrimonios. Leary reconoció que Marianne fue la que más sufrió. Empezó a beber y cuando no pudo más, buscó ayuda psiquiátrica. Ella dependía mucho de él e intentaba no sentirse desplazada.

Un viernes de octubre de 1955, Marianne le planteó que se sentía triste y deprimida. Mientras él preparaba unos Martini, se sentaron y hablaron. Ella deseaba irse una temporada a casa de una amiga suya que vivía en Suiza. Estaba convencida de que con una separación temporal recuperaría el favor de su marido. Según la versión de Leary, siguieron bebiendo y fueron a cenar a casa de unos amigos. Entonces Mary Della Cioppa le llamó al lugar donde estaba cenando para anunciarle que se iba con su marido a pasar el fin de semana fuera de la ciudad. Él le propuso que se acercase dentro de un rato a su casa para despedirse, ya que al día siguiente cumplía treinta y cinco años. Leary regresó a casa con Marianne y aparcó el coche en el garaje. Mientras se dirigía a la puerta de la vivienda llegó la amante. Sin descender del coche, Mary le dijo que sólo deseaba felicitarle. Marianne miró a la rival con la cara desencajada. «¿La quieres de verdad?», le preguntó a Leary. Luego se puso a gritar, tropezó y se cayó. Él contó en sus memorias que la llevó al dormitorio, la ayudó a acostarse y la abrazó con todas sus fuerzas hasta que se durmieron.

Una versión que no coincidía con la que ofreció Mary Della Cioppa tiempo después. Leary había decidido poner fin a su matrimonio. Su idea era enviar a Marianne y los niños a Europa para luego casarse con ella. Cuando Mary Della Cioppa se presentó en la casa, él intentó convencerla de que pasaran juntos el fin de semana. Empezaron a discutir y fue cuando les vio Marianne, que estaba bebida. Él le ordenó que regresara a casa, pero se cayó. Leary le dijo a su amante que Marianne estaba bien y se despidieron.

Cuando él se despertó a la mañana siguiente en plena resaca, día de su cumpleaños, buscó a Marianne sin encontrarla. La puerta del garaje se encontraba cerrada. Leary intentó entrar sin conseguirlo y escuchó el ruido del motor del coche encendido. Cuando logró abrir la puerta, vio que Marianne estaba desvanecida, sentada en el coche, y en camisón. Debido a los gritos del padre, los hijos acudieron al garaje y Jack, que entonces tenía seis años, entró y vio el cadáver de su madre tendido en el asiento del vehículo. Marianne se había suicidado con los gases del motor encendido. En la almohada del dormitorio dejó una nota en la que decía que no podía vivir sin el amor de él. Que había amado la vida pero que había vivido a través suyo. En cuanto a sus dos hijos, los quería muchísimo y le pedía que se lo dijese: «Por favor, sé un buen padre. Son tan cariñosos»[7].

El lugar de Marianne en la vida de Timothy Leary lo ocupó Mary, convertida en su segunda mujer tras un matrimonio en México. No lo tenía fácil. Para empezar, estaban los hijos de Leary. Susan tenía nueve años y Jack siete. Aunque había un rechazo frontal de ambos hacia la figura de la madre, a la que veían como una «traidora» por haberse suicidado y abandonarles, por dentro continuaba el duelo. Susan era una chica espabilada y atractiva. Necesitaba afecto y atención, lo mismo que su hermano, y aunque la relación con la madre adoptiva era buena, carecían de un verdadero apoyo cercano. En cuanto a la relación entre Mary y Leary, no era lo mismo ser amantes que estar casados, y lo que antes era verse para disfrutar unas horas, ahora se trataba de una convivencia diaria con una persona bastante «complicada», como ella definía a Leary.

Él no había vuelto a saber nada de su padre desde que los abandonó cuando Leary tenía catorce años. Su madre le escribió diciéndole que lo había localizado en un hotel de mala muerte de Nueva York y fue a verle. Al padre le habían diagnosticado un cáncer de garganta y se encontraba en estado terminal. Leary pudo decirle lo mucho que le quería. Tras abandonar a su familia, la vida del padre fue cuesta abajo. Trabajó de obrero y de camarero en un transatlántico. Entre medias, tratamientos de desintoxicación sin éxito. Cuando falleció, el hijo recibió sus únicas pertenencias: un peine y un cepillo de uñas.

Leary estaba decidido a dejar algo más a Susan y Jack. En 1957 publicó su primer libro sobre psicología. Dedicado a su primera mujer, su hija tachó con furia la dedicatoria en el ejemplar que le regaló el padre. Leary se situó entre los mejores psicólogos jóvenes. Analizó diferentes métricas para desarrollar un modelo de personalidad basado en las estrategias de comportamiento situacionales. Entonces los cuestionarios de personalidad estaban muy de moda tanto en el mundo académico como en los departamentos de recursos humanos de las empresas para conocer la personalidad del candidato.

En cambio, la relación con Mary empeoraba cada día. Según ella, Leary deseaba convertirla en una reedición de Marianne. En cambio, él la definió como divertida pero frágil. Mucho no debía serlo porque en una pelea Mary le rompió de un puñetazo la nariz. Se divorciaron en 1958 y Leary regresó a España con la intención de escribir una novela. Se estableció con sus hijos en Torremolinos, un pueblo de pescadores que empezaba a transformarse en uno de los centros turísticos de la Costa del Sol. Escribió poco, bebió mucho y frecuentó a otros norteamericanos expatriados.

La experiencia psicodélica

En la primavera de 1959 se marchó a Florencia con sus hijos. Su amigo Frank Barron, que lo visitó en Florencia, le contó que había estado en México y había tomado con un psiquiatra amigo unos hongos mágicos con los que experimentó increíbles visiones, muchas de las cuales tenían un componente «místico». Leary lo tomó como exageraciones de su amigo. Más importante que este supuesto descubrimiento de Barron fue que le presentó a otro psicólogo que se encontraba de año sabático en Florencia. David McClelland era el director del centro para los estudios sobre la personalidad de la Universidad de Harvard. Barron le había contado que Leary estaba escribiendo otro libro que iba a revolucionar la psicología en ese campo, por lo que McClelland quiso conocerlo. Los dos congeniaron. Tenían pocos años de diferencia, eran de origen irlandés y ambicionaban descubrir nuevas posibilidades en la psicología. Leary tenía el don de la palabra y McClelland le contrató como profesor durante un año en la universidad.

De quien más amigo se hizo en Harvard fue de un psicólogo que se llamaba Richard Alpert [ilus. 11]. De familia de origen judío, su padre era un abogado de prestigio, presidente de los ferrocarriles de New Haven. Pero detrás de la fachada de ese hombre alto, de cara aniñada con gafas,

11. Timothy Leary y Richard Alpert (Ram Dass), 1961

había un sinfín de contradicciones. Como él mismo contó en sus memorias, estuvo cinco años en psicoanálisis y cuando lo dejó su analista le dijo que estaba demasiado enfermo para abandonar la terapia. De cara al exterior, era un hombre de éxito. Tenía un Mercedes descapotable, una motocicleta Triumph, un barco de vela y una avioneta Cessna. Bisexual, admiraba a Leary por su libertad de juicio.

Al final del curso, Leary pasó las vacaciones en la localidad mexicana de Cuernavaca con varios amigos y su hijo. A Susan la dejó en Berkeley con un matrimonio amigo. La villa que había alquilado en Cuernavaca la compartía con varios profesores amigos y psicólogos, como Frank Barron. A la casa acudía con frecuencia el antropólogo alemán Lothar Knauth, que había estudiado los textos antiguos de los aztecas y descubierto numerosas referencias sobre el uso de los hongos sagrados por parte de los magos aztecas. De tanto hablar sobre ello, pasaron del interés teórico al práctico. Los consiguieron en un poblado cercano a la capital gracias a una mujer llamada Juana Sánchez.

Al atardecer del 9 de agosto de 1960 tomaron los hongos sagrados. Leary se encontraba próximo a cumplir cuarenta años y veía que su alegría de vivir y creatividad iban a menos. En el borde de la piscina y con la ayuda de una copa de vino blanco se tragó siete hongos que tenían un sabor terrible. Al rato empezaron las alucinaciones. Ante su sorpresa, lo externo e interno a él tomaban un cariz distinto. Incluso su modo de caminar había cambiado porque las piernas le parecían de goma. El césped se transformó en olas y a duras penas alcanzó una tumbona donde empezó a acariciar a una mujer con la que había entablado una relación. Las extrañas sensaciones que le producía la piel femenina fueron sustituidas por las crecientes alucinaciones. Durante su «viaje», Leary visitó antiguos palacios sobre el Nilo, templos de la antigua China, conoció a videntes babilónicos...

Cuando Richard Alpert llegó a Cuernavaca, Leary le contó que había aprendido más cosas en esas seis o siete horas que en todos los diagnósticos de personalidad que había hecho hasta entonces. En su primer libro de memorias, *El gran sacerdote*, describe su experiencia como un «viaje visionario» donde uno vuelve cambiado tras haberse quitado el velo que le cubre los ojos. Cuando regresó a Harvard, decidió emprender una nueva línea de investigación con los hongos sagrados y logró convencer a McClelland. De este modo nació el Harvard Psilocybin Project.

Un estudiante del departamento, George Litwin, que había probado la mescalina y el peyote, le informó de los libros del escritor Aldous Huxley sobre los alucinógenos y le prestó *Las puertas de la percepción* y *Cielo e infierno*. También le habló de la existencia de una empresa farmacéutica suiza, Sandoz, que podía facilitarle psilocibina, sintetizada a partir de los hongos mexicanos. El químico suizo que lo había logrado en 1943 se llamaba Albert Hofmann y trabajaba en los laboratorios de Sandoz (actualmente Novartis) de Basilea[8]. Leary escribió a la sucursal norteamericana de Sandoz. Como la casa farmacéutica estaba interesada en cualquier investigación que pudiese rentabilizar el descubrimiento, le enviaron una gran remesa y le pidieron que les informasen de los resultados de las investigaciones.

Tras leer entusiasmado los libros de Huxley, Leary invitó al escritor a comer en el club de profesores de Harvard. Huxley le informó de los exitosos resultados obtenidos por un joven psiquiatra inglés, Humphry Osmond, aplicando LSD y mescalina para tratar la esquizofrenia y el alcoholismo en un hospital canadiense. Este psiquiatra fue el que creó la palabra «psiquedelia» (en español se emplea el término psicodelia) al juntar los términos griegos de «alma» y «hacer visible», por lo que la traducción sería «hacer visible el alma».

Las primeras experiencias de Leary con la psilocibina fueron en su casa con diversos amigos. En una de ellas, Leary tomó diez píldoras juntas. Pronto sintió una creciente presión en los tímpanos, mientras las paredes y el techo de la cocina vibraban. Del piso de arriba escuchó una música a todo volumen. Timothy se acordó de que su hija Susan, que por entonces tenía trece años, estaba celebrando un pijama-*party*. Era el primer evento con sus nuevas amigas de clase y se sintió culpable de que algo fuese mal. Cuando entró en el cuarto de su hija vio que uno de sus amigos estaba tumbado en la cama y todas las chicas le miraban asombradas. Entonces, con la ayuda de los otros invitados consiguieron desalojar al intruso.

Huxley y Osmond pusieron en contacto a Leary con Allen Ginsberg [ilus. 12], el poeta por excelencia de la generación *beat*. En 1960, Tim Leary fue a verle al apartamento donde vivía en Nueva York. Ginsberg le dio a probar unos canutos de marihuana y le puso al día sobre la hierba, materia en la que Leary desconocía todo. Ginsberg repitió la visita acompañado de su amante, Peter Orlovsky. La vivienda de Leary, grande y de tres pisos, estaba rodeada

12. Peter Orlovsky y Allen Ginsberg, en los años 50

de un amplio jardín. Pronto se convirtió en una casa de acogida donde los amigos y las amantes de Leary vivían a su aire. Ginsberg se quedó impresionado de ese sistema de vida que sólo creía posible entre los *beatniks*.

La estancia de Ginsberg en la casa de Leary marcó el comienzo de una época que posteriormente se denominó la Contracultura. El término fue acuñado por el historiador norteamericano Theodore Roszak en su ensayo *El nacimiento de la Contracultura* (1969), al observar un sistema de vida practicado por muchos jóvenes y que estaba basado en la autonomía personal, el pacifismo, la vida comunitaria y la búsqueda de una conciencia superior con la ayuda de drogas psicodélicas. Para Roszak también era una forma de resistirse a un sistema que buscaba controlar todos los aspectos de la vida de los ciudadanos.

La primera noche que Ginsberg pasó en la casa, Leary repartió las píldoras de psilocibina entre los invitados. Ginsberg, dándoselas de experto, se tragó dieciocho y subió al dormitorio que ocupaba en el piso de arriba con su amante. Ambos se tumbaron desnudos encima de la cama y con la habitación a oscuras. Según contó Leary en *El gran sacerdote*, cuando Susan regresó a casa, como el buen padre que intentaba ser, subió a su habitación para controlar que todo estuviese en orden. De pronto, las trompetas de la cabalgata de las valkirias de Wagner empezaron a sonar con fuerza en el tocadiscos de Susan y que Leary había prestado al poeta. Ginsberg, en plena alucinación, vio un cometa surcar el cielo con un mensaje de amor y paz para que él lo transmitiese al mundo. Consciente de la importancia del encargo, Ginsberg salió desnudo de la habitación y bajó a la planta baja seguido por Orlovsky. Leary escuchó el ruido de sus pisadas en la moqueta y al abrir la puerta de la habitación de Susan vio a los dos poetas desnudos dirigirse hacia la planta de abajo. Entonces indicó a la hija que no saliera del cuarto hasta nueva orden.

Ginsberg le dijo a Leary que era el Mesías y que debía predicar a la gente que se amasen los unos a los otros en lugar de hacerse la guerra. Su desnudez era el primer acto de una revolución en favor de la verdadera naturaleza del cuerpo humano. Ordenó a Leary que se quitase las gafas y el audífono porque él le haría recobrar la vista y la audición, para demostrarle que era el Mesías. Leary le siguió el juego y dejó el audífono y las gafas encima de una mesa. Entonces le dijo que él tampoco necesitaba las gafas y debía quitárselas, cosa que hizo. Ginsberg tenía una fuerte miopía y se chocó contra una silla. Pero fue insuficiente para hacerle entrar en razón. Tras intentar infructuosamente contactar telefónicamente con los presidentes norteamericano y ruso, John Kennedy y Nikita Kruschev, consiguió hablar con su amigo Jack Kerouac, el novelista de la obra icónica de la generación «beat» *En la carretera*, al que contó maravillado su experiencia con los hongos.

Ginsberg animó también a Leary a dar a conocer la buena nueva entre la élite cultural de los Estados Unidos para favorecer un gran cambio en el país. A partir de ese momento, Leary dedicó la mayor parte de sus energías a la nueva causa y empezó la ronda de visitas. El primero fue el poeta Charles Olson, al que le gustó mucho la experiencia. También escribió al escritor Arthur Koestler, que se encontraba en Estados Unidos como conferenciante y había probado la psilocibina, experiencia que le disgustó. Koestler tomó luego por la noche una decena de píldoras en compañía de Leary y el poeta Charles Olson, dispuesto a repetir. A la mañana siguiente Koestler, que era un gran bebedor y mujeriego[9], dijo que prefería el alcohol. Después de tomar las píldoras había descubierto el secreto del universo y ahora no se acordaba de nada.

Tras el fracaso de esta sesión, Leary llegó a la conclusión de que el escritor había sido el único que no había probado la pastilla junto a una mujer, y tampoco tenía inclinaciones místicas. Por su experiencia, ya que Leary tomaba psilocibina todas las noches con algún invitado o solo, sabía que cuando se perdía el contacto físico o místico, se producía una mala reacción. Tuvo otro revés importante con el editor de Grove Press, Barney Rosset [ilus. 13], que había dado a conocer a Samuel Beckett, publicado la novela prohibida *El amante de lady Chatterley* de D. H. Lawrence y *Trópico de Cáncer* de Henry Miller. Rosset aceptó la invitación de Leary y tomó una dosis masiva de psilocibina. El editor convivía con una joven mulata de veinte años, de una gran belleza. Ella y Leary tomaron mescalina, que por entonces era legal. Rosset tuvo una terrible experiencia tumbado en su cama y Tim se desentendió de él. Fue Ginsberg quien le cuidó.

Según contó Rosset, al día siguiente la chica se cortó las muñecas con una cuchilla de afeitar con la intención de suicidarse. Tenía tendencias psicóticas y hubo de internarla en un hospital psiquiátrico. En cambio, Leary dijo que, a diferencia de Rosset, que intentó controlar la experiencia y tuvo un mal viaje, la chica se dejó llevar y le fue bien. Después de la sesión tuvo una historia amorosa con ella que le enseñó un montón de cosas sobre el

13. Allen Ginsberg, Gregory Corso y Barney Rosset, 1960

placer de los sentidos. La indignación de Rosset contra Leary subió enteros por tener que pagar los gastos del hospital psiquiátrico de Zelda y encima perderla. Leary no se dio por aludido y le envió por correo un cuestionario de ciento cincuenta preguntas sobre su experiencia con el LSD. Entre otras cosas, le preguntaba si después de la ingesta había aumentado su capacidad de tener orgasmos un diez, veinte o treinta por ciento[10].

En abril de 1961, Ginsberg se marchó a la India, una tendencia creciente entre los jóvenes occidentales que buscaban «encontrarse» a sí mismos. Leary recuperó a Richard Alpert como ayudante y le dio a probar la psilocibina un día de febrero con una gran nevada en Boston. Alpert fue a casa de Leary donde sus hijos estaban muy contentos de verlo ya que para ellos era como un tío adoptivo, cariñoso y benévolo. Cuando empezó a alucinar, Alpert se miró las piernas pero no vio nada debajo de sus rodillas. Aterrado, observó que su cuerpo desaparecía lentamente bajo su mirada. Todo lo que siempre había creído saber se desvanecía. Pronto se vio envuelto en una gran sensación de calma y el miedo inicial se transformó en euforia. La sensación de bienestar que acababa de descubrir le unió más a Leary y se integró entre sus seguidores.

En la efervescencia de aquellos días, un inglés que decía haber trabajado en la Universidad de Oxford contactó con Leary a través de Huxley. Michael Hollingshead era alto, calvo, de cara angulosa y tenía a ambos lados de la frente dos cicatrices que por el aspecto parecían causadas por sesiones de electrochoque. Había traído consigo un bote de mayonesa de medio kilo que contenía LSD puro de la farmacéutica Sandoz conseguido por un médico amigo. El bote equivalía a cinco mil dosis de ácido de 200 miligramos. Hollingshead adoptó el papel del incomprendido por sus experiencias con el LSD, lo que le acercó a Leary, que le permitió alojarse en el ático de su casa.

Reacio a tomar LSD, Leary cedió un fin de semana que le visitó el trompetista de *jazz* Maynard Ferguson junto a su mujer, Florence, una exmodelo. Los tres y Hollingshead tomaron una cucharilla del bote de mayonesa. Cuando empezaron a reírse y hacer tonterías, Leary vio en la risa de todos ellos la alegría que creía haber perdido con las preocupaciones y la edad. Además, descubrió que las drogas psicodélicas eran afrodisiacos muy potentes y se acostaba con todas las mujeres por las que se sentía atraído.

Entonces el Harvard Psilocybin Project hizo de la experiencia psicodélica una herramienta de liberación psíquica para enseñar las posibilidades de la mente. Como los laboratorios Sandoz no tenían intención de seguir suministrándole cantidades ilimitadas de psilocibina, Leary y su grupo de investigación eligieron para sus experimentos el LSD. También hicieron de la vivienda de él la verdadera sede del proyecto, en lugar de Harvard. La gente iba y venía a la casa de Leary, donde se tomaba ácido a diario. Las parejas antiguas rompían y surgían nuevas. Los niños que sus padres dejaban en cualquier lugar de la casa lloraban,

14. Allen Ginsberg, Peggy Hitchcock, Timothy Leary y Lawrence Ferlinghetti, 1963

los perros ladraban enloquecidos cuando alguien les daba ácido para «iluminarlos». En ese ir y venir campamental de amigos y conocidos en que se había convertido su vivienda, Leary conoció a Peggy Hitchcock [ilus. 14], hija de una familia multimillonaria y que había heredado junto a sus dos hermanos una gran fortuna. Leary la definió como una «vistosa mecenas de las artes más animadas y confidente de los músicos de *jazz*, los pilotos de carreras, los escritores y las estrellas de cine...». La realidad era otra. Peggy no tenía suerte con sus parejas, se aburría con facilidad, era intelectualmente ambiciosa y buscaba un proyecto «capaz de absorber su energía»[11].

Tanta actividad repercutió en la vida profesional de Leary. En la universidad empezó a comentarse que en su vivienda había gente que iba desnuda, se consumían drogas y celebraban orgías. Era la primera vez en la historia de Harvard que algunos alumnos habían pagado la cuantiosa matrícula para ingerir sustancias alucinógenas. Finalmente se convocó una reunión de estudiantes y profesores de la facultad de psicología para tratar el asunto.

Leary reconoció muchas de las objeciones presentadas y prometió ponerles remedio, pero no hizo nada. Definió la reunión como una interesante demostración de sentimentalismo por parte de unas autoridades moralistas que tenían pavor al escándalo. Que fue lo que ocurrió cuando en el periódico de la universidad se publicó un artículo por parte de un estudiante celoso de que Alpert hubiese compartido la experiencia de tomar psilocibina con su compañero de habitación mientras que él había sido rechazado. El artículo sirvió de fuente para que el diario *Boston Herald* informase en tono sensacionalista que los estudiantes de Harvard tomaban drogas alucinógenas. Para intentar poner coto al escándalo, los responsables de la universidad decidieron controlar el acceso a dichas drogas y la llave del armario donde se guardaba la psilocibina pasó a depender del servicio médico. Pero Leary y Alpert tenían acceso ilimitado al LSD, sustancia que en 1962 era legal en Estados Unidos.

Al final del curso académico, Leary, Peggy y Richard Alpert viajaron hasta Ciudad de México y desde allí alcanzaron Zihuatanejo, que entonces era una aldea de pescadores en el océano Pacífico. En un tranquilo hotel de la localidad organizaron una convivencia con treinta personas para experimentar con el LSD. También estaban los hijos de Leary, que no hicieron uso de drogas. Susan tenía dieciséis años. Aparte de tomar ácido, los asistentes paseaban por la playa, se bañaban y meditaban. Por la noche se reunían alrededor de una hoguera y cantaban acompañados de guitarras, tambores y flautas, y se contaban sus respectivos viajes con el ácido. Las relaciones sexuales entre los participantes eran habituales. La empobrecida población local estaba a su servicio, por lo que la estancia resultó paradisiaca.

A su regreso a la universidad, Leary, sus hijos, Alpert, y algunas personas más se fueron a vivir a una vivienda unifamiliar más grande. Pronto se sumaron otros, aparte de los visitantes temporales. Acorde con las modas del naciente movimiento *hippie*, en una habitación se puso una estatua de Buda, se quitaron los muebles y en el suelo se pusieron alfombras y cojines.

El 16 de octubre de 1962, algunos miembros del Comité Ejecutivo de la Universidad de Harvard decidieron que no habría más fondos para la investigación sobre sustancias psicodélicas a menos que Leary y Alpert aceptaran una comisión que tuviese el pleno control de las investigaciones. Entonces ellos dijeron que continuarían con sus experimentos fuera de la universidad. Una salida que gustó a las autoridades universitarias hasta que apareció un artículo en la primera página del *New York Times* sobre las investigaciones de Harvard con drogas alucinógenas. Leary rebatió las acusaciones en el periódico de la universidad, pero en sus proyectos inmediatos Harvard era un obstáculo y se marchó a California donde contó que había sido despedido de la universidad por emplear LSD en sus investigaciones. Las autoridades académicas aprovecharon para cesarle por haber finalizado el curso antes de tiempo. A los cuarenta y dos años Leary cerraba una puerta más en su vida y abría otra que él sentía como decisiva. También Alpert fue despedido por haber suministrado LSD a un estudiante sin informar a sus superiores.

La casa encantada y la princesa nórdica

Entonces Leary se dedicó a organizar el segundo campamento de verano en México, que debía suponer un importante crecimiento en todos los órdenes. Los comentarios de los que asistieron al primero habían sido muy positivos y no faltaban candidatos ansiosos de participar. Además, algunas publicaciones de la naciente contracultura informaron de la existencia de unas vacaciones paradisiacas organizadas por dos profesores expulsados de Harvard por facilitar alucinógenos a sus alumnos.

El plan vacacional de Leary atrajo la atención de los gobiernos norteamericano y mexicano que lo vieron como una reunión de drogadictos. Al poco de llegar, la policía mexicana denunció a Leary por organizar orgías, consumir drogas, realizar magia negra y fraude fiscal y decretó la expulsión de los asistentes. La prensa mexicana informó de que un profesor expulsado de Harvard por consumo de drogas celebraba misas negras con hongos sagrados en una playa del Pacífico. Muchas de estas noticias fueron recogidas por los medios norteamericanos.

Tras deambular por distintas islas del Caribe y ser expulsados de todas, la pequeña comunidad regresó derrotada a Estados Unidos en agosto de 1963. Leary y sus seguidores decidieron establecerse en un terreno más acogedor con la ayuda de Peggy Hitchcock. Los tres hermanos Hitchcock, Peggy, Billy y Tommy, les cedieron por un alquiler simbólico una casa palaciega que se encontraba enclavada en una inmensa finca en Millbrook, cerca de Boston, destinada a la crianza de ganadería y que habían comprado como inversión. La casa estaba rodeada de una amplia extensión de terreno que incluía suaves colinas cubiertas de bosques y prados que se perdían en el horizonte entre pequeños lagos, cascadas y riachuelos. La edificación era de estilo barroco gótico, con suelos cubiertos de alfombras persas, salones con acuarios y, en los techos, arañas de cristal. Billy trabajaba como agente de cambio y bolsa en Lehman Brothers. Su padre había sido un famoso jugador de polo y reconocido piloto que murió durante la prueba de un avión experimental que se estrelló cuando los tres hermanos eran niños. Billy supo ampliar la fortuna familiar en Wall Street.

Los nuevos inquilinos redecoraron la casa, compraron sofás, cojines, e instalaron una biblioteca y una sala de música. En el fondo era una de las primeras comunas que se crearon, una forma de vida que después se popularizó entre los jóvenes contraculturales y los *hippies*. La llamaron

Fundación Castalia, en recuerdo de cómo Hermann Hesse llamó a la sociedad de científicos místicos en su novela, *El juego de los abalorios* (1943)[12].

El escritor Aldous Huxley falleció de cáncer el mismo día en que el presidente John Kennedy fue asesinado en Dallas, el 22 de noviembre de 1963. Alertado por la mujer del escritor, Laura, Leary le había visitado antes de morir. Con el LSD que le entregó, su mujer le inyectó una dosis de 100 microgramos a su marido antes de morir, y cuando vio que le cambiaba la expresión de la cara, le inyectó otra dosis mientras le decía que fuese hacia la luz.

Leary dedicó a Huxley el siguiente libro que publicó y fue un gran éxito de ventas. *La experiencia psicodélica. Un manual basado en el «Libro tibetano de los muertos»* era un libro de autoayuda para las personas que se encontraban bajo el efecto de sustancias alucinógenas. Les invitaba a dejar a un lado el ego, tener confianza en la parte divina de uno mismo, y dejarse llevar cuando tomasen ácido lisérgico. También hablaba de los distintos miedos que se producían a lo largo de un «viaje» con el LSD, que se comparaba con la muerte, lo que debía aprovecharse para conseguir la iluminación espiritual.

En Millbrook se organizaron seminarios sobre la expansión de la conciencia para financiarse. También se realizaron «investigaciones» sobre los celos de naturaleza sexual. Para ello se ponían en un sombrero los papeles con los nombres de todos los participantes y se sacaban dos. Sin importar el género y el vínculo existente entre ambos debían permanecer juntos en la sala de meditación una semana. Se les llevaba la comida y podían hacer lo que les apeteciese. Incluso no tomar LSD. También había experimentos más extremos como el de elegir la persona con la que cada uno deseaba dormir cada noche, aunque no se estaba obligado a practicar sexo.

Un soñador como Leary estaba convencido de que acabaría encontrando a la bella princesa que se merecía, ya que la relación con Peggy era un continuo altibajo. La ocasión llegó con motivo de una fiesta que organizaron los hermanos Hitchcock en el bungaló que también se encontraba en Millbrook y a la que invitaron a Leary. En un momento dado se le acercó una joven rubia, muy alta, de facciones y cuerpo perfectos. Nena von Schlebrügge era una de las modelos más cotizadas del momento y aparecía regularmente en las portadas de las revistas de moda como *Vogue* y *Harper's Bazaar*. Dejando en el suelo el perro pequinés que tenía en los brazos, Nena le preguntó a Leary si se acordaba de ella, ya que se habían visto en otro festejo. ¿Cómo se le iba a olvidar una mujer tan guapa? Nena le contó lo cansada que estaba del mundo de la moda, y le explicó que deseaba ir a la India [ilus. 15] en busca de la verdad y conocer las prácticas sexuales secretas de Oriente. A Leary, estas intenciones le supieron a gloria.

15. Ralph Metzner, Nena von Schlebrügge y Timothy Leary, 1964

Las parejas estables de Leary siempre fueron mujeres huérfanas de padre desde pequeñas, como le sucedía a Nena. Leary tenía cuarenta y tres años y ella veintiocho. Bien fuese la predisposición hacia una figura paterna o el encanto de Leary, Nina se enamoró de él. Regresó el fin de semana siguiente a Millbrook y se alojó con Leary en la casa principal. Él vio en ella la princesa nórdica de un cuento de hadas. Lo cual no era del todo erróneo ya que Nena era la hija de una baronesa sueca, Birgit von Schlebrügge. Dieron una vuelta por la parte de atrás de la casa y al cruzar un puente de piedra sobre un riachuelo, ella arrojó al agua su anillo de oro y echó a correr. De pronto, se dio la vuelta, le miró con sus amplios ojos azules y sonrió. Entonces Leary comprendió que había encontrado a la mujer de sus sueños.

Semanas después tomaron LSD y a los tres días decidieron casarse. Peggy se vio al margen de un día para otro. Un duro golpe que intentó atenuar casándose con otro hombre. La boda entre Leary y Nena [ilus. 16] fue un acontecimiento social y se celebró el 12 de diciembre de 1964 en la pequeña iglesia episcopal que había dentro de la finca de Millbrook. Vestido con un elegante frac, Leary recibió a buena parte de la *jet set* neoyorquina, el mundo de la alta moda y bohemios de lujo. La cultura de la droga empezaba a estar de moda, por lo que la mayoría del centenar y medio de invitados habían tomado ácido o estaban fumados. Iban vestidos de etiqueta, pero con un toque de fantasía. Muchas mujeres llevaban saris hindúes y ramos de flores en la mano, aunque también vistosos sombreros. Los hombres vestían chaquetas psicodélicas con dibujos elaborados, camisas estilo siglo XVIII y pantalones multicolores según la moda *hippie* que imperaba entonces. Susan fue dama de honor. El otro hijo, Jack, apenas consiguió dar la mano del padre cuando al final de la ceremonia recorría el pasillo hacia la salida de la iglesia. Leary dijo que aquel gesto representaba uno de los recuerdos más

16. Boda de Tim y Nena von Schlebrügge, 1964

hermosos de su vida, pero el hijo no había sido invitado a la ceremonia.

Después de la boda se trasladaron a los jardines alrededor de la vivienda iluminada en la noche con velas, lo que le proporcionaba un aire de casa encantada. En la bebida que se ofreció a los invitados se había diluido LSD. Varios músicos de *jazz* tocaron en directo y los invitados hicieron fila para ofrecer a los nuevos esposos los regalos de boda que, invariablemente, eran drogas de todo tipo y cantidad. No faltó la tarta nupcial. La presidían las figuras de los dioses hindúes Shakti y Shiva que representan el principio de lo femenino y lo masculino. La fiesta siguió hasta el día siguiente.

La luna de miel la celebraron en la India. Fueron hasta Almora, en las faldas del Himalaya, cerca del Tíbet, donde se encontraron con uno de los psicólogos seguidores de Leary en Harvard, Ralph Metzner. En el lugar vivía el lama

Anagarika Govinda, nacido como Ernst Hoffman, un escritor alemán que pasó media vida en el Tíbet y en la India y fue uno de los introductores del budismo en Occidente. Leary y Nena alquilaron una casa cercana y emplearon a un cocinero para hacerles las comidas.

Junto a Metzner, Leary y Nena recorrieron otras partes de la India. En Agra visitaron el Taj Mahal. Allí se hicieron una foto en la que se les ve a los tres sentados en un banco mientras al fondo se divisa el gran templo. Metzner va vestido al modo europeo. Nena lleva un sari. Mira a la cámara con desenvoltura como buena modelo. El pelo largo y rubio le cae sobre los hombros y la imagen es perfecta. Leary, que tiene cuarenta y cinco años, viste también una túnica y pantalones de estilo hindú y su apariencia es juvenil. Los tres tomaron un ácido esa noche tumbados sobre una manta frente al Taj Mahal y vieron elevarse el templo hacia el cielo.

Nena, cansada de estar fuera de los Estados Unidos y de su perro pekinés, empezó a impacientarse. Leary también se sentía culpable de haber abandonado a sus hijos. Los rencores mutuos empezaron a surgir entre Nena y Timothy, dos egos perdidos en la inmensidad de la India. Un ácido que debía servirles para reconciliarlos resultó un desastre, lo que Leary atribuyó a la visita que hicieron a un templo dedicado al dios Shiva, el destructor. Nena, tumbada en un sofá de seda y con las piernas cruzadas, se quejó de las extrañas reacciones de Leary tras tomar el ácido: «Supongo que se ha acabado», dijo él desesperado. Nena encendió un cigarrillo y respondió que no era el fin del mundo[13].

La musa *hippie*

La amistad entre Leary y Alpert empezó a deteriorarse. Cansado de hacer de madre de todo el mundo, empezando por los hijos de Tim, y del esfuerzo hecho en Millbrook por mantenerlo a flote a pesar de unas deudas que sumaban más de cincuenta mil dólares de la época, Alpert se marchó. No fue el único. La vieja guardia desapareció de la escena con diversas excusas. Podría haber sido un momento muy difícil para Leary, pero la aparición de Rosemary Woodruff [ilus. 17] fue providencial para él. Esta guapa treintañera subió un día hasta Millbrook desde Nueva York. Leary, impresionado por su físico y un libro del filósofo Ludwig Wittgenstein que llevaba en un bolsillo trasero del pantalón vaquero, le propuso brindar por su encuentro. Pero Rosemary, que había sido modelo, actriz y azafata, salía con un músico de *jazz* y el encuentro acabó allí. Regresó en agosto a la típica sesión de ingesta de ácido que se celebraba en Millbrook los fines de semana, previo pago. Entonces se sentó a su lado y se besaron para rubricar una historia que les convertiría en inseparables durante unos años, porque con Leary nada era eterno. En cambio, Rosemary sentía que él representaba el conocimiento que le daba su formación de psicólogo y que tenía una imaginación sin límites. Lo veía como un hombre con un gran carisma, simpático y optimista. Ella le pidió lo que más deseaba, un hijo, cuando estuviesen asentados. Al comienzo, la historia entre ellos tenía el favor del viento salvo con la hija de Timothy, Susan, a quien Rosemary le recordaba a la odiada madre y veía como una rival.

Con el anticipo que recibió por *El gran sacerdote*, Leary decidió pasar el invierno de 1965-1966 en México con Rosemary, sus hijos y un amigo de ellos. Cuando llegaron en la furgoneta a la frontera de Laredo no tiraron las colillas de los porros fumados durante el viaje. Pensaron que como se dirigían hacia México a la policía mexicana le daba igual. Pero un policía mexicano le dijo a Leary que no podía entrar en el país porque era *persona non grata* desde su última estancia en 1963. Tim dio marcha atrás y regresó hacia el lado norteamericano hasta que se aclarase la situación. Entonces Rosemary recordó que

17. Timothy Leary y Rosemary Woodruff, 1969

llevaban una tabaquera con marihuana y le pidió que parase para deshacerse de ella. Debido a su sordera, Leary no la entendió bien. Como no les dio tiempo a deshacerse de la caja, Susan la escondió en su braguita. Durante la inspección de la furgoneta, la policía norteamericana encontró los restos de los porros y les hicieron bajar para registrarlos en una edificación contigua. Una mujer policía encontró la tabaquera con una pequeña cantidad de hierba en la ropa interior de Susan. La situación cambió radicalmente. Lo que iban a ser unas vacaciones familiares en un país hospitalario se convirtió en una detención por posesión de drogas en Estados Unidos.

Después de pasar la noche en las dependencias policiales, fueron puestos en libertad tras pagar una fianza de veinticinco mil dólares, una cantidad bastante elevada por aquel tiempo. En lugar de declararse culpable, lo que le habría valido para negociar la condena con la fiscalía y ahorrarse el juicio, Leary se declaró inocente para generar un debate sobre el consumo de las drogas blandas. En el juicio, él basó su defensa en que era un científico que investigaba el uso de ciertas drogas y que su religión hinduista hacía un uso sacramental de la hierba. También se definió a sí mismo como un mago alquimista y psicólogo molecular. A su favor declararon varios médicos y un monje hindú. Sobre quién le había dado la droga, tras obtener su permiso, Timothy dijo que había sido Rosemary. El juez no compartió ningún argumento de la defensa y lo condenó a treinta años de cárcel por el delito cometido, llevar unos gramos de hierba, además del pago de una multa de veinte mil dólares. En lo que sí accedió fue en dejarlo en libertad bajo fianza mientras apelaba ante un tribunal superior. De momento, lo peor fueron las consecuencias que tuvo el juicio para Susan. La condenaron a la pena máxima, cinco años, y cuando se leyó la sentencia miró a su padre aterrorizada. Aunque se le concedió también la libertad bajo fianza para preparar el recurso y no llegó a entrar en la cárcel, la publicidad del caso y la detención supusieron un trauma que no superó nunca[14].

La dureza de la sentencia tuvo un amplio eco en los medios de comunicación. El interés por Leary creció sobremanera. Para contribuir a los gastos de la defensa se creó la Timothy Leary Psychedelic Defense Fund, que afirmaba que el doctor Timothy Leary era la persona que había introducido el LSD como sacramento popular más que como instrumento psiquiátrico para el estudio de la psicosis, y se pedía contribuir al fondo para su defensa. Las grandes figuras del mundo de la cultura de esos años como Norman Mailer, Susan Sontag, Allen Ginsberg, Peter Fonda o Alan Watts firmaron un manifiesto de apoyo.

El caso de Leary también trajo una enorme publicidad negativa para el LSD, definido como una epidemia que hacía furor entre los jóvenes y estaba fuera de control. La mayoría de las opiniones médicas hablaban de sus peligros y en los medios de comunicación se publicaban crímenes cometidos por gente que había tomado ácido. La empresa farmacéutica Sandoz dejó de vender la sustancia y en 1965 se penalizó en Estados Unidos la producción ilegal y venta de LSD, aunque no la posesión.

La situación no presagiaba nada bueno para Leary, como le anunció un exestudiante de Harvard vestido de monje tibetano. Se llamaba Robert Thurman, pero se hacía llamar Tenzing y vivía en un monasterio budista de New Jersey. Aconsejó a Leary renunciar a la dirección del movimiento en favor del uso de LSD. Robert Thurman terminaría siendo uno de los principales estudiosos sobre el budismo en Occidente, además de fundador de diferentes monasterios budistas en Estados Unidos. Casualidades de la vida, se casó con Nena, la exmujer de Leary, con la que tuvo cuatro hijos, uno de los cuales sería la actriz Uma Thurman.

Consciente de su situación legal, Leary cambió de estrategia de cara a la galería. En un acto celebrado en abril de 1966 ante un millar de personas en Nueva York, se adelantó a los ecologistas varias décadas al anunciar el nacimiento de una nueva civilización donde los hombres volverían a vivir en armonía con la naturaleza. También exhortó a los jóvenes que habían acudido a escucharle abstenerse de tomar LSD o fumar marihuana durante un año con el fin de no sumarse a los veinte mil presos que estaban en las cárceles por posesión de drogas. Pero el consumo de ácido estaba desbocado. Más que la búsqueda de una nueva conciencia, lo que subyacía en la cultura juvenil del momento era la práctica del exceso lisérgico entendido como una forma más de hedonismo.

A pesar de los donativos que recibió el fondo de defensa, los costes legales afectaron a la economía de Leary. Para remediarlo, creó en el verano de 1966 un espectáculo denominado *La muerte de la mente* (*The Death of the Mind*) en un teatro neoyorquino. Basado en *El lobo estepario* de Hermann Hesse, contaba la historia del héroe de la novela, Harry Haller, que se encuentra dividido entre las comodidades de una vida burguesa y la ansiedad que le producen esos deseos presentados como inútiles para el propio desarrollo personal. La banda sonora estaba compuesta por flautas y gongs. En la pantalla, detrás del escenario, se proyectaban imágenes psicodélicas relacionadas con el relato. Al final de la función, sentado en la posición del loto, Leary impartía un sermón en el que explicaba a la audiencia las bondades del ácido.

La función obtuvo un considerable éxito durante los tres meses que estuvo en cartelera. Unos dos mil jóvenes llenaban el teatro en cada sesión que se celebraba sólo los fines de semana, lo que representó unos buenos ingresos para Leary. Incluso tuvo alguna crítica elogiosa como la del *New York Times* en la que se le definía como un buen actor y a la obra como el mejor espectáculo del off-Broadway del momento. Pero también hubo otras reseñas negativas que le criticaron por promover el uso del LSD.

Como el objetivo estratégico de Leary era que el mayor número de personas probasen el ácido lisérgico, concedió una larga entrevista a la revista *Playboy* que apareció en el número de septiembre de 1966. Acorde con el espíritu de la publicación, lo definió como un poderoso afrodisiaco capaz de erotizar cada célula del cuerpo humano, y donde la mujer y el hombre podían multiplicar su capacidad orgásmica. Incluso servía para revertir la homosexualidad tanto femenina como masculina. Puesto a publicitar los milagros del LSD, declaró que solucionaba la frigidez, la impotencia y las perversiones sexuales. Sin embargo, los sexólogos Robert Masters y Jean Houston demostraron que estas afirmaciones eran falsas[15].

Entretanto la situación en Millbrook empeoraba día a día. Leary apenas residía porque impartía conferencias continuamente por todo Estados Unidos. Por la noche acudía mucha gente a tomar ácido. Los hijos de los residentes que vivían en Millbrook se movían libres entre los adultos. Veían a los padres acostarse con otras parejas y estaban obligados a tomar ácido una vez a la semana. Susan se encontraba cada vez peor psicológicamente y su hermano Jack se pasaba los días encerrado en su habitación en un intento de alejarse de los demás. También tomaba grandes dosis de ácido. Según contó años después, estuvo a punto de morir de inanición. Se alimentaba de cereales y pan con mantequilla de cacahuete. En vez de crear una escuela para los hijos de los residentes, los padres los enviaban a estudiar en las escuelas de los alrededores que eran entornos muy conservadores y sabían lo que ocurría dentro de Millbrook. El contraste era brutal entre los hijos de los *hippies* y los demás. Jack, al igual que otros, dejó sus estudios. Sufría acoso escolar y los demás colegiales no le dirigían la palabra por orden de sus padres.

Leary anunció el nacimiento de una cultura nueva en la concentración que se llevó a cabo en el Golden Gate Park de San Francisco el 14 de enero de 1967. La reunión se llamó «A gathering of the tribes for a human be-in» (Una reunión de las tribus para el desarrollo humano). El término «Be-in» fue adoptado por la cultura *hippie* y significaba coloquialmente «estar enrollado» o saber de qué iba el nuevo modo de vida. La reunión era una respuesta a la ilegalización del LSD en California, aprobada el 6 de octubre de 1966.

Entre los que hablaron se encontraban Richard Alpert, Allen Ginsberg, y gurús de la contracultura como Gary Snyder, Lawrence Ferlinghetti y Alan Watts y el dirigente estudiantil izquierdista Jerry Rubin. También actuaron bandas de *rock*. Asistieron entre veinte y treinta mil personas. Había muchos niños, la gente llevaba flores en el pelo, instrumentos musicales y banderas. Se respiraba en el aire una mezcla de incienso y pachuli, y la euforia reinaba por doquier. Parecía que el advenimiento de un nuevo mundo estaba a la vuelta de la esquina. El químico clandestino del movimiento *hippie*, Owsley Stanley regaló cantidades industriales del ácido que elaboraba ilegalmente denominado «relámpago blanco» y que tenía fama de ser el mejor.

Bajo un sol resplandeciente y encima del pequeño palco en el que había una alfombra y los micrófonos, Leary estaba sentado sonriente y beatífico. Se había tomado trescientos microgramos de LSD. Cuando se puso en pie para hablar, vestido con la típica túnica blanca que llevan los santones hindúes, tenía en la mano derecha un narciso amarillo, la flor que mejor encajaba con su personalidad, y al igual que los antiguos predicadores, una pequeña concha detrás de cada oreja. La gente le arrojaba porros, flores y pastillas de LSD.

Leary mantuvo un tono reivindicativo y expuso el lema que sería la esencia de la contracultura norteamericana, influenciado por el teórico de la comunicación Marshall McLuhan, con quien se había reunido semanas antes. El comunicólogo le explicó que debía promocionar el ácido como cualquier producto nuevo en el mercado y fomentar el interés del consumidor. Asociarlo a todo lo bueno que era capaz de producir, como la belleza, alegría y espiritualidad. También sugirió a Leary sonreír y saludar con aire tranquilizador. Debía mostrarse seguro de sí mismo. La mejor publicidad que podía hacer del ácido era su propia imagen como usuario.

Días después Leary estaba en la ducha y se le ocurrieron las tres frases que definieron al movimiento psicodélico: encender, sintonizar y marcharse (*Turn On, Tune In, Drop Out*). *Encender* representaba mirar hacia dentro para despertar las herramientas neuronales. *Sintonizar* implicaba enseñar hacia fuera lo que se sentía dentro. Por último, *marcharse* simbolizaba cambiar de vida y descubrir la propia identidad.

Leary explicó lo que significaban las tres frases a los jóvenes reunidos y dijo que había llegado el momento de girar al máximo el interruptor interior. ¿Por qué no intentarlo? «Que se jodan las autoridades. ¡Al diablo vuestros padres!», gritó entusiasmado mientras invitaba a los jóvenes a tomar ácido y hacer lo que les gustase.

A partir de ese momento Leary se convirtió en un ídolo de la juventud comprometida con los postulados de la Contracultura. Cuando visitaba las comunas *hippies* era recibido con todos los honores. Sin embargo, era un hombre al que le gustaba vivir bien. En sus giras iba a hoteles de cinco estrellas, conducía coches caros, ligaba con mujeres guapas y cuando no llevaba el uniforme de guía espiritual vestía trajes buenos. Un estilo de vida que costaba dinero. De momento, había vendido los derechos para que se hiciera una película con su libro *La muerte de la mente* por trescientos mil dólares. También subió el caché de sus conferencias de mil a diez mil dólares.

En junio de 1967, el movimiento *hippie* estaba en plena expansión. En lo que se llamó «El verano del amor» emigraron al barrio de Haight-Ashbury, en San Francisco, convertido en la capital del movimiento *hippie*, miles de jóvenes. En Monterrey se celebró el primer festival de música al aire libre al que asistieron unas doscientas mil personas, y donde actuaron, entre otros, Jefferson Airplane, Jimi Hendrix y Janis Joplin. El festival fue promocionado con la canción *San Francisco* compuesta por John Phillips, del grupo The Mamas & The Papas, e interpretada por Scott McKenzie y que se convirtió en una especie de himno *hippie* con su conocido estribillo: Si vas a San Francisco, asegúrate de llevar flores en el pelo... el verano será una celebración de amor.

Para Leary, San Francisco significaba una ciudad auténtica donde la gente podía escapar del decorado de televisión en el que estaba atrapada y del que formaban parte como actores secundarios. La inmensa mayoría de los jóvenes que habían emigrado a la ciudad eran menores de edad que dormían en los parques y pedían limosna. La prensa seguía con atención el fenómeno y la opinión era negativa. En su mayoría, ponían el acento en los episodios de violencia por asuntos de drogas y violaciones de chicas drogadas.

Tras una breve separación de Rosemary propiciada por Leary para huir de la rutina, la pareja se casó en una ceremonia celebrada en el parque nacional de los Árboles de Josué, al sur de California. Leary y el medio centenar de invitados se reunieron al atardecer del 11 de noviembre de 1967 en un rancho propiedad de uno de los asistentes donde estuvieron de fiesta hasta la medianoche. Después atravesaron en coche el parque y subieron hasta la cumbre elegida donde tomaron dosis masivas de ácido y se tumbaron en el suelo para dialogar con las estrellas que resplandecían en el cielo. Rosemary y él intercambiaron palabras de amor. Los esponsales tenían que haberse celebrado al amanecer, pero el chamán apache que debía oficiarlo había tomado demasiado peyote y no atinaba a pronunciar las palabras del rito. Al final la boda se celebró a la mañana siguiente en un coche que bajaba de la montaña, con los novios sentados en el asiento trasero y el hechicero delante. Leary describió la boda como una jovial ceremonia pagana en un mundo que no tenía conciencia del pecado original. La ceremonia se repitió días después en la casa de Leary en Berkeley, oficiada por un faquir hindú.

En diciembre de 1967, mientras Leary y Rosemary se encontraban en Nueva York, se produjo una nueva irrupción de la policía en Millbrook. Encontraron un poco de marihuana y LSD, y detuvieron a dos personas y al hijo de Leary. En febrero de 1968, los dueños de la finca les conminaron a irse. Bill Hitchcock solucionó con dinero las últimas resistencias. Leary recibió catorce mil dólares, pero otros residentes le habían robado sus enseres, incluidos los muebles, ropa, discos y libros de su biblioteca por lo que ni siquiera le alcanzó para restituir lo perdido.

Como ese año se iban a celebrar elecciones presidenciales, la esperanza de Leary, al igual que la de mayoría de los jóvenes, estaba depositada en el senador demócrata Robert

Kennedy. Sin embargo, fue asesinado en Los Ángeles por un palestino. Los demócratas celebraron su convención para elegir a su candidato, tras la renuncia del presidente Lindon B. Johnson de presentarse a la reelección. Varias organizaciones pacifistas, así como los grupos de la nueva izquierda y el ala más política del movimiento *hippie* decidieron manifestarse en Chicago para expresar su oposición a la guerra de Vietnam donde estaban destacados medio millón de soldados norteamericanos. Los jóvenes, que podían ser enviados a combatir, eran los que más estaban en contra. El alcalde de la ciudad, Richard Daley, dio la orden de prohibir cualquier tipo de concentración y hubo violentos choques entre manifestantes y policías con numerosos heridos y detenidos. Leary se mostró contrario a manifestarse, ya que entendía que iba a servir para hacer el juego al candidato republicano Richard Nixon que prometía ley y orden. Nixon, que ganó las elecciones, había definido a Leary como el hombre más peligroso de América.

Entre los seguidores de Leary se encontraban dos trabajadores a los que les gustaba tomar LSD porque fomentaba su lado espiritual. John Griggs y Travis Ashbrook fundaron una iglesia, la Hermandad del Amor Eterno, que se financiaba con la venta de marihuana y LSD, pero los que pertenecían a ella vivían como si hubieran hecho voto de pobreza. Seguían con sus viejos coches, vestían ropa hecha por ellos mismos y sólo guardaban dinero para pagar abogados y fianzas por si les detenían. Leary se trasladó a vivir al rancho que la Hermandad del Amor Eterno había comprado cerca de Palm Springs.

En la Navidad de 1968, Leary decidió tomarse unas vacaciones fuera de la aislada finca de la Hermandad. Tras dejar a Susan en casa de un amigo, y mientras viajaban en la misma furgoneta en la que habían sido detenidos dos años antes en Laredo y por las mismas fechas, emprendieron camino para dejar a Jack con otros amigos. El hijo había fumado marihuana en el coche haciendo caso omiso de las recomendaciones paternas que también le había pedido que no llevase droga consigo. Pero escondido entre el equipaje Rosemary había puesto por indicación de Tim un poco de marihuana y LSD.

Al bajar de la montaña, Leary detuvo el vehículo en un arcén para quitar las cadenas para la nieve del vehículo, momento en el que se detuvo un coche patrulla junto a él, ya que ocupaba más espacio del permitido. Alertado por el olor de marihuana, el policía les hizo bajar del vehículo, registró el coche y llamó a otro patrullero. Los policías encontraron restos de dos porros en un cenicero y lo que Rosemary había escondido. Los tres fueron detenidos y conducidos a la cercana comisaría. Salieron en libertad al día siguiente una vez pagada la fianza correspondiente.

El 19 de mayo de 1969, el Tribunal Supremo dio la razón a Leary en su recurso contra la dura condena infligida por posesión de marihuana en Laredo en 1965 y por la que fue condenado a treinta años de prisión. Había sido declarado culpable en virtud de una Ley del Impuesto sobre la Marihuana de 1937. Él se había defendido con el argumento de que esta ley era inconstitucional. El Tribunal Supremo le dio la razón y anuló su condena. Sin embargo, todavía debía ser juzgado por los porros de marihuana encontrados, ya que la anulación de la condena era debido a cuestiones de procedimiento y había que repetir el juicio.

Dentro de su estrategia de publicitar la experiencia psicodélica como una herramienta de liberación psíquica de cuantiosos beneficios, Leary decidió presentarse a las elecciones de gobernador de California, cargo que en ese momento detentaba el antiguo actor Ronald Reagan y futuro presidente republicano de los Estados Unidos. Leary elaboró un programa que proponía eliminar los impuestos, salvo un pago de mil dólares anuales a los que comprasen alcohol, poseyeran armas de fuego, practicasen la pesca deportiva, adquiriesen un coche nuevo antes de que pasaran cinco años de la compra del anterior o fumasen marihuana o tabaco. Se permitían algunas actividades ilegales en zonas restringidas, como la prostitución, el juego de azar, el ligue homosexual y el consumo de drogas. También pretendía que la policía estuviese desarmada, doblar su salario y animarlos a fumar hierba. Cuando los periodistas le preguntaron qué más pensaba hacer como gobernador de California, Leary respondió que lo menos posible. También declaró que se implicaría en mejorar el estado de felicidad de la gente y conseguir más placer para los ciudadanos. Defendió que los jóvenes tenían orgasmos mejores que sus padres gracias a la marihuana que fumaban. Por eso reaccionaban en contra de las nuevas costumbres de sus hijos. Leary era consciente de que los jóvenes eran su público. Resultaba evidente que sus posibilidades de ganar eran nulas, por lo que se trataba de publicitar el consumo de LSD y dar otra visión de la política.

En mayo de 1969 John Lennon y Yoko Ono celebraron una «encamada por la paz» en el hotel Queen Elizabeth de Montreal (no podían entrar en los Estados Unidos como era su deseo al estar condenados por consumo de hierba) para protestar contra la guerra de Vietnam. Las encamadas consistían en pasarse el día y la noche en la cama del hotel entre continuas visitas de amigos, conocidos y pacifistas. Leary se acercó a verle con Rosemary. Lennon le preguntó qué podía hacer a favor de su candidatura y éste le pidió que compusiera una canción. Tras preguntarle cuál era el lema, Lennon empezó a improvisar y le entregó poco después la cinta a Tim titulada *Come together, Join the Party* (Vamos a juntarnos para la fiesta). Rosemary y Leary, encamados también [ilus. 18], hicieron los coros en la estrofa que improvisó Lennon. Tiempo después los Beatles publicaron una versión modificada de la canción.

En enero de 1970, la suerte de Leary cambió. En el juicio celebrado en Houston por llevar diez gramos de marihuana en 1965 a través del puesto fronterizo de Laredo

18. Rosemary Woodruff, Tim Leary, Yoko y John Lennon, fotografía de Stephen Sammons, 1969

fue condenado, de los treinta años iniciales de cárcel, a veinte y se mantuvo la multa de veinte mil dólares. La ejecución de la sentencia fue aplazada y los abogados de Tim presentaron un recurso de apelación. Pero al mes siguiente se celebró el juicio por los porros y el LSD encontrados en la furgoneta familiar en Laguna Beach. De nuevo fue declarado culpable de posesión de marihuana y condenado a diez años de cárcel y una multa de diez mil dólares. Rosemary, a seis meses de reclusión y, su hijo Jack, fue puesto bajo observación psiquiátrica. El juez definió a Leary como un peligro para la sociedad y decretó su ingreso inmediato en prisión. En cambio, concedió la libertad bajo fianza a Rosemary y a Jack. A los diez años de esta sentencia debían sumarse los veinte de la anterior. Según el sistema penal del estado de California no se podía pedir la libertad condicional hasta que se hubiese cumplido un tercio de la condena. Por lo tanto, Leary debía cumplir diez años de cárcel.

Tocata y fuga

Cuando Rosemary acudió a verlo en la cárcel, Leary se echó a llorar y le pidió que lo sacase de allí. Ella se lo prometió. Como estaba pendiente de ser clasificado, él rellenó las pruebas psicológicas de valoración dando la impresión de ser una persona conformista, aficionado a la jardinería y negado para los trabajos manuales. Su objetivo era ser destinado a una cárcel lo más cómoda posible, lo que consiguió al ser enviado a la de San Luis Obispo. Pronto empezaron a surgir en la prensa contracultural anuncios pidiendo dinero para financiar la defensa de Leary firmados por John Lennon y Yoko Ono, Allen Ginsberg y el actor James Coburn, entre otros famosos.

Otra fuente de preocupaciones para Leary era su hija Susan, que estaba embarazada de su marido, David Martino, un aspirante a entrar en la Hermandad del Amor Eterno. La hija vivía en su coche y tenía una personalidad psicótica y paranoide.

En cuanto a la vida en la cárcel, dentro de sus limitaciones, a Leary no le iba demasiado mal. Los presos lo admiraban. Nunca un exprofesor de Harvard había sido condenado a tantos años de cárcel por un asunto de drogas. Había muchos lectores de sus libros entre los encarcelados por consumo de estupefacientes. Le llamaban «El profesor». Ese mismo mes Leary fue trasladado al ala oeste de la cárcel de San Luis Obispo, una zona donde había jardines y césped.

Al ser rechazada su apelación a la última condena y tener pendiente más causas, Leary decidió fugarse. Además de la larga condena, veía con preocupación que Rosemary manejaba mucho dinero y no le faltaban jóvenes hermosos dispuestos a ayudarla en todos los sentidos, y con los cuales algunas veces le era infiel.

El plan de la fuga fue financiado por la Hermandad del Amor Eterno que entregó diecisiete mil dólares a un grupúsculo radical de extrema izquierda, los Weather Underground[16]. El 9 de septiembre de 1971, tras seis meses de internamiento, Leary pintó las bandas blancas de sus zapatillas de deporte de color negro, se puso los guantes que empleaba para jugar a voleivol y dejó en su armario una carta escrita a máquina donde decía que estar encarcelado injustamente era un crimen en contra de Dios y que el futuro pertenecía a los negros, los jóvenes y los seres libres. Cuando escuchó el silbato de las 20:30 horas que señalaba a los presos que debían encontrarse en sus celdas para pasar la noche, se puso una chaquetilla vaquera encima del uniforme carcelario y salió. Atravesó el patio iluminado por una luz difusa, trepó por un árbol y subió al tejado de un bloque de celdas. Luego se acercó al poste telefónico del tejado y tras sujetarse al cableado con las dos manos enguantadas, lo hizo también con las piernas. Los reflectores quedaban debajo del cable. Cuando todo su peso descansó sobre el cable, avanzó poco a poco con la intención de llegar al tronco que se encontraba al otro lado de la valla de alambre de espino de tres metros de altura que rodeaba la prisión. Lo que parecía fácil no lo era para un hombre de cuarenta y nueve años que fumaba demasiado. Enseguida se sintió agotado. Sólo había recorrido un tercio del trayecto. Dobló los codos y rodillas alrededor del cable para descansar un momento con la respiración entrecortada. Debajo se encendieron las luces de un vehículo de vigilancia que se acercaba. Temeroso de ser descubierto empezó a avanzar de nuevo hasta que tuvo que descansar otra vez. Si miraba hacia abajo veía de reojo las celdas de los detenidos que miraban la televisión. El vehículo de vigilancia pasó debajo sin descubrirlo. Con las últimas fuerzas alcanzó la rama opuesta fuera del recinto. Se enrolló con las piernas en la madera del árbol y se deslizó hasta el suelo. Corrió campo a través y llegó hasta los raíles del ferrocarril que discurrían al lado de la autopista que bordeaba la cárcel. Debía aguardar un coche que tuviese encendido el intermitente derecho. Finalmente apareció y se bajó una chica de pelo largo y oscuro que le preguntó si era Nino. Él dijo que sí y la chica se presentó como Kelly. Se abrazaron y subieron al vehículo que otra chica rubia condujo mientras los seguía otro auto que controlaba la radiofrecuencia de la policía. Las jóvenes le proporcionaron nueva ropa y una billetera con documentos de identidad falsos. Ahora se llamaba William McNellis. En una cercana playa en la que había un cámper aparcado le tiñeron el pelo y siguieron camino.

Días después prosiguieron hacia una casa en las cercanías de Seattle. Mientras se acercaba a la puerta, Rosemary salió corriendo a su encuentro. Tim Leary lo definió como el día más bonito de su vida. Él la agarró por la cintura y la alzó y empezaron a reírse a carcajadas.

En los comunicados que recibieron los medios de comunicación venía una carta de Leary donde anunciaba que los Weather habían tenido el honor de ayudarle a huir de la cárcel en la que estaba detenido en contra de su voluntad y la de millones de jóvenes. Leary se definió como un prisionero político. Dijo que había sido encarcelado por el trabajo desarrollado para crear una nueva cultura y anunciaba que iba armado, lo que no era cierto, y que se enfrentaría a cualquiera que amenazase su vida o libertad. El responsable del FBI, Edgar Hoover, aseguró que sería detenido en diez días.

Los Weather habían llegado a un acuerdo con los «Panteras Negras» para que le facilitasen asilo político en Argelia. El país carecía de un tratado de extradición con los Estados Unidos. Allí se reuniría con el exiliado Eldridge Cleaver, el ministro de información de los «Panteras Negras»[17].

En una época en que no existía Internet ni los códigos de barras, resultaba fácil falsificar documentos. Tim y Rosemary se embarcaron en un vuelo camino de París. Él se había cortado el pelo y llevaba una gorra. Rosemary tenía una peluca rubia, y vestía un traje de chaqueta como si fuese la secretaria de un ejecutivo importante. Iban en asientos separados. Era el 23 de septiembre de 1970. Un psiquiatra francés con el que había mantenido correspondencia los alojó en su casa parisina. Días después, Leary voló solo hacia Argel.

Los piratas de Argel

Hacía menos de siete años que Argelia era independiente y se movía en la órbita de los países socialistas. El país estaba gobernado por un partido único, el Frente de Liberación Nacional. En Argel, las calles estaban mal iluminadas y apenas se veían mujeres. A Leary no le gustó lo que vio y lo definió como un estado policial medieval surgido del torvo socialismo árabe y el fundamentalismo religioso. Pero como no tenía otras opciones se presentó en la embajada de los «Panteras Negras», la villa donde vivía Eldridge Cleaver, el ministro en el exilio de los Panteras, con su mujer Kathleen y una hija recién nacida.

Una vez que supo que podía contar con una base segura, Rosemary fue a Argel con un fajo de billetes escondidos debajo de los pantis. El dirigente de los Panteras mantenía en secreto una relación con una joven argelina, Malika. Carecían de lugar para sus citas amorosas y utilizaban la embajada de los Panteras también como nido de amor. Siguiendo las indicaciones de un Pantera, Rosemary tuvo que cambiar las sábanas de la cama matrimonial de los Cleaver porque la mujer iba a llegar de un momento a otro y no debía ver que había dormido con Malika. Los Panteras los llevaron a un hotel que se encontraba en un pueblo marítimo cerca de la capital. Cleaver le explicó que en Argelia las drogas estaban asociadas a la decadencia occidental, y le invitó a leer los libros de grandes pensadores marxistas-leninistas, como el *Libro rojo* del presidente chino Mao Ze Dong, el del dirigente norcoreano Kim Il-Sung y del escritor franco-caribeño Frantz Omar Fanon. Leary respondió que todos ellos debían estar agradecidos con él porque con el LSD había confundido los cerebros de muchísimos blancos norteamericanos de clase media.

Muchos visitantes del mundo de la Contracultura que se acercaron hasta Argel para verlo le abastecían de LSD, y Leary invitó a su huésped a probarlo con sus respectivas parejas, pero Cleaver llevó a Malika. La experiencia no fue buena y los crecientes recelos de Cleaver hacia Leary se mantuvieron. El dirigente de los Panteras dijo a Leary que si los argelinos encontraban la droga, serían fusilados. Con el pretexto de que su casa era más segura, Cleaver guardó el LSD que tenía Leary en su caja fuerte.

Cuando las autoridades argelinas descubrieron la verdadera identidad del nuevo huésped de los Panteras, se enfadaron bastante. Eldridge sostuvo que Leary era un revolucionario y, como prueba de ello, decidió enviarlo a participar en una conferencia internacional de apoyo a la guerrilla palestina que el escritor francés Jean Genet había organizado en la capital jordana. Leary iría como encargado de relaciones con la prensa.

En Beirut, Leary alquiló una habitación en el lujoso hotel en el que solía residir la prensa internacional, por lo que fue reconocido enseguida. A la mañana siguiente, llamaron a la puerta de su habitación y se encontró a un periodista de la CBS micrófono en mano y un cámara. Leary rechazó cualquier entrevista. El interés por él se había duplicado desde que un portavoz de los «Panteras Negras» había anunciado en Nueva York que Leary se había unido a su movimiento. Leary intentó salir de incógnito del hotel sin éxito. Perseguido por una multitud vociferante de periodistas, se refugió en un restaurante donde le rescataron sus amigos. El gobierno libanés no deseaba implicarse en un conflicto con las autoridades norteamericanas, y ordenó a Leary y sus amigos abandonar el país en cuarenta y ocho horas. Como no habían conseguido todavía los visados de las autoridades jordanas ni el visto bueno de los palestinos regresaron a El Cairo, donde se reprodujeron los intentos de la prensa por entrevistarlo.

Una vez en Argel, Leary concedió una entrevista a la revista *Rolling Stone* donde le preguntaron si era necesario recurrir a las armas contra las personas que detentaban el poder y él respondió que era inevitable si ese sistema estaba basado en la fuerza. Reconoció haberse sumado a la revolución y estar dispuesto a usar la violencia. El 5 de enero de 1971, durante una entrevista telefónica con una publicación contracultural norteamericana, Leary declaró que había aconsejado a los Weather que dejasen de poner bombas contra los centros de reclutamiento y, en cambio, secuestrasen aviones y personajes famosos del mundo del deporte, la televisión y el cine para liberar a los revolucionarios presos.

Pese al creciente proceso de radicalización de Leary, la relación entre el jefe de los Panteras y Tim empeoró. Cleaver veía que Leary hacía su propia vida y escapaba a cualquier control. La situación tenía algo de comedia de enredo, porque Cleaver empleaba también el apartamento de Leary y Rosemary para sus encuentros amorosos con su amante. Aprovechando que Tim y Rosemary habían tomado desnudos un ácido en el desierto y fueron sorprendidos por la policía argelina que los detuvo, Cleaver les quitó los pasaportes, el dinero e instaló a su amante en su piso para vigilarlos. La «detención revolucionaria» de Leary tuvo una amplia repercusión. Revistas de amplia tirada como *Life* y *Playboy* dedicaron sendos reportajes al asunto. Cleaver acusó a Leary de tener la cabeza enloquecida por el LSD y dar argumentos al enemigo.

Verse a merced del dirigente de los Panteras era una situación que no podía aceptar y Leary decidió marcharse de Argelia. Con la excusa de cobrar el dinero que le habían pagado como anticipo por el libro que aún no había escrito sobre su fuga, Leary recuperó los pasaportes y pagó algo a Cleaver en concepto de la deuda contraída con él durante su estancia en Argel.

Como le habían invitado a un congreso organizado en Copenhague por el dirigente izquierdista alemán Rudi Dutschke, conocido como Rudy el Rojo, Leary abandonó Argelia, que era lo que deseaba el Gobierno argelino. Leary y Rosemary tomaron un vuelo de Swissair que hacía escala en Ginebra y Zúrich. En la sala de tránsito del aeropuerto de Ginebra, Leary recibió un mensaje de su amigo el psiquiatra parisino, que le había visitado días antes en Argel junto a su mujer. El psiquiatra le advirtió de no seguir vuelo hacia Zúrich, ya que a ellos les habían detenido allí creyendo que eran Leary y su pareja. También les pasó el contacto de un conocido suyo que les recogería en la salida del aeropuerto de Ginebra.

El traficante de armas

Michel Hauchard era un hombre alto con el pelo canoso y un perro pastor alemán. Tenía dos pasiones: las chicas jóvenes y los puros habanos. Traficaba con armas y había estado preso en la cárcel parisina de La Santè por un robo. Para ganarse la confianza de Leary se presentó como un gentilhombre europeo dispuesto a defender a los filósofos injustamente perseguidos. A Hauchard le gustaba organizar veladas y festejos donde invitaba a otros expatriados ricos para que Leary les distrajese contando sus aventuras. También tranquilizó a su invitado diciéndole que no tenía que preocuparse de nada porque disponía de muchos policías en nómina. Después de un mes, su presunto benefactor alquiló para la pareja un chalé en una estación de esquí próxima al lago de Ginebra.

Rosemary seguía sin quedarse embarazada y estuvo internada en una clínica para lograrlo con tan mala suerte que el día en que debían intentarlo según su ciclo menstrual, la policía detuvo a Leary. Internado en una fría celda de la cárcel de Lausana, Hauchard alivió las penas de Leary enviándole comida, ropa, libros, incluso botellas de vino y tabaco. En lugar de pensar en su posible embarazo en el momento de mayor fertilidad, a Rosemary le tocó de nuevo movilizar a los amigos de su marido para ayudarle a salir de la cárcel. Ella estaba cada vez más deprimida. Se veía obligada a vivir bajo la creciente presión de saber que la administración Nixon buscaba detenerlos a toda costa y sin poder quedarse embarazada.

El benefactor Hauchard se aprovechó de la situación de Leary y le hizo firmar un contrato leonino mediante el cual le cedía todos los derechos de los libros que escribiese durante los doce años siguientes, y el noventa por ciento de las ganancias del libro sobre su evasión de la cárcel californiana que había empezado a escribir con Rosemary. Tras pasar un mes y medio en la cárcel, Leary salió en libertad condicional el 1 de agosto de 1971 después de simular un ataque cardiaco aconsejado por su abogado defensor. A través de este último conoció al descubridor del LSD, Albert Hofmann, con el que almorzó cerca de Lausana. El aspecto juvenil de Leary le hizo pensar al químico suizo en un campeón de tenis más que en un antiguo docente de Harvard[18].

Al ver que no iba a tener un hijo de él, Rosemary decidió separarse. Lo que en principio debía ser algo temporal, se convirtió en una ruptura definitiva. El atractivo hombre que le había servido de chófer en California mientras Leary estaba preso y con el que había mantenido una relación, reapareció en su vida y se marchó con él. John Schewel acababa de conseguir bastante dinero traficando con hachís desde Afganistán, y fue a visitarla a Suiza.

Sentado en un sofá, Leary vio cómo ella hacía sus maletas mientras John esperaba en la puerta. Rosemary se disculpó por no festejar juntos su cumpleaños, que era dentro de unos días. «Me estás echando tú, ya lo sabes. Es una decisión tuya», le dijo ella. Leary respondió que él no había dicho nada. Rosemary se metió en el dormitorio, se cambió de ropa y se despidió:

> Sandalias suaves sobre ligeros pies de seda. Vaqueros ceñidos. Blusa de punto. La bolsa de viaje de cuero colgada al hombro. Rosemary no estaría fuera de lugar en ningún momento de la historia humana. Dio una grácil vuelta y me dijo adiós con la mano. Estaba lista para el camino[19].

Leary intentó reconciliarse con ella. Rosemary le echaba de menos, pero no quería caer de nuevo en la situación anterior e hizo pública en la prensa contracultural la ruptura. Su nueva pareja la introdujo en la clandestinidad y durante dos décadas, John Schewel y Rosemary vivieron en Canadá, Afganistán, Sicilia, Colombia y Costa Rica.

Días después, el 22 de octubre de 1971, Leary celebró su cincuenta y un cumpleaños solo. Como había demostrado antes, no era un hombre que se hundiera en situaciones similares. Enseguida se puso a vivir con una chica más joven que Rosemary. Siempre necesitado de dinero, Leary aceptó la propuesta de su abogado, Michael Kennedy, de vender su casa de California para abonarle los diez mil dólares que le debía y cancelar la hipoteca que no se había pagado durante varios meses. La operación fue ruinosa para Leary, por lo que tenía motivos para sentirse perjudicado financieramente por Michael Kennedy.

En cuanto a su situación legal, el Gobierno suizo rechazó la petición de extradición cursada por Estados Unidos, pero no aceptó la demanda de asilo político de Leary y le dio un año para permanecer en el país. Susan se había separado de su marido y había dado a luz a una segunda niña, a la que puso el nombre de Dieadra, y carecía de un trabajo estable. Avisado por su hijo, Leary le pagó un billete de avión para que se reuniese con él, lo que hizo junto a sus dos hijas.

Leary se trasladó a un chalé de dos plantas en Inmensee, cerca del lago de Zug. Hauchard le presionaba para que acabase el libro sobre su fuga. Al mismo tiempo le presentaba a gente y, a través suya, mantenía una intensa vida social. Entre los nuevos conocidos estaba el director de cine Roman Polanski, que le presentó a un productor cinematográfico que llevó el manuscrito de su libro a la editorial Bantam Books que pagó un adelanto de doscientos cincuenta mil dólares. Leary recibió cuarenta mil, de los que entregó diez mil a sus hijos.

Leary se compró un Porsche y se dedicó a disfrutar de su nueva casa donde se practicaba la vida de comuna al estilo de Millbrook. La vivienda empezó a ser frecuentada por *hippies* norteamericanos que venían o iban a la India y Afganistán, y buscavidas como el hermano del exmarido de la hija de Leary. Se llamaba Dennis Martino y se presentó acompañado de su mujer de diecinueve años y un hijo en común. Venía de Kabul y se hacía pasar por miembro de la Hermandad del Amor Eterno. Leary debía mantener a seis adultos y tres niños.

En agosto de 1972, la justicia norteamericana anunció a bombo y platillo la desarticulación de la Hermandad del Amor Eterno, a la que se denominó la «mafia *hippie*». El fiscal acusó a Leary de ser el padre intelectual y estableció una fianza de cinco millones de dólares (unos treinta y seis millones de dólares de hoy día) en caso de ser detenido. Se trataba de una maniobra para disuadir a cualquier gobierno extranjero de concederle asilo político.

Joanna Harcourt-Smith [ilus. 19] tenía veintiséis años cuando conoció a Leary, que le llevaba veinticinco años de diferencia. Era hija de un aristócrata, Cecil Harcourt-Smith. La hija apenas vio de pequeña a su padre que murió

19. Joanna Harcourt-Smith y Timothy Leary, 1972

cuando ella tenía diez años. Su madre, Marisya Ulam, era una atractiva y dominante heredera judía cuya familia abandonó Polonia y se instaló en París en los años treinta. La madre había perdido a varios familiares en el Holocausto y le prohibió decir que era de origen judío. En sus memorias, Joanna Harcourt-Smith describe a su madre como una persona que hablaba siete idiomas y cuando se enfadaba con ella pasaba de uno a otro para insultarla y le recordaba que había nacido debido a un error de cálculo. A los once años sufrió abusos sexuales del chófer de la familia. Cuando se lo contó a su madre, ésta no la creyó y le dijo que los buenos sirvientes no eran fáciles de encontrar. Perdió la virginidad a los catorce años en El Cairo con el hijo del ministro de Cultura egipcio y, tras robar veinte mil francos a la madre, se escapó con él sin llegar demasiado lejos. Enviada al Líbano, trabajó como actriz y presentadora de televisión. A los dieciséis años era la pareja del cantante francés Charles Aznavour. Dos años después conoció en el casino de Montecarlo a Michel Hauchard que entonces tenía cuarenta años y ella dieciocho. A los veinte años se casó con un empresario griego del cual tuvo una hija. Cuando el matrimonio se rompió, Joanna se trasladó a la casa de la madre en Marbella y luego a Estados Unidos, donde se casó de nuevo con el vicepresidente de una comisión de la Cámara de representantes, Jean-Claude D'Amecourt, padre de su segundo hijo. Mientras vivía en Marbella, en el verano de 1972 empezó a tomar LSD. Allí conoció a Tommy Webber, un inglés guapo que iba siempre acompañado de sus dos hijos, de siete y ocho años. Webber había sido piloto de coches de carreras y procedía de una familia conocida. Se había casado con una millonaria que se suicidó con veintiséis años dejándole viudo con dos hijos pequeños, un caso parecido al de Leary. Webber había salido con la actriz Charlotte Rampling pero lo que le gustaba de verdad era la heroína. A las dos horas de conocerse, Tommy Webber y Joana ya eran pareja. Para costearse las drogas, Webber también se dedicaba a venderlas a sus poderosas amistades. Un trabajo en el que le venían bien sus hijos pequeños. En una ocasión no dudó en pegar debajo de la camisa de sus dos hijos una bolsa con medio kilo de cocaína para pasar la aduana camino de la Costa Azul.

Aquel verano de 1972, acompañado de Joanna, Webber había conseguido morfina y decidió llevársela a Keith Richards y su mujer, Anita Pallenberg, que por entonces vivía en Suiza, cerca de Leary. Anita le habló a Joanna de un sabio alquimista moderno, al que su mujer había abandonado y que se pasaba el tiempo con jovencitas que no le llegaban a la altura del tobillo. Además, Hauchard le contó los detalles de la fuga de Leary de la cárcel, y Joanna pensó que siempre había querido tener una historia con un forajido y llamó por teléfono a Leary.

Se conocieron en una galería de arte de Lucerna, y para ella fue un «amor a primera vista». Él la describió como una rubia menuda y vistosa, de mucho ingenio y estilo *sexy*, y que llevaba alrededor del cuello un aro de plata con una docena de anillos engarzados que eran los trofeos de anteriores conquistas amorosas. Para celebrar su encuentro, tomaron un ácido y decidieron compartir sus vidas sin ni siquiera irse a la cama. A partir de entonces, Joanna y Leary ingirieron un ácido diario durante cuarenta días seguidos. Joanna se quedó desconcertada al comprobar que Leary no tenía ningún interés sexual en ella. Finalmente, cuando se fueron a esquiar a Gstaad y se alojaron en una lujosa *suite* de un hotel, él se dispuso a hacerle el amor tras tomar ambos una dosis de LSD.

Joanna empezó a desnudarse mientras Leary preparaba un altar budista con el libro tibetano de los muertos, rosarios budistas, un anillo tántrico y las cartas del tarot según el modelo del ocultista inglés Aleister Crowley (1875-1947). Después le dio pulseras, collares y varias piezas de joyería hindú para que se las pusiera. Por último, le enseñó un reportaje de la revista *Life* sobre el cerebro humano. Mientras Leary y Harcourt-Smith estaban tumbados en la cama extasiados mirando las fotografías, Leary le explicó que era ahí donde iba a hacerle el amor, y le pidió que mirase las fotografías mientras follaban y le susurraba al oído que era la diosa Lashmati, mientras él se identificaba con Visnú. Joanna miró las fotos e intentó adaptarse a la situación, pero quedó bastante decepcionada del resultado, aunque sintió que estaban «verdaderamente unidos».

Ante la negativa de las autoridades suizas de prorrogar su estancia, Leary se marchó a Austria. Antes de irse, Joanna llamó a su madre, que se encontraba en Marbella, para comunicarle que estaba saliendo con un psicólogo de renombre de la Universidad de Harvard: el doctor Timothy Leary. La madre habló con él y le explicó que su hija vivía en un mundo de fantasías y que era una suerte que él fuese psicólogo para así poder tratarla clínicamente de forma gratuita.

A finales de 1973 se presentó en Viena Susan con sus dos hijas. Había pasado una temporada en la India. Cuando conoció a Joanna, la hija de Leary advirtió que tenía la misma edad que ella, con la diferencia de que su padre la colmaba de atenciones, lo que no era su caso. Susan había traído una botella con agua del Ganges y dio a beber un trago a Joanna, ya que tenía efectos milagrosos. Joanna bebió y a los pocos días la piel se le puso de color amarillento y apenas podía moverse. Como estaban mal de dinero, Joanna y Leary se presentaron en una clase de medicina en la Universidad de Viena, y, tras quedarse desnuda de cintura para arriba, le preguntó al médico que impartía clase qué le ocurría. El profesor respondió que tenía hepatitis y le recomendó ir a un hospital.

El reaparecido Dennis Martino les propuso ir a Kabul y acompañarlos. La ventaja de Afganistán era que no tenía un tratado de extradición con los Estados Unidos. Como sólo les quedaba el dinero justo para comprar el billete de avión hasta Kabul, se marcharon del hotel sin pagar.

Durante el vuelo tomaron otro ácido y cuando llegaron a Kabul, Dennis Martino, que conocía bien la ciudad, les dijo que iba a avisar a unos amigos afganos de su llegada para que se alojasen en su hotel. Mientras Timothy y Joanna estaban sentados en un banco con los pasaportes en la mano cansados del largo viaje y la resaca del ácido, apareció un hombre de raza blanca con amplios y cuidados bigotes que les quitó los pasaportes, les dejó una tarjeta de visita y salió corriendo hacia la salida. La tarjeta de visita estaba a nombre del tercer secretario de la embajada norteamericana.

La policía afgana les pidió los pasaportes. Entre gritos e indignado, Leary explicó lo sucedido y les informaron de que estaban acusados de entrar ilegalmente en Afganistán y que serían conducidos a la sección de hombres y mujeres de la cárcel local. Joanna empezó a llorar y dijo que si les separaban se suicidaría y que su padrino (lo que era cierto) era el dueño del periódico inglés más importante. Los policías los trasladaron a una especie de hotel donde les encerraron en una habitación sin ventanas y un par de camastros. Al día siguiente apareció Dennis Martino. Les contó que no había logrado encontrar a sus amigos afganos, y que las autoridades norteamericanas estaban presionando a las afganas para que los expulsasen del país. Tras entregarles comida, drogas y fumar unos porros, prometió sacarlos de allí y regresar pronto.

Al tercer día de encierro un grupo de policías los trasladó al aeropuerto y les dejó en la pista frente a un 727 de una compañía aérea norteamericana. Le contaron que el avión iba a Beirut y que una vez a bordo les devolverían los pasaportes. Pero una vez subidos al avión les recibió Terrence Burke, exagente de la CIA y veterano de la Oficina Federal de Narcóticos y Drogas Peligrosas (el antecedente de la DEA) y que estaba destacado en Kabul. Burke devolvió su pasaporte británico a Joanna con un billete en primera clase para el vuelo entre Kabul y Los Ángeles. Lo mismo hizo con Leary, sólo que su pasaporte tenía todas las hojas cortadas excepto la última en la que ponía que sólo era válido para ese vuelo. También le dieron una tarjeta de identidad donde figuraba que era filósofo de profesión, lo que satisfizo enormemente la vanidad de Leary. Detrás de ellos se sentaron Burke y otro agente.

En la escala que hizo el avión en Frankfurt, Joanna llamó a su padrino, Max Aitken, que entonces era el dueño del *Daily Express* y el *Evening Standard* al que dijo que en cuanto el avión llegase a Londres, Leary pediría asilo político. En Heathrow los agentes de inmigración, entre fotógrafos y periodistas de medio mundo, les informaron de que ella, en cuanto ciudadana británica, podía quedarse en Londres, pero que a él no podían concederle asilo. En las imágenes que dieron la vuelta al mundo en la escala de Londres se les veía a los dos sonrientes, con el pelo alborotado y sus vestimentas *hippies*.

En el vuelo a Los Ángeles, Joanna y Leary ocuparon la parte de arriba del 747 reservada para ellos. Los dos bebieron todo lo que pudieron y se emborracharon. Tim Leary escribió una nota en la que reconocía que Joanna era el amor de su vida y pedía que se la ayudase para liberarlo. Le cedió los derechos para contar la historia de los dos y también le entregó su agenda con los teléfonos de amigos y conocidos para que los usase.

Joanna y Leary bajaron del avión de la mano y con una amplia sonrisa. Enseguida los policías lo esposaron. Mientras le leían sus derechos, Leary besó a Joanna, le dijo que la amaba y que pronto estarían de nuevo juntos. Solventados los problemas con la inmigración norteamericana, Joanna salió del aeropuerto donde explicó a una multitud de periodistas y fotógrafos que Leary estaba feliz de regresar a California y que saldría pronto en libertad.

Cómo lograr la libertad sin fugarse de la cárcel

Aislado en una celda de máxima seguridad de la cárcel californiana de Folsom, iluminada día y noche con una bombilla de veinte vatios y donde no le estaba permitido tener una mesa ni una máquina de escribir, el único contacto con el exterior era Joanna. Por la evasión le podían condenar a entre cinco y veinte años de cárcel, que debían sumarse a las anteriores condenas. Joanna estaba decidida a sacarlo de la cárcel al precio que fuera. Pero en el mundo de la Contracultura causaba desconfianza y tanto a Alpert como al resto de sus amigos no acababa de convencerles. El archivero de Leary, Michael Horowitz, la definía como una mujer histérica y ambigua. Tampoco el hijo de Leary, Jack, la veía con simpatía.

Días después reapareció detenido en Los Ángeles Dennis Martino, quien había conducido a Leary hacia Kabul, y pidió a Joanna que le fuese a visitar a la cárcel. Según le contó, al verse solo en Kabul y sin recursos llegó a un acuerdo con el personal de la embajada norteamericana para ser repatriado. Lo que no le dijo era que se había convertido en un confidente de la Oficina Federal de Narcóticos y Drogas Peligrosas que poco después dio origen a la DEA.

El 14 de marzo de 1973, frente a un jurado de once mujeres y un hombre, Leary compareció para ser juzgado por su evasión. Vestido con un traje azul marino que le consiguió Joanna de un exmarido suyo, corbata amarilla y zapatillas de deporte blancas, se declaró inocente. A favor suyo declararon psicólogos amigos y excolegas de Harvard que destacaron el coeficiente de inteligencia de Tim, ciento cuarenta y tres puntos, y la validez científica de sus investigaciones. Sin embargo, el jurado declaró culpable a Leary y fue condenado a cinco años y medio de cárcel que, sumados a las anteriores condenas, significaba que no podría solicitar la libertad condicional hasta cumplir setenta y ocho años.

Folsom era una de las cárceles más duras del sistema penitenciario californiano, y dentro de ella se encontraba en el sector para presos peligrosos. Su vecino de celda era Charles Manson, condenado a cadena perpetua al igual que los otros miembros de su «familia» por el asesinato de la actriz Sharon Tate y otras siete personas entre julio y agosto de 1969. Manson le regaló tabaco y papel de liar y le preguntó si tomaba café con azúcar o prefería miel. Manson era admirador suyo y le dijo que había leído sus libros. Los presos no podían verse al estar en celdas paralelas y se comunicaban a través del conducto de ventilación. Manson le dijo que lo había tenido todo a su favor y que podía haber conducido a los jóvenes donde quisiera:

> Cuando salí de la cárcel en el sesenta y cinco vi a miles de chavales esperando a que los programaran. Dales ácido y harán lo que sea[20].

Leary le respondió que cada uno debía dirigir su propia vida.

Cuando salió del aislamiento, Leary no tuvo problemas con otros presos. Su reputación había subido enteros después de su fuga. Joanna le visitaba una vez a la semana y sacaba fuera de la cárcel los textos que Leary escribía. Vivía en la casa del abogado Michael Kennedy y su mujer. Salía mucho de bares, se drogaba y era bastante promiscua. Cuando iba a ver a Leary le contaba hasta los mínimos detalles todo lo que había hecho, lo que a él le excitaba. También se vestía de la forma más *sexy* que podía tanto para él, como para que el prestigio de su novio dentro de la cárcel aumentase al ver lo guapa y joven que era.

Fue en esa época cuando Leary empezó a cambiar de discurso y abandonó muchos de sus postulados contraculturales. A finales de 1973, lo trasladaron desde Folsom a una cárcel menos dura, en Vacaville, y que contaba con un hospital psiquiátrico para presos con problemas mentales, donde Leary empezó a trabajar como psicólogo. La perspectiva de salir de la cárcel con setenta y ocho años le obsesionaba y deprimía. Dennis Martino, el confidente de la DEA, habló a Joanna de una posible vía de salida. Martino vivía con su mujer e hijo en el condado de Orange, pero le gustaba Joanna y se veían con regularidad. Le llevaba drogas de primera calidad, parte de las cuales se las pasaba a Leary durante las visitas. Martino le dijo a Joanna que Leary era un símbolo para la administración Nixon y que nunca saldría de la cárcel. Le aconsejó que le animase a colaborar con la justicia.

El primer paso que dio Leary a instancias del fiscal, con el que se reunió, fue no testificar en defensa de uno de los acusados en el juicio que se celebraba en contra de los jefes de la Hermandad.

Mientras tanto, Joanna empezó a acostarse con Dennis Martino. Tampoco Leary se mantuvo fiel. Tuvo una historia con una enfermera del hospital penitenciario con la que practicó sexo en el cuarto de la limpieza, entre cubos y fregonas. También reconoció haberse enamorado de una psiquiatra que trabajaba en la cárcel. Aunque no pudieron mantener ningún tipo de relación sexual se besaban y abrazaban.

Desde que Leary aceptó colaborar con las autoridades, le trasladaban con frecuencia desde la cárcel a diferentes sedes de la DEA y el FBI. A la primera reunión en el cuartel general de la DEA en Los Ángeles, según contó Joanna, los dos acudieron en limusina y después de haberse inyectado varios *speedball* (una mezcla de heroína y cocaína). Según le contó Leary a Joanna, la segunda parte de su trabajo para salir de la cárcel consistía en que algunos «bastardos», que por su culpa había acabado él en la cárcel, fuesen detenidos.

El objetivo del FBI, la DEA y los fiscales era detener a Michael Kennedy, el abogado defensor de los responsables de la Hermandad y de los Weather. Tim Leary no tuvo reparos en contar que la Hermandad pagó a Kennedy para organizar su fuga. Identificó al hombre que le había facilitado un pasaporte falso, a la conductora del coche usado en la fuga, al hermano de un conocido extremista político, y dio los nombres de los dirigentes revolucionarios que contactaban con este abogado cada vez que necesitaban el dinero que la Hermandad había entregado para liberarlo.

En este cambio radical de posición, Leary no hizo muchos exámenes de conciencia. Tenía claro que deseaba salir de la cárcel y desde la venta de su casa detestaba a Michael Kennedy, que tampoco le había ayudado desde su fuga. Pero muchas de las informaciones que facilitó eran erróneas. Las autoridades judiciales y policiales necesitaban corroborar las declaraciones de Leary y ninguno de los dirigentes de la Hermandad y de los Weather parecían dispuestos a traicionarse recíprocamente. La única persona que podía confirmar lo que contaba Leary era Rosemary, que residía de forma clandestina en Sicilia con su nueva pareja. Leary incluso llamó por teléfono desde las oficinas de la DEA a los padres para intentar que le facilitasen un teléfono o dirección donde poder localizarla. Los padres no se lo dieron. Leary no cejó en su empeño e incluso le escribió una carta desde las oficinas del FBI de Los Ángeles, animándola a entregarse. La carta estaba acompañada de una tarjeta de un agente del FBI.

Rosemary no se convirtió en delatora, aunque tuvo que vivir en la clandestinidad un largo periodo de tiempo. Después de recibir la carta de Leary dejó Sicilia para irse a Colombia con su compañero. Regresó dos años después a Estados Unidos con identidad falsa. La pareja se estableció en Provincetown, Massachusetts, localidad costera de ambiente alternativo. Allí vivió con identidad falsa trece años. Se separó de su pareja en los años ochenta.

Joanna siguió las indicaciones policiales y se reunió con el abogado que había defendido años atrás a Leary, George Chula, y que ahora era el defensor de algunos presos de la Hermandad. Vestida con un traje negro ajustado y un micrófono oculto para grabar la conversación, se citó con él para ir a cenar. Chula era un consumidor esporádico de drogas y ella le preguntó si podía facilitarle treinta gramos de cocaína, la mitad para Leary y la otra para ella. El abogado dijo que intentaría conseguírselos. Los agentes de la DEA entregaron a Joanna siete mil dólares en billetes marcados para pagar la droga. La operación fracasó porque un socorrista de una playa en la que vivía el traficante le avisó de que había cuatro coches con policías camuflados vigilando la zona. El traficante avisó a Chula. El abogado le contó a Joanna que no podía creerse que ella y Leary estuvieran tendiéndole una trampa y Joanna le respondió que estaba paranoico. El abogado acabó siendo detenido por la policía antinarcóticos y aunque en el juicio Leary y Joanna testificaron en contra suya, no se consiguieron pruebas y sólo pudieron condenarle a cuarenta y cinco días de cárcel por consumo de marihuana. Sin embargo, a partir de entonces todo le fue mal al abogado que perdió numerosos clientes, enfermó y murió pocos años después.

Los medios de la Contracultura empezaron a tildar a Leary de delator y constituyeron una organización llamada «People Investigating Leary's lies» (Gente a la caza de las mentiras de Leary). También ofrecieron una conferencia de prensa donde participaron más de un centenar de periodistas. Desde la mesa presidencial Richard Alpert (que ahora se hacía llamar Ram Dass tras convertirse en seguidor de un gurú hindú), con barba blanca de profeta y vestido con una túnica blanca, se preguntó si Tim se había transformado en un bribón. Allen Ginsberg criticó a los amigos de Tim que no habían hablado con él mientras era trasladado de una cárcel a otra, aislado y rodeado de agentes e informadores del Gobierno. El poeta atacó a Joanna Harcourt-Smith, de la que dijo que no sabía si era una juerguista o una agente de la CIA. Por último, se preguntó si no era hora de liberar a Leary.

El hijo nunca pronunció la palabra 'padre'. Le llamó Timothy y dijo que estaba implicado en una serie de acciones muy peligrosas que podían destruir la vida de sus examigos y colegas. El hijo contó que su progenitor era capaz de todo siempre que fuera en beneficio propio. Incluso no le sorprendería si testificaba en contra de su hermana o él mismo. La conferencia de prensa acabó en el caos más absoluto con diversas intervenciones de espontáneos. Si valió de algo fue para que Leary saliese desacreditado si testimoniaba en un juicio en contra de sus antiguos amigos.

El FBI seguía empeñado en recoger hasta el más mínimo dato que les pudiese ofrecer Leary para detener a los jefes de los Weatherman, al no conseguir pruebas contra Michael Kennedy. Leary fue interrogado una y otra vez, incluso se le trasladó a San Francisco para que indicase el lugar en el que se había refugiado la noche de su evasión, pero fue incapaz de señalar el sitio.

Joanna ahora vivía en la casa de un matrimonio de dos agentes del FBI y se veía a escondidas con Dennis Martino. Tanto la DEA como el FBI se negaban a liberar a Leary, al que estaban exprimiendo a fondo. Desesperado, Leary le dijo a Joanna que debían fugarse y matar a los dos agentes del FBI con los que se movían a diario, por lo que debía comprar una pistola y alquilar un piso.

El día que Leary decidió fugarse intentaban localizar una de las casas donde había estado tras su huida. Leary nunca iba esposado y los dos agentes del FBI permitían a la pareja sentarse atrás juntos en el coche, donde aprovechaban para besarse y acariciarse. Joanna llevaba escondida en sus botas vaqueras una pistola y dos cuchillos. A uno de los agentes se le cayó la pistola después de haberla sacado de la funda para dejarla en la guantera y fue a parar a los pies de Leary. En lugar de hacer uso de ella y tomarlos como rehenes, Leary se la devolvió. Los dos comprendieron que el plan era un disparate y no hicieron nada.

Un día Joanna fue llevada a un refugio donde Leary se encontraba rodeado de una docena de policías. Él le contó con semblante serio que Dennis Martino había escrito una carta al FBI y la DEA en la que decía que Tim los estaba engañando. Además, describía con todo lujo de detalles la relación de amantes que mantenían Joanna y él, e incluso el intento de asesinato de los dos agentes del FBI. Dennis pensaba que, si a Joanna la separaban de Leary, ella se iría con él. Para los policías, Joanna había traicionado a Leary, que no se merecía ese trato, y no dieron credibilidad a la carta de Martino que atribuyeron al hecho de que estaba enamorado de ella. Leary le dijo que de momento era mejor que regresara a Marbella con su madre.

Joana se llevó un gran disgusto. Después de pasarse tres años haciendo de todo por él (para ella Dennis era una distracción sin importancia) ahora Leary la rechazaba. En Marbella, Joanna volvió a drogarse y a beber en exceso. Leary la llamaba con cargo revertido un par de veces por semana desde un teléfono público en los traslados que efectuaba en el coche con los policías del FBI. Le decía que la quería mucho y que pronto saldría en libertad y serían felices de nuevo.

Dennis volvió a la carga con Joanna y se presentó en Marbella en febrero de 1975. Adicto a la cocaína, seguía a Joanna a todos los lados y la amenazó con matarse si no se casaba con él. Una noche Joanna fue a una fiesta y le dijo a Dennis que no podía acompañarla. Al día siguiente la Guardia Civil avisó a Joanna de que el norteamericano con el que se le había visto las últimas semanas había muerto. Temerosa de que la Guardia Civil la acusara de complicidad en la muerte de Dennis, Joanna contactó con la DEA en Los Ángeles. Como todavía estaba en el programa federal de testigos protegidos, la ordenaron regresar a Estados Unidos para que pudieran ofrecerle protección. Joanna regresó a San Diego y vio de nuevo a Leary, que se encontraba recluido en un piso de Los Ángeles para arrepentidos importantes de la mafia y bandas de narcotraficantes. Allí estaba Eldridge Cleaver, el dirigente de los «Panteras Negras» que había acogido a Leary en Argel y que se entregó a las autoridades norteamericanas en 1975[21].

La libertad bajo fianza llegó el 21 de abril de 1976. Leary salió de la cárcel de San Diego tras cumplir tres años y medio en distintas prisiones por haberse fumado unos cuantos porros. Un ejército de periodistas le esperaba fuera. Leary abrazó a Joanna en medio de una expresión de júbilo absoluto. Interrogado sobre su futuro inmediato, dijo que lo único que deseaba era vivir en paz con su mujer. Tras registrarse en un hotel de la costa californiana, se emborrachó a conciencia.

Cuando la revista *People* envió un reportero y un fotógrafo a entrevistarle semanas después volvió a representar su papel de personaje público. En las fotos del reportaje se le veía en vaqueros y camisa blanca desabotonada con las mangas enrolladas, descalzo, y la eterna sonrisa de siempre. En medio de la entrevista, Joanna y él se besaban con fervor. Ella dijo que él era un amante extraordinario. La verdad era otra. El alcohol le volvía agresivo, era impotente y se peleaban continuamente.

Sus únicos ingresos eran los setecientos dólares mensuales que le pagaba el Gobierno norteamericano. La situación con Joanna se encontraba en una fase terminal. Estaba embarazada y aunque creía que el hijo era de Leary, se había acostado unas horas antes con otro hombre. Después de una pelea furibunda, él decidió irse a vivir solo a Los Ángeles. Tenía cincuenta y siete años. Se llevó una máquina de escribir, algunos manuscritos y dos trajes.

En busca del exceso perdido

Leary mimó las apariciones en la prensa. Como era habitual en él, contó alguna que otra mentira. Dijo que había costeado la defensa de Rosemary. Ella no podía desmentirlo al vivir en la clandestinidad. Otras mentiras resultaban más comprensibles, por ejemplo, la última carta que escribió a su madre donde le contó que se iba a rodar una película sobre su vida con un presupuesto de diez millones de dólares. Cuando su madre falleció en 1978, con noventa y dos años, Leary no acudió al funeral ni tampoco comunicó a nadie su muerte. En los últimos diez años los contactos con la madre habían sido esporádicos.

Una noche que estaba cenando en un restaurante de moda en el Sunset Boulevard conoció a su siguiente mujer, Barbara Chase [ilus. 20]. Como la mayoría de las parejas estables de Leary, el padre de Barbara había muerto cuando ella era joven. Había vivido en Londres a finales de los años sesenta y comienzo de los setenta. Participó en el mundo del cine y de la música. Estuvo en la boda de Michael Jagger y Bianca Jagger en Saint

20. Timothy Leary y Barbara Chase, 1978

Tropez. Su anterior marido era un pintor que murió de sida, y su hermana pequeña, Tanya Roberts, fue una de las protagonistas de la serie de televisión *Los Ángeles de Charlie*. Morena y delgada, llevaba el pelo muy corto y se parecía a Audrey Hepburn en su interpretación de *Desayuno con diamantes*.

Leary se trasladó al pequeño apartamento donde ella vivía con su hijo y se casaron poco después. Luego se cambiaron a una bonita casa en Beverly Hills. Para ganar más dinero, Leary empezó a actuar en pequeños clubes de Los Ángeles como filósofo con un espectáculo titulado «Cómo sobrevivir con alegría y provecho a la caída de la civilización en los próximos diez años». Las drogas eran un elemento más de supervivencia, aunque no lo dijese abiertamente en su espectáculo. Ya no tomaba LSD porque era un lujo que no se podía permitir, le contó a un periodista. Cada vez que lo hacía, a la mañana siguiente su mujer deseaba mudarse a una casa más cara.

En 1983 se publicó su autobiografía, que tituló *Flashbacks*. Siempre dijo que había escrito la verdad. Sin embargo «actualizó» algunas historias que había contado en libros anteriores de otra manera. Precisó que no se había acostado con Marilyn Monroe, y corrigió también su historia con Mary Pinchot, la pintora que había sido amante del presidente norteamericano John Kennedy y que murió asesinada a los cuarenta y cuatro años sin que nunca se encontrase al culpable. Leary contó que ella le había pedido LSD para Kennedy y su grupo.

Las reseñas no fueron buenas. Se tomaba muchas licencias y era demasiado vago en algunos puntos y muy detallado en otros. Para publicitar el libro, Leary sacó a colación al actor Cary Grant, que había tomado ácido y había dicho que le hubiese gustado interpretar el papel de Leary en una película sobre su vida[22].

Leary trabajó de extra en diversas películas, series y espectáculos televisivos gracias a su amistad con Eric Gardner, representante de estrellas musicales. Barbara y Leary daban numerosas fiestas en su casa y mantenían tertulias con gente del mundo del cine, la cultura, la moda y la política como el exgobernador de California Jerry Brown, el fotógrafo Helmut Newton, el dueño de *Playboy*, Hugh Hefner y el artista Ed Ruscha. También frecuentaban el Helena, el club privado de Jack Nicholson.

Donde también cambió su forma de pensar fue con respecto a la técnica. Ya no la veía como instrumento de control de la mente humana, sino como una fuerza liberadora. En este sentido fue el primer transhumanista y comprendió que el desarrollo técnico permitiría remodelar la experiencia humana creando una conexión directa entre el cerebro y las máquinas, lo que, en teoría, permitiría mejorar el conocimiento y la memoria. También entendió que Internet cambiaría la vida de la gente, como años atrás hizo el ácido, y consideraba que la revolución psicodélica fue la precursora de la revolución cibernética. Aunque no sabía programar, ideó un nuevo tipo de *software* interactivo con informáticos y fue el artífice de uno de los primeros videojuegos.

En cuanto a sus hijos, Susan tenía cuarenta y un años y se le había diagnosticado esquizofrenia paranoica y maltrataba a sus dos hijas, Dieadra y Ashley, que acabaron siendo adoptadas por otras familias. Leary veía a sus nietos los fines de semana. Barbara se oponía a que fueran a vivir con él porque temía que su vida familiar terminase trastocada. Eran chicas que habían vivido una infancia terrible producto de una madre que estaba desquiciada.

Susan encontró una nueva pareja en un guarda de seguridad y una noche que salieron a cenar para festejar el dieciséis cumpleaños de Dieadra, en diciembre de 1988, al regresar a su casa Susan disparó a la cabeza del guarda jurado mientras él dormía. Milagrosamente pudo enfrentarse a Susan, que le acusaba de haberle transmitido el sida debido a sus infidelidades. Detenida por intento de homicidio, el padre consiguió que se la considerase enferma mental y fuese internada en una institución psiquiátrica, de la que fue devuelta a la cárcel por fugarse al pabellón de los hombres. En el archivo de Leary se conservan las cartas que escribía de noche a su hija cuando estaba bebido y que nunca llegó a enviar y donde le dice lo mucho que la quería. El 3 de septiembre de 1990, los funcionarios de la cárcel encontraron a Susan ahorcada con los cordones de las zapatillas de deporte en la celda en la cual había sido trasladada hacía dos semanas. Meses antes había enviado a su padre una carta en la que le anunciaba con detalle cómo pensaba suicidarse. Cuando la descolgaron el corazón latía todavía, por lo que fue llevada al hospital y la conectaron a un respirador artificial. Sin embargo, el neurólogo declaró su muerte cerebral y su hija Dieadra tuvo que firmar los documentos para desconectar el respirador. Era el 5 de septiembre de 1990. Susan iba a cumplir en pocas semanas cuarenta y tres años.

El otro hermano, Jack, participó en la ceremonia fúnebre privada que se celebró en casa de Leary, si bien desde hacía años no tenía ninguna relación con su padre. Leary estaba destrozado, aunque la distancia que sentía hacia sus hijos era palpable con Jack. En su archivo hay un recorte de prensa con la noticia de la muerte de su hija donde Leary escribió: «Días de dolor. Te echo de menos. Timmy».

Tras la muerte de Susan, Joanna intentó reconciliarse con Leary. Un tribunal de San Diego concedió la custodia de su hijo al padre. Joanna se fugó con el niño al Caribe, donde vivió en un barco. Acusada de rapto, aceptó devolver al hijo a cambio del sobreseimiento de la denuncia paterna y la custodia conjunta. El padre le cambió el nombre y desapareció con él, por lo que no le volvió a ver hasta doce años después. En 1984 Joanna logró desintoxicarse de las drogas y creó una comunidad budista con su primera hija, Lara Tambacopoulou, a la que tampoco veía desde hacía quince años, y con el español José Luis Gómez Soler, con el que se casó. Joanna falleció en el 2020 de cáncer. Tenía setenta y cuatro años.

La situación de Leary con Barbara se iba deteriorando y surgieron las primeras infidelidades mutuas. Leary rehuía a su mujer, que le hostigaba por beber demasiado, y empezó a salir con un antiguo amigo de la época del ácido, el escritor y activista ciberlibertario John Perry Barlow. Fiel a su dieta de *brownies* de marihuana y alcohol estaba feliz de haber encontrado un compañero de los viejos tiempos.

Aprovechando que su representante, Eric Gardner, le había organizado un ciclo de conferencias en Brasil, Barbara le acompañó, pero se quedó en Río de Janeiro mientras Tim viajaba a Brasilia y Sao Paulo. Vivían en casa de uno de los organizadores y cuando Tim regresó, ella le dijo que se había enamorado del dueño de la casa y se quedaba a vivir en Río.

Leary tenía setenta y un años y regresó solo a Los Ángeles. Al dolor de la muerte de su hija se sumó el del final de su relación con Barbara. Siempre dijo que era la mujer ideal para un hombre rico y él no lo era. Barbara reconoció tiempo después que él había sido el hombre de su vida, brillante, romántico y divertido. Pero Leary no tenía dificultades para relacionarse y contactó con un grupo de jóvenes y seguidores cibernéticos. Incluso iba a los conciertos y *raves* con el hijo de Barbara, Zach.

En diciembre de 1992, a través de un viejo amigo de los años sesenta, se reencontró de nuevo con Rosemary en un museo asiático de San Francisco. Habían transcurrido veinte años desde que se separaron. Rosemary contó que los dos estaban tan cambiados físicamente que les resultó imposible reconocerse. Según ella, a Tim se le daba muy bien crear una situación dramática. Él le pidió que se casaran y ella se negó. «Bueno, entonces tendré que tacharte de la lista de mis novias», respondió.

En 1994, la justicia californiana sobreseyó la condena a seis meses de cárcel por posesión de marihuana que Rosemary había quebrantado y pudo dejar la clandestinidad. Ocho años después, en el 2002, falleció de cáncer a los sesenta y siete años.

El ritmo de Leary resultaba abrumador. Frecuentaba el Viper Room, un club de moda, y a menudo volvía a las dos de la madrugada a casa y permanecía toda la noche trabajando. No comía con regularidad y esnifaba cocaína para aguantar. Para dormir tomaba tranquilizantes. En diciembre de 1994, Leary fue hospitalizado por una pulmonía y los médicos descubrieron que tenía metástasis de un cáncer de próstata avanzado que no se podía operar. Cuando se enteró de la noticia, Rosemary, que hablaba varias veces a la semana con Tim y vivía en el norte de California, le invitó a reconciliarse con su hijo, Jack. Éste se había casado y era un buen padre de sus dos hijos, pero a Leary no le gustaba la vida de clase trabajadora que llevaba. Sólo al final Rosemary pudo convencerle de que le escribiese una carta donde le pedía que le perdonase por sus equivocaciones ya que era consciente de haberle fallado como padre y amigo en numerosas ocasiones.

En agosto de 1995, hizo pública su inminente muerte en una entrevista en *Los Angeles Times*. Dijo que llevaba años esperando la escena final de la gloriosa epopeya de su vida, aunque tenía un miedo tremendo a perder su dignidad, la agilidad mental o llevar pañales. Fumando un cigarrillo detrás de otro, afirmó que deseaba morir en casa rodeado de amigos[23].

Leary festejó el 21 de octubre de 1995 su setenta y cinco cumpleaños con una fiesta en su casa a la que asistieron mil personas. Dentro no cabía ni una aguja. Estrellas como Tony Curtis o Liza Minnelli no consiguieron entrar. Después de la fiesta y ante la noticia de que iba a morir pronto y que había corrido en las redes sociales, se intensificó el peregrinaje de gente famosa para rendirle un último homenaje. Allen Ginsberg, Richard Alpert (Ram Dass), William Burroughs, Laura Huxley, Robert y Nena Thurman lograron verle.

Bombardeado por peticiones de entrevistas en todos los formatos, y en especial las grandes cadenas de televisión, los allegados a Leary decidieron cobrarlas. Los gastos médicos y de alquiler de la vivienda eran muy altos. Los periodistas y los cámaras hacían cola hasta que les tocaba su turno. Hubo que parar porque a Leary le faltaban fuerzas. Un grupo de jóvenes admiradores filmaron los últimos días y mantenían actualizada una página web en tiempo real para que se pudiese conocer qué hacía y las drogas ingeridas para aliviar el dolor de las metástasis.

Sentado en una silla de ruedas, con el pelo alborotado, los ojos hundidos, escuálido y exangüe, parecía un fantasma arrebatado. Lo más increíble era que dos o tres veces por semana acudía en silla de ruedas al Viper Club con su círculo de allegados. Su amigo Frank Barron llevó a su hijo Jack para ver si de una vez por todas padre e hijo se reconciliaban, pero ese día se celebró también un encuentro con antiguos profesores y alumnos de Harvard que habían tomado psilocibina. El hijo dio vueltas alrededor de la casa, estuvo tres o cuatro horas fuera y padre e hijo estuvieron a solas pocos minutos.

Una de sus últimas salidas fue a la comida ofrecida por el superviviente de los Blues Brothers, Dan Aykroyd en la House of Blues. Vestido con chaqueta texana sin mangas y acompañado de sus amigos íntimos, Leary proclamó aquel día como el «día mundial de la silla de ruedas». Sus amistades se subieron a sillas de ruedas y empezaron a corretear a lo largo del Sunset Boulevard de Los Ángeles hasta el local. Leary, sentado en el asiento del copiloto del Mustang descapotable conducido por John Perry Barlow, los miraba mientras en el altavoz se escuchaba la canción *Wheel Chair* (silla de ruedas). Dos íntimas amigas de Leary que iban con él se pusieron de pie en los asientos posteriores del coche y empezaron a bailar. Otros automovilistas sonaron las bocinas en señal de aprobación y un coche de la policía los detuvo a todos. Barlow explicó que su amigo se estaba muriendo y deseaban que pasara un momento feliz. El policía les dijo que se sentasen y abrochasen los cinturones y les dejó ir.

Timothy Leary falleció el 31 de mayo de 1996. Antes de morir repitió cincuenta veces con entonaciones distintas la pregunta: «¿Por qué? ¿Por qué no?». A veces de una forma cómica, otras amorosa, trágica o miedosa[24]. Las cenizas fueron repartidas entre los que habían estado cerca de él antes de su muerte. Otra parte fue enviada al espacio en abril de 1997 según sus deseos. Un cohete Pegasus lanzado desde la base aérea de Gando, en Gran Canaria, puso en órbita el primer satélite español, el Minisat 01, y también esparció las cenizas de Leary y las de otros fallecidos, como el creador de la serie *Star Trek*, Eugene Roddenberry.

Como psicólogo, Timothy Leary intentó entender el comportamiento interpersonal. Defendió una visión más compleja del «yo» que no pudiera encerrarse en una serie limitada de personalidades. O como dijo en la última entrevista, había intentado dar más poder a las personas para sincerarse, crecer y ser más libres. Sin embargo, atribuyó a la experiencia psicodélica poderes que no tenía. Entendió la amenaza que suponía para la vida de las personas la mercantilización, la uniformidad y el poder. O la importancia del medio ambiente y las nuevas tecnologías. Pero reprodujo los mismos errores y peligros que deseaba evitar mediante unos excesos que reducían la libertad interior en lugar de ampliarla.

La píldora anticonceptiva se recetó por primera vez en Estados Unidos en 1960, pero no fue hasta finales de la década cuando su uso se popularizó en Europa occidental. Incluso en 1967 no era fácil conseguir una receta para una mujer joven y soltera en Francia[25]. La píldora contribuyó a impulsar la liberación sexual que preconizó la generación de Mayo del 68 en Francia y que cuestionaba la sexualidad tradicional. Catherine Millet tenía veinte años en mayo del sesenta y ocho y había perdido la virginidad ese mismo año en un viaje que hizo durante las vacaciones de verano en un *camping*. Su novio le había dado una anfetamina que muchos estudiantes empleaban para estudiar de noche cuando tenían exámenes. Él se la había tomado para conducir durante un largo trayecto sin dormirse. Una vez dentro de la diminuta tienda de campaña y tras los besos y abrazos de rigor, Claude la preguntó si podían hacer el amor. Catherine era una chica virgen de educación católica, aunque luego perdió la fe. Consintió temblando, sin saber si era por los efectos de la anfetamina o por lo que iba a suceder. Su única experiencia sexual anterior la había tenido dos meses antes con un ligue que eyaculó en su vientre sin penetración. Al día siguiente de ser desflorada tuvo la regla y pensó que la sangre era debida a la pérdida de la virginidad.

Las chicas francesas solían entonces tener la primera relación sexual a los dieciséis años, pero Catherine Millet [ilus. 21] recuperó enseguida el tiempo perdido. A las pocas semanas participó por primera vez en una historia de sexo en grupo inducida por su novio, Claude. Poco a poco,

21. Catherine Millet, c. 1970, fotografía de Daniel Templon

como quien se sumerge en el mar para acostumbrarse a la temperatura del agua, empezó a tener relaciones sexuales frecuentes hasta pulverizar cualquier estadística de promiscuidad sexual desde los veinte años hasta los treinta y pocos. Practicó todo tipo de sexo con hombres en su mayoría desconocidos de diferentes edades y físico, también con alguna mujer, en casas particulares, parques, bosques, clubes de intercambio, cementerios, museos, saunas, estaciones de tren, almacenes, galerías de arte, furgonetas, coches, camiones...

Cuando buscó una explicación a tanto exceso sexual años después, recordó que, de niña, le preocupaban mucho las cuestiones de número. Por ejemplo, el hecho de tener varios maridos. No tanto el poseerlos como simultanearlos:

> ¿Una mujer podía tener varios maridos al mismo tiempo o solamente uno después de otro? En este último caso, ¿cuánto tiempo debía estar casada con uno antes de poder cambiarlo?[26].

Tampoco sabía qué número era razonable, si tener cinco maridos, seis o incluso ilimitados. Al crecer, el número de maridos cambió por el de los hijos que tendría, pero lo que parecía que le atraía era la idea de lo múltiple.

Con el paso de los años Catherine Millet se convirtió en una reconocida escritora y ensayista. Actualmente dirige desde hace más de cincuenta años una revista de prestigio dedicada al arte contemporáneo: *Art Press*. Autora de varios ensayos sobre arte (uno de ellos dedicado a Dalí), publicó en la primavera de 2001 *La vida sexual de Catherine M.* A este libro se le sumó otro de su marido, el ensayista y novelista Jacques Henric (París, 1938), *Légendes de Catherine M.* (*Leyendas de Catherine M.*) que reunía textos y fotos sobre su mujer durante la etapa de excesos sexuales. Cuesta imaginar que esta mujer que aparece en las fotos vestida con cierta elegancia contenida, menuda y sin la belleza ni los atributos propios de las divas sexuales, llegase tan lejos en sus experiencias sexuales. El libro encadenó ventas y traducciones hasta superar los tres millones de ejemplares vendidos en cuarenta y siete idiomas, y convirtió a Catherine Millet en una autora tan polémica como conocida.

No es un libro escrito para excitar sexualmente (el principio de toda literatura pornográfica) sino para comprender el porqué de sus excesos sexuales durante una época de su vida. Por eso la autora le confiere un aire de confesión íntima, como si fuese una conversación con una de esas amistades a la que podemos contarle nuestras intimidades porque sabe de qué pie cojeamos. La narradora y protagonista del libro es la propia Catherine, que nos relata sus experiencias en la búsqueda del placer sexual sin atender a principios morales o causas amorosas. Lo que la llevó a escribirlo fue, en un principio, escuchar a su editor su interés por novelas o relatos de mujeres que contasen su punto de vista sobre la sexualidad. Pero Catherine Millet también pensaba que en los asuntos sexuales de su generación había mucho decorado y escasa honestidad a la hora de recordarlos. Hablaban de un ideal que nada tenía que ver con lo que ella había vivido. Su experiencia le había aportado cosas positivas, pero no era para nada la solución milagrosa para encontrar una vida satisfactoria:

> Sin duda uno vive mejor si logra abrirse en el plano (sexual). Pero ¿qué significa abrirse? ¿Un gran seductor es más feliz que un monje solitario? No necesariamente[27].

Cronológicamente, Catherine Millet forma parte de la generación de Mayo del 68, aunque no participó en las algaradas. Su pareja de entonces fue luego uno de los grandes marchantes franceses de arte contemporáneo. Como ninguno de los dos eran estudiantes universitarios no se sentían demasiado identificados con las reivindicaciones estudiantiles. En lo que sí coincidían con sus compañeros de generación era en creerse que formaban parte de una vanguardia, que para unos era de tipo político y para otros de practicar una vida más hedonista. Catherine Millet y su novio siguieron esta última senda y se dedicaron al arte contemporáneo y el sexo. Ella cree que esta generación consiguió que la mentalidad de la gente evolucionase, aunque la libertad sexual ha retrocedido desde entonces y la censura ha resurgido.

Millet se considera una feminista histórica y condena sin paliativos cualquier violencia en contra de la mujer. Para ella el derecho al placer es una de las conquistas del feminismo. No obstante, se mostró contraria al movimiento #MeToo y en el 2017 publicó junto a varias decenas de artistas e intelectuales francesas, entre ellas la actriz Catherine Deneuve, un manifiesto en el diario *Le Monde* que fue muy criticado por algunos sectores feministas[28]. A Catherine Millet le asombra que una mujer no sepa reaccionar frente a un hombre y que se quiera dar la impresión de que la mujer es la víctima eterna. Asunto distinto es cuando existe una posición de poder por parte del hombre sobre la mujer que le impide reaccionar. Según ella, una mujer debe saber defenderse y también hay que conservar cierta espontaneidad en la relación entre ambos sexos. Una de las grandes alegrías de la vida es el dejarse ir, perder el control. Por eso hay que expresar el deseo y en ciertos momentos hacerlo de manera inapropiada tanto por parte de los hombres como de las mujeres. Además, no todas las mujeres son víctimas del patriarcado y de los hombres, y en cuanto al neologismo «sororidad» del #MeToo está demasiado ligado al vocabulario religioso para que ella pueda hacerlo suyo.

Catherine Millet afirma que la cultura ha sido moldeada por las obras producidas por los hombres y, por lo tanto, no representa a las mujeres más que a través de los ojos de esos hombres, salvo algunas excepciones como James Joyce o el escritor inglés D. H. Lawrence, sobre el que escribirá un ensayo. En las últimas décadas, las mujeres francesas han escrito sobre muchos aspectos íntimos de su vida desde un realismo radical, bien en forma de memorias, diarios íntimos, autobiografías o autoficción. En estos libros han tratado asuntos poco vistos hasta entonces, como los amores lésbicos (Colette, Violette Leduc...), el incesto (Anaïs Nin, Christine Angot), el aborto (Anaïs Nin), la prostitución contada por quienes la ejercieron (Albertine Sarrazin, Grisélidis Réal, Nelly Arcan, Virginie Despentes) o la muerte de un hijo (Camille Laurens, Laure Adler). Para Millet otro ejemplo de este abrirse sin trabas es la obra autobiográfica de Simone de Beauvoir que en sus *Memorias de una joven formal* no censura nada de su entorno ni de ella misma. En su correspondencia con su amante, el novelista norteamericano Nelson Algren, se muestra como una enamorada sumisa, lectora del gran seductor Giacomo Casanova, que recomendó a Nelson. Pero ante todo, Simone de Beauvoir fue una intelectual feminista que también escribió un ensayo sobre la actriz Brigitte Bardot, la *sex symbol* de los años cincuenta y sesenta y en el que elogia su libertad.

De lo que las mujeres en general han escrito menos es de la insatisfacción sexual, debido a que la inmensa mayoría de la literatura erótica está escrita por hombres. Por estos motivos Catherine Millet decidió «aportar un testimonio muy preciso y lo más realista posible sobre mi libertad sexual»[29].

La forja de un activismo sexual

Cuando era adolescente, Catherine Millet había copiado una frase de Balzac en su diario: «Nada forja tanto un carácter como un disimulo constante dentro de la familia». No se refería a grandes secretos sino a los cuadernos y diarios que escondía y en los que escribía poesías, citas, letras de canciones... al igual que hacen muchos adolescentes y donde vuelcan sueños y frustraciones en contra del mundo que les rodea. Nacida en 1948, Catherine era hija de un matrimonio que vivía en Bois Colombe, un suburbio a 13 kilómetros de París. El padre era profesor de autoescuela y la madre ama de casa. Durante la Segunda Guerra Mundial el matrimonio estuvo separado cinco años ya que el padre fue internado en Alemania como prisionero de guerra. Al igual que muchos hombres de su generación, a su vuelta se encontró con una mujer desconocida. En el proceso de cambio que se produjo en la condición femenina a lo largo del siglo XX, las dos Guerras Mundiales fueron decisivas. La mujer ocupó los huecos laborales que los hombres habían dejado al ser movilizados. También maduraron de otra forma y al estar libres de tutelas maritales, conocieron a otras parejas y llevaron una vida más a su medida. Este hecho no ayudó al entendimiento cuando los maridos regresaron del frente de batalla o los campos de prisioneros y se encontraron en muchos casos a otra mujer. El divorcio no estaba extendido y la falta de dinero para costearlo obligó a los dos cónyuges a seguir bajo el mismo techo, pese a que la relación estaba rota.

Ninguno de los dos padres ocultó sus aventuras extramatrimoniales. Su madre y abuela decían delante de la hija, cuando el padre se marchaba de casa el fin de semana, que se iba con alguna novia. Un día la madre le confesó que había tenido siete amantes. Además, recibía en casa a un amigo cuando el padre se iba y al que los dos hijos llamaban Papi. Nunca hablaban de él cuando estaba delante el padre verdadero, sin que la madre se lo hubiese indicado, prueba de que sabían que se trataba de algo prohibido. Lo que la dejó turbada fue que cuando tenía trece o catorce años sorprendió a su madre en el piso besándose con Papi.

El ambiente familiar era de constantes discusiones y peleas entre los padres, incluidos gritos y bofetadas. Pero también entre su madre y la abuela (que vivía con ellos) y los dos hermanos. No todo era malo. A Catherine le gustaban los consejos que le daba su madre para resultar más atractiva o la complicidad con el padre que mantenía una vida separada de la familia. Desde luego resultaba evidente que no era una situación normal debido a las largas ausencias paternas y la presencia de un amigo de la madre en casa. Un ambiente que generaba más insatisfacción que tranquilidad, pero que le enseñaron que no existía ningún vínculo entre el amor y el placer sexual, y que el matrimonio no traía consigo la felicidad.

Su educación sexual fue nula. Cuando tuvo la primera menstruación, Catherine Millet no sabía bien de dónde procedía esa sangre y tampoco el conducto por el que había salido. Su madre y su abuela llamaron al médico y su padre le preguntó riéndose si sangraba por la nariz. Cuando fue algo mayor se masturbó involuntariamente con una muñeca Barbie. Dormía con su madre en una cama grande y en una próxima lo hacía su otro hermano. Al volver a masturbarse tuvo que recurrir a una cuasi inmovilidad para que su madre no se diese cuenta de nada. Esto la condujo a excitarse más con escenas que con caricias y a desarrollar una poderosa imaginación erótica. Una noche la madre la sorprendió y la llamó «pequeña viciosa».

Catherine Millet asegura no sentir rencor hacia sus padres y tampoco quiso hacer el análisis fácil de que su infancia y adolescencia fueron la causa de sus posteriores excesos. Comprende que sus padres tuvieron vidas difíciles. A diferencia suya, carecían de una visión intelectual que les permitiese pensar las cosas que les sucedían con cierta objetividad. Ella se veía de joven como una persona normal, con cierta angustia, aunque sin ningún tipo de moral sexual, y menos aún de reglas o tabúes. Su único hermano, más pequeño que ella y con el que estaba muy unida, se mató de joven en un accidente de coche. Para Catherine fue un golpe terrible y se psicoanalizó no porque necesitase ayuda para superar el dolor, sino porque una vez pasado el sufrimiento de las primeras semanas, sentía culpabilidad por seguir viva mientras su hermano había muerto de una forma injusta. Años después el padre murió y al poco tiempo la madre, que sufría de depresión, se suicidó tirándose por una ventana.

El paso de la nada al todo en el campo sexual le resultó bastante agradable a Catherine. Incluso mágico. Cuando tuvo su primera relación sexual, entró en un espacio de libertad que le permitía transportar el cuerpo lejos del ambiente familiar a cualquier lugar que le apeteciese y cuando ella lo desease. Una sensación que «me inducía a despreciar el mundo estrecho, donde hasta entonces habían transcurrido mi infancia y mi adolescencia y de las que me arrancaba el cuerpo anonadado»[30]. Al principio se trataba de gente bastante joven que salían en pandilla y se dedicaban a follar en grupo en el campo, parques y pisos de los padres. La graduación en esta hermandad libertina ocurrió cuando su novio le escribió una carta para anunciarle que todo el grupo había cogido purgaciones. Fue la madre quien interceptó la misiva. La consecuencia fue castigarla a no salir de casa y visitar al médico. Catherine se fugó del hogar, pero fue localizada y tuvo que esperar un tiempo antes de poder irse a vivir con su novio. Sin embargo, ella estaba orgullosa de sus purgaciones. Venían a ser el bautismo de fuego, la condecoración que distingue a los que follan mucho.

Cuando se fue a vivir con Claude no estaba enamorada, pero compartía el deseo de explorar el mundo que de repente parecía pertenecerles. Los dos respiraban a pleno pulmón las últimas bocanadas del optimismo generalizado de finales de los años sesenta del siglo XX. Encima se movían en el mundo del arte, donde el horizonte era más libre que en otras partes.

Durante esos años empezó a frecuentar las fiestas de sexo en grupo, los *partouzes* como se denominan en francés, donde podía haber hasta ciento cincuenta personas, aunque no todas follaban ya que muchos sólo miraban. Catherine practicaba el sexo con una cuarta o quinta parte de los presentes, en todas sus modalidades. Luego hay que sumar los clubes, las noches en los parques, las fiestas particulares y citas entre amistades... De todos esos excesos sólo recuerda la identidad de cuarenta y nueve hombres con los que se acostó:

> Aunque hubiese en los sexos en grupo gente que conocía o reconocía, el encadenamiento y la confusión de los retozos y los coitos eran tales que, si bien distinguía los cuerpos, o más bien sus atributos, no siempre distinguía a las personas[31].

Todo era más fácil si cerraba los ojos. Entonces reconocía a una mujer por una mayor suavidad de sus gestos, aunque en alguna ocasión se trataba de un transexual.

A los veintiún años conoció a Eric, un libertino al que todas las amistades de Catherine se lo recomendaban ya que él sería capaz de colmar sus expectativas sexuales. Con él las sesiones y encuentros sexuales pasaron del espontaneísmo a estar organizadas minuciosamente. Fue cuando empezaron a frecuentar sitios de intercambio de parejas, ya fuese en lugares abiertos como el Bois de Boulogne o locales dedicados a ello. En cuanto al sexo en grupo en espacios abiertos, entonces en París se practicaba en ese parque. Su origen se encontraba en los mirones que espiaban a las parejas que buscaban lugares apartados para mantener relaciones sexuales dentro de sus vehículos o entre el arbolado. Algunos de estos *voyeurs* terminaban participando ya que las parejas les dejaban mirar. Poco a poco se convirtió en un sitio de encuentro de gente dedicada a intercambios sexuales en abierto.

A comienzos de los años setenta había en las afueras de París un club de intercambios muy concurrido que se llamaba Chez Aimé. Se encontraba en una casa rodeada de un pequeño jardín. Como servía también de albergue, mucha gente se hospedaba allí y era frecuentado por estrellas de cine, cantantes, deportistas y hombres de negocios a los que Catherine habría conocido de haber tenido siempre los ojos abiertos. Eric nunca le avisaba de los juegos que había planeado para que fuese una sorpresa. Catherine seguía el guion sin hacer preguntas. Y en las largas sesiones que pasaba allí tumbada o sentada sobre una mesa grande de madera, iluminada por una luz suspendida del techo, podía estar en la misma postura dos o tres horas. Algunas veces, cuando la penetraban, recibía arremetidas tan fuertes que tenía que agarrarse con las dos manos al borde de la mesa, que le causaba una pequeña desolladura encima del coxis. También recuerda la anquilosis de su entrepierna:

> [...] después de haber sido trabajada durante casi cuatro horas... En cuanto me dejaban descansar, notaba la vagina entumecida. Y era una delicia sentir sus paredes rígidas, pesadas, ligeramente doloridas, que en cierto modo conservaban la impronta de todos los miembros que la habían llenado[32].

Nunca sufrió violencia alguna y fue tratada con delicadeza. Si estaba muy cansada, se lo decía a Eric que, a su vez, ordenaba interrumpir la actividad sexual.

Podría pensarse en una naturaleza de tipo masoquista en Catherine Millet, pero ella misma aclara que al leer la *Historia de O*, la clásica novela sadomasoquista de Pauline Réage, nunca le gustó ni se sintió dominante o sumisa. Tampoco le apetecía llevar una fusta o abofetear a un hombre que se lo pedía llamándola «mi ama». Si mostraba cierta docilidad no era porque le gustase la sumisión, sino porque en el fondo le era indiferente el uso que se hiciese de su cuerpo en una orgía. Jamás se prestó a prácticas que implicasen daño, sangre o heridas. Ella se limitaba a actuar con una gran disposición de ánimo y cuerpo en su búsqueda del placer y que tomaba como una parte de su forma de ser. A simple vista, Catherine Millet era una entusiasta sexual que siempre estaba dispuesta a practicar cualquier modalidad.

El sexo no ocupaba la mayor parte de su vida. Catherine Millet era muy activa y nunca descuidaba su faceta profesional en aras del sexo. Por eso tampoco cabe identificarla como una adicta sexual. Para distintos psicólogos la adicción sexual se convierte en el foco central de la vida de la persona, hasta el punto de abandonar el cuidado personal, la salud u otros intereses. Entre la gente adicta al sexo prima la compulsividad y no se busca el placer sino aliviar la ansiedad[33].

Los fantasmas de Catherine Millet

También las fantasías sexuales de Catherine Millet nos dan otra pista sobre su actitud. Casi siempre eran «numéricas». Por ejemplo, se imaginaba que acompañaba a un hombre obeso y vulgar a una comida de negocios donde hay veinte o treinta hombres sentados alrededor de la mesa y ella hacía felaciones a todos oculta por el mantel. Este tipo de fantasías sexuales la excitaban, al igual que mentir a otros correligionarios sobre sus gustos, con el fin de excitarlos y excitarse. Un compañero de orgías le preguntó una vez por qué estaba con un hortera gordo vestido con una túnica al estilo *hippie* y la acusó de tener debilidad por los hombres feos, los barrigones, poco limpios y la tildó de sucia, asquerosa... En lugar de rebatir o empezar a discutir con él de sus gustos sexuales, le dio la razón no porque fuese verdad sino porque esa posibilidad la excitaba[34].

No le contrariaba rozar la abyección, ya que eso alimentaba sus fantasmas. Se prestaba de buena gana al papel de perra en celo, y tampoco le repugnaba un cuerpo desconocido un poco degradado. En lo que nunca participó fue en juegos escatológicos ni de forma espontánea o arrastrada por otros. En la suciedad de un hombre reconoce que no hay que ser un gran psicólogo para detectar un gusto por envilecerse con el otro. Para ella, vencer la repugnancia no era rebajarse, sino situarse por encima de los prejuicios.

Había un amigo que le hacía muchas preguntas mientras fornicaban, pero exigía historias verídicas. Quería nombres y apellidos reales, lugares, cuántas veces lo había hecho y un sinfín de otros detalles hasta llegar a la obsesión de tener que contarle el color de los calzoncillos, si hizo esto o aquello, si el otro estaba enamorado de ella, incluso detalles banales. Ella no inventaba nada en sus respuestas, y a veces debía contárselo decenas de veces sin introducir variaciones. Como Catherine Millet observa, la relación entre fantasía y realidad, aunque presenten estructuras parecidas son independientes:

> [...] como el cuadro de un paisaje y el rincón de naturaleza que representa; hay en la pintura más de la visión interior del artista que de la propia realidad. Que, posteriormente, contemplemos esa realidad a través de la pantalla del cuadro no impide que los árboles crezcan ni que sus hojas caigan[35].

De los hombres con los que tuvo relaciones duraderas, dos no quisieron saber nada de sus excesos sexuales. Ella cree que esa parte de su vida que no deseaban conocer era un elemento más de unión con ellos. Preferían imaginar más que conocer. Catherine Millet también hacía un uso amplio de los fantasmas eróticos y situaciones para excitarse en sus prácticas sexuales. Se imaginaba que iba por los pasillos del metro y un empleado le rozaba las nalgas como si fuese una señal para seguirle a un cuchitril repleto de cubos y escobas y follar con él.

Cuando vivía con el escritor Jacques Henric [ilus. 22], que luego se convirtió en su marido, era ella quien le llevaba con la imaginación hacia esos lugares. Incluso hubo un tiempo en que le gustaba tapizar mentalmente las paredes de su habitación con esas fantasías, evocando las situaciones y las posturas, mientras su pareja, con voz neutra y

22. Catherine Millet y Jacques Henric, 2006

una indiferencia fingida, la penetraba suave y largamente. De esto último, Catherine Millet extrae la conclusión de que cada una de las personas que conforman una pareja aporta sus fantasmas que se mezclan con los del otro y, al hacerlo, se convierten en comunes. Casi siempre permanecen en el terreno de la fantasía, aunque a veces se hacen realidad. La obsesión de ella por lo numérico se concretó en una sexualidad de grupo con Claude, porque a él también le gustaban esas fantasías. Con su futuro marido nunca participó en fiestas libertinas porque no era su terreno de encuentro.

Para una mujer como Catherine Millet, dentro de su amplio repertorio de fantasmas sexuales no podía faltar el de la prostitución de lujo. Físicamente se encontraba lejos del estereotipo. No era alta ni físicamente perfecta como se supone que son las chicas que trabajan de *escort* de lujo. Además, era tímida y reservada. En definitiva, le faltaba el desparpajo inherente que se supone a una prostituta. En sus encuentros sexuales había cierto automatismo que la conducía a la cama sin muchos preámbulos y menos aún se atrevía a pedir dinero o negociar favores. Pero sí es cierto que se encontró en situaciones similares a las de las prostitutas donde en muchas ocasiones no sienten placer salvo con ciertos clientes. Para Catherine Millet, esta ambivalencia es muy femenina gracias a que las mujeres tienen una capacidad mayor de distanciarse del acto sexual que los hombres:

> Se debe también a la imagen que tenemos de nuestro propio cuerpo. En el acto sexual el hombre tiene la posibilidad de una identificación muy grande con su miembro viril. En la mujer, el placer es mucho más difuso y fluctuante. Hay momentos en que la mujer está completamente abandonada a ese placer y hay veces en que, ante detalles muy menores, se distancia y pierde la conexión con su deseo[36].

En cuanto a la concreción de esta fantasía, como no le sobraba el dinero de joven, una amiga le habló de una *madame* que buscaba chicas. Como ella no se atrevía a dar ese paso, pensó que podía interesarle y le preparó la cita que era en un café de Montparnasse. En lugar de encontrarse lo que esperaba, una *madame* avejentada y algo autoritaria, se presentó un hombre de unos treinta y cinco años con aires de agente inmobiliario. Catherine iba acompañada de un amigo que se encontraba sentado unas mesas más lejos, por precaución. Ella dice que no recuerda bien el arreglo al que llegó con su interlocutor. Él la llevó a un hotelito cercano y comprendió que nunca vería a la *madame*. Nada más entrar en la habitación el hombre se tumbó encima de la cama y la obligó a hacerle una felación. Ella se puso manos a la obra con la intención de acabar cuanto antes y sin saber si debía pedirle dinero y qué iba a contarle al amigo que la estaba esperando. Asegura que fue la única vez que en su vida sexual dio placer a un hombre que le caía antipático. Cuando regresó donde la esperaba su amigo, negó cualquier contacto sexual pero el otro comprendió lo que había ocurrido. En cuanto al supuesto o real proxeneta, éste la siguió y al darse cuenta de que estaba con otro hombre los insultó y les acusó de haberle tendido una trampa.

La fantasía de convertirse en otra *Belle de Jour* quedó relegada al modo fantasmático con algún representante de la comunidad folladora que fingía llevarla a una habitación de hotel y, siguiendo el principio numérico tan querido por ella le explicaba que había un montón de hombres guardando cola delante de la cama y fuera de la habitación e incluso en el pasillo. Él le preguntaba cuánto creía que estaban dispuestos a pagar por follar con ella y Catherine, siempre tan modesta, aventuraba la cifra de cincuenta francos. El otro decía que su cuerpo no merecía tanto dinero. Entonces rebajaba el precio a veinte francos. Y el otro le preguntaba a cuántos se iba a follar, y si ella decía que treinta el otro decía que cien, y así hasta la eternidad, que de lo que se trataba era de proporcionar combustible a la imaginación.

Pese a que iba con hombres de dinero, nunca supo sacar provecho a su cuerpo. Desconocía la comedia de quejarse de su situación económica para lograr algún beneficio. La única cosa que obtuvo de valor, salvo algunos regalos de pacotilla de algún que otro admirador, fue una nueva dentadura que le hizo un dentista que nunca le envió la factura. La primera vez que acudió a su consulta la pasó a una habitación más grande amueblada con mobiliario clásico y que nada tenía que ver con una sala de espera. Cuando entró de nuevo el dentista la desnudó un poco, la acarició y se marchó. Volvió al rato con una joven y follaron los tres juntos. Tiempo después se enteró de que la consulta tenía dos salas de espera con dos gabinetes. El dentista atendía a los pacientes «oficiales» en uno y, en las pausas de sus intervenciones, acudía al otro donde se encontraba alguna amiga para tratarse la dentadura a cambio de ofrecer el cuerpo. De este modo podía cambiar cada poco tiempo de ocupación y distraerse en medio de un activismo incesante que se parecía al de Catherine Millet, siempre en movimiento y con distintas actividades entre manos, en su mayor parte relacionadas con su trabajo de crítica.

El sexo como representación

En los excesos sexuales de Catherine Millet siempre había algo de representación, de espectáculo en vivo y en el que ponía en valor su cuerpo. Su impulso, como reconoce, se fundaba en el conocimiento de que su atractivo dependía mucho de quién la miraba y cómo la miraba, o qué hacían con su cuerpo en los distintos «escenarios» en los que actuaba. Para Catherine Millet el espacio rey sería siempre la noche no tanto por un gusto de ocultamiento, sino porque es la hora en que la gente no trabaja. En ciertos lugares públicos, como los parques, se pueden reunir las personas que no van a dar una vuelta con los hijos o a pasear al perro. Además, suelen estár menos vigilados a esas horas.

Catherine Millet prefería los espacios al aire libre antes que los locales cerrados. Sus primeras experiencias sexuales se produjeron en estos sitios, que tenían sobre ella el efecto de un afrodisíaco al sentir una desnudez más completa porque le gustaba ofrecer a la brisa la entrepierna. El resultado condujo a que terrazas, arcenes de carretera, bosques, campos rasos, aparcamientos... sirvieran de teatros para su actuación con la ventaja de que tenían menos riesgos que al hacerlo en un entorno urbano.

Cuando su trabajo empezó a ocupar mayor espacio en su vida, las sesiones multitudinarias en locales y espacios abiertos fueron postergadas por las historias sexuales en su medio laboral. El mundo del arte se componía de una infinidad de «familias» y tribus variadas que solían reunirse, aparte de las inauguraciones en las exposiciones, en los cafés, las librerías y las redacciones de las revistas de arte. Detrás de estos encuentros estaba la eterna pulsión sexual que movía estos «pequeños falansterios», según Millet, y a los que transformó en viveros naturales de amantes ocasionales. Como ella vivía en Saint Germain, que era donde se concentraban las galerías de arte moderno, le bastaba con recorrer pocos metros para pasar de una exposición a un episodio galante. Hubo un tiempo en que follaba con muchos de los componentes de la galaxia de periodistas que colaboraban en distintas publicaciones culturales, por lo que, en más de una ocasión, algún amante consciente de su papel le preguntó enfadado si se había propuesto acostarse con toda la crítica de arte francesa. Sin embargo, Catherine Millet nunca priorizaba a unos hombres sobre otros cuando se movía en el terreno estrictamente sexual.

Catherine Millet se prodigaba y esmeraba en sus actuaciones sexuales. Ella sabía que tenía talento para ello. Durante unas vacaciones en la Bretaña, Claude y ella se alojaron en la casa de otra pareja con la que practicaban el intercambio. Un día que ella se encontraba sola con los otros dos, el hombre la besó y luego le bajó su cabeza hacia el sexo. Catherine Millet prefería esto a que la besase y lo hizo con mucha sabiduría[37]. Pero sin duda de lo que mejor se acordaba era de las miradas. Y en este caso, según cuenta, veía en la de la otra mujer el vacío de los ojos de una estatua, y en la de él el asombro.

En las felaciones aprendió que el conocimiento que se logra sobre cada miembro viril es mayor del que tiene su dueño. A su autoestima le encantaba que elogiasen sus habilidades y le dijesen que era la mejor, como ese amigo que se lo confirmó veinticinco años después de haber interrumpido cualquier contacto sexual con ella. «Nadie la chupa como tú, querida», le dijo a una Catherine orgullosa de sus saberes.

En toda actuación cuenta mucho la importancia de la mirada no sólo del espectador, sino también del actor. En una ocasión, en un cuarto de baño, sujeta al lavabo con las manos mientras era embestida por un hombre por detrás, contempló en el espejo iluminado su cara, las mejillas hundidas y la boca abierta. Dice que podría haber sido el rostro de un cadáver si no fuese por la mirada que certificaba que estaba gozando. Era un pensamiento que rechazaba con un sentimiento de vergüenza, pero la sensación de placer crecía. El espejo era la cámara situada frente a ella que le permitía ver en un primer plano los gestos de su cara, igual que en la escena de una película pornográfica que había visto y le impresionó mucho. Una historia que inspiró muchas de sus masturbaciones. En el mundo real, cuenta, una vez estuvo con un hombre con el que sintió un placer tan extremado que se le quedó grabado en su memoria. Mientras la follaba, él pedía que le mirase a los ojos:

> Yo le obedecía, a sabiendas de que presenciaba la descomposición de mi rostro[38].

Con su vida libertina, Catherine Millet se sentía distinta, lo cual, reconoce, también significaba creerse «superior». Estaba en posesión de una sabiduría que poca gente tenía, que era la de practicar el sexo hasta el límite y que le hacía destacarse del resto. O al menos así lo pensaba. Y gracias a este exceso, era reconocida como «alguien» y se sentía distinta a las demás mujeres. Una convicción que la retroalimentaba y que la llevaba a practicar el sexo con más intensidad y asiduidad. Por eso nunca practicó el juego de la seducción. En ninguno de los muchos encuentros que mantuvo ejerció algún tipo de señuelo sobre la otra parte. Ella ofrecía libremente su cuerpo porque le apetecía, no porque fuese a recibir algún beneficio, ni siquiera afectivo. Tampoco era una mujer objeto, porque la decisión última era suya. No veía sus acciones como rebeldía o transgresión. En el espíritu de los abanderados de la liberación sexual no primaba el concepto de transgresión sino el de reivindicar el derecho al placer sexual. Catherine Millet leyó al gran transgresor literario francés, Georges Bataille, pero cuando se acuerda de aquella época cree que su obsesión copuladora obedecía a un ludismo juvenil. Sus referentes no eran el marqués de Sade o Bataille. Sus fantasías iban en otra dirección: que en cualquier circunstancia se pudiese tener una relación sexual con cualquiera. Nunca creyó que hacía algo prohibido. Prueba de ello es que no escondió la vida que llevaba. En cuanto al proselitismo, recuerda que no resultaba fácil. La generación de Mayo del 68, viciada por lo político en sus formas más extremas, tenía una obsesión proselitista aunque sólo fuese, como decía Catherine, porque se lo pasaban muy bien juntos.

Catherine y sus amigos buscaban atraer a mujeres a sus redes, porque las chicas dispuestas a follar sin cortapisas escaseaban. Un proselitismo sin muchas teorías para las mujeres y los hombres del mayo parisino. Una de cada dos veces que atraían a algún nuevo candidato, ya fuese hombre o mujer, al apartamento minúsculo donde otros cuatro o cinco retozaban en la cama, se quedaban mirando sin sumarse a la orgía. Catherine Millet era consciente de que el proselitismo era superficial y que los verdaderos desafíos se dirigían hacia ellos mismos.

Celos y delirios

Catherine Millet mantiene relaciones amistosas con algunos de los protagonistas con los que tuvo un trato sexual. A los demás, dice, los ha perdido de vista. También es consciente de que se movía en una comunidad de folladores. Ella creía que se estaba abriendo a grandes posibilidades sin darse cuenta de que no dejaba de ser un *numerus clausus*. De todos modos, le producía una gran simpatía el tiempo suspendido en que viven los folladores. Aunque hayan pasado diez, veinte o treinta años hablan de la mujer con la que se acostaron como si hubiese sido ayer y nada hubiera cambiado. Son capaces de contactar con ella tiempo después, a ver si hay una segunda o tercera oportunidad. Sin embargo, cuando perciben que la otra parte no les sigue el juego, preguntan si está casada o en una relación amatoria exclusiva. Si la respuesta es afirmativa, añaden con rapidez que la volverán a llamar más adelante, lo que nunca hacen. Para el verdadero follador no existe el tiempo, sino el placer.

Hacia la mitad de su vida, tuvo dos relaciones importantes que se desarrollaron de la misma forma. Ella necesitaba tiempo para tomar conciencia del deseo que experimentaba por el otro. Al final había momentos de copulación apasionada pero su satisfacción no era nunca tan plena como al principio de sus excesos. Sin embargo, entre folladores, cuando entran en juego el sentimiento y la pasión, se produce una indigestión sentimental. Catherine Millet reconoce que las parejas que se rigen por principios morales tienen una gran ventaja en estos asuntos.

El hombre de su vida es Jacques Henric. Lo conoció tras escuchar su voz mientras leía un texto. Le impresionó la claridad fónica, la belleza de su entonación. Tiempo después, él la llamó y se ofreció para ayudarla a corregir un gazapo en un catálogo impreso en el que él había participado. Trabajaron durante horas en una oficina estrecha y agobiante. Luego él le propuso ir a cenar a casa de unos amigos. De repente, Catherine se encontró apretujada en una cama que servía de sofá junto a Jacques en un piso demasiado pequeño. Él le acarició la muñeca con el dedo índice en un gesto que ella encontró delicioso e inusual. Terminaron la noche en el estudio donde él vivía. Por la mañana, él le preguntó con quién se acostaba y ella respondió que con mucha gente. Entonces Jacques le contestó sorprendido que se estaba enamorando de una chica que se acostaba con demasiadas personas.

Catherine Millet separa claramente el sexo del amor y dice que fue una idea masculina asociarlo para ensalzar el ego varonil y creer que si una mujer se acostaba con un hombre era porque estaba enamorada de él. La idea de que es más fácil para los hombres separar el placer de los sentimientos es un tópico para ella, ya que también las mujeres lo practican.

Cuando formó una pareja estable con Jacques surgió el problema de qué contarle de su vida erótica. Al principio le confesaba todo. Después se calló. No ocurrió lo mismo en el campo de las fantasías eróticas. Ella llevaba la iniciativa y le detallaba historias imaginarias para excitarle y excitarse. Él nunca iba con ella a sus fiestas libertinas. Eran una pareja estable pero abierta. Bastaba que ella le contase sus aventuras y fuese una cómplice en sus reportajes fotográficos eróticos en los que hacía de modelo, aun cuando su narcisismo hubiese preferido retratos más idealizados.

Resulta curioso que Catherine Millet se mostrase muy celosa con Jacques. Un día que en un intercambio de parejas él estaba follando con una amiga suya al comienzo de su historia, a Catherine le entró un ataque de furia y la emprendió a patadas contra él mientras estaba en la cama con su amiga. Cuando se trataba de Jacques le asaltaban unos celos que nunca confesaba. Por un lado, sentía una gran indiferencia por la vida sentimental y conyugal de los amigos con los que se acostaba e incluso un cierto menosprecio y, por otro, siempre fue muy celosa con las dos relaciones más importantes de su vida, Claude y Jacques, por razones distintas. Con el primero sufría cuando él follaba con una mujer más guapa que ella. Catherine no se consideraba fea, salvo que tenía una nariz un poco grande y los ojos demasiado pequeños. Sufría al darse cuenta del tipo de mujer que le gustaba a Claude: rubia de ojos claros, cara de muñeca, pechos cónicos, tórax grácil, piernas largas... En cambio, ella era morena de ojos oscuros, pechos tirando a planos, tórax robusto y piernas normales. Como ella misma reconoce, la suya era una frustración narcisista.

Los celos con Jacques surgieron en una época de su vida en que cada vez le gustaban menos las orgías. El descubrimiento de que Jacques mantenía relaciones con otras mujeres era como si ella

> ya no poseyera la excelencia sexual de cuando era joven; ahora la tenía Jacques. Éste era su momento, no el mío. Le imaginaba disfrutando de un placer, de un privilegio, que yo había disfrutado en otro tiempo. Sufrí más por eso que por el miedo a que me dejara[39].

Jacques tampoco le contaba nada de sus otras aventuras, pero Catherine, espíritu celoso, revisaba sus cartas y anotaciones, y algunas cosas sabía. Entonces se imaginaba ser el tercer vértice de un triángulo, el menos deseado. Fantaseaba con un cuerpo de mujer en algún escenario de su entorno común haciendo el amor con Jacques. O peor aún. Catherine les sorprendía en la cama y, presa de un dolor inmenso, se suicidaba arrojándose al Sena como una heroína romántica. Más adelante, y en un giro más acorde a su forma de ser, se masturbaba pensando que Jacques compartía el placer con ella y otra amiga. Con el paso del tiempo y gran esfuerzo, acabó siendo la protagonista de esas fantasías y la otra mujer quedó desplazada a la categoría de auxiliar.

Durante años Catherine Millet no le contó nada de su vida sexual al hombre con quien vivía en pareja, lo que no resultó fácil de llevar a cabo. Según lo pactado con Jacques, el explorador debía contar al regreso su aventura. No siempre era así y la contradicción entre lo prometido y el espíritu libertario generacional chocaban entre sí. Somos libres de hacer lo que nos venga en gana, sería el resumen de esta filosofía, siempre y cuando seamos sinceros entre nosotros y no nos escondamos nada. La realidad era distinta, y al final caían en lo que habían visto como la esencia del espíritu burgués: la hipocresía y el ocultamiento.

El día en que Jacques y ella decidieron compartir piso, él le dijo que era importante que no se mintiesen. Catherine, fiel a su estilo de vida, acababa de iniciar una relación con otro hombre y sabía que no le iba a gustar a Jacques. Entonces eludió estos encuentros, espació sus intervenciones en las fiestas libertinas y se sintió culpable cuando lo hacía con otros a espaldas de él.

Cuando participó en una orgía en la vivienda del recién nombrado director de un gran periódico parisino y su pareja, Catherine tuvo la revelación de que algo había cambiado en sus excesos sexuales. Ella se había acostado antes con el director del periódico y no recordaba si incluso también con su pareja. Los invitados formaban parte del París cultural, y estaban situados en el dormitorio y en el salón. Esta última habitación se encontraba iluminada por una lámpara de techo y tenía un sofá. De pronto, se produjo un movimiento hacia el dormitorio.

Una joven se encontraba en la cama matrimonial e interactuaba sexualmente con más gente mientras aullaba de placer. La admiración que despertó entre los invitados, quienes comentaron lo bien que reaccionaba la joven, hicieron pensar a Catherine que esa mujer ocupaba el espacio que hasta hacía bien poco había sido el suyo. Sin embargo, no sintió envidia y, por primera vez, tampoco se lanzó a competir con ella. Su reacción fue debida a que, al hablar con otros invitados sobre el papel de esa chica en la orgía, se dio cuenta de que había cambiado de posición: de protagonista había pasado al de espectadora, y por eso ahora comentaba con otros convidados la escena. A partir de entonces se retiró del centro del escenario. En los márgenes, el placer no era nunca tan vivo como en el de las primeras veces. Sólo si se trataba de una sorpresa, la voluptuosidad era absoluta.

Para una mujer para la que las relaciones sexuales eran un juego, lo que nada tenía que ver con su vida diaria, la diversión empezó a decaer. Además, la relación con Jacques, la edad, y el tedio que toda práctica continua implica, no eran factores ajenos a esa decadencia. Ella misma cuenta la monotonía que experimentaba durante las reuniones entre amigos y cómo lo contrarrestaba follando con alguno de ellos, pero incluso en la cama se aburría, si bien menos que en otras actividades. Se impacientaba cuando alguien le hacía algo que ni le iba ni le venía, y en lugar de corregir la posición de un dedo que no acariciaba el lugar adecuado, no distraía a su compañero de cama y se alegraba cuando el otro eyaculaba, aunque ella no obtuviese grandes beneficios. Su pensamiento no estaba asociado a su cuerpo a pesar de encontrarse entre brazos ajenos. Era paciente. Podía tolerar sin rechistar las manías del prójimo y aguantar mucho tiempo sin hacerles caso. Incluso pensar en otras cosas.

En sus encuentros con la fratría del sexo, lo mismo se iba durante dos días con un hombre desconocido a Milán. Aparte del cambio de paisaje humano sabía que iba a follar de una forma distinta a la habitual. Por eso le hubiese gustado despertarse cada mañana en un lugar nuevo, permanecer unos segundos en un apartamento desconocido... Catherine fantaseaba con una de las ventajas de las prostitutas de lujo: cambiar de geografía y costumbres gracias al sexo. Sin embargo, si bien viajó mucho por trabajo, nunca lo aprovechó para sumar amantes, salvo alguna historia ocasional.

Con el paso de los años, las relaciones sexuales libertinas se hicieron más raras. También empezó a usar un vibrador que se había regalado ella misma años atrás y que nunca había usado. La primera vez tuvo un orgasmo inmediato con una sacudida muy larga. Catherine Millet se quedó trastornada. Había tenido un orgasmo de calidad sin necesidad de *performances* ni de contarse fantasías numéricas con varios hombres.

Al mantener siempre relaciones simultáneas, nunca se preocupaba de la calidad sexual de la relación con sus amantes. Sabía que disponía de «recambios» y lo que en ese momento no tenía podía descubrirlo más adelante con otro. Lo que parecía una ventaja, era un inconveniente. Por quedar bien, gustar, curiosidad o amabilidad, entre otros motivos que a veces no tenían nada que ver con el sexo, priorizaba los deseos de sus amantes al suyo propio.

Catherine Millet se autodefine como una personalidad soñadora, característica que encontramos en otros excesivos. En su imaginación reflejaba imágenes muy atractivas o curiosas que enriquecían su vida, ya que el soñador puede elegir entre varias personas, vidas y ocurrencias. Es probable que sus ensoñaciones tengan relación con su predisposición para la masturbación. En las largas y complejas historias repletas de detalles que elaboraba al masturbarse, y donde sólo la fantasía la llevaba al orgasmo tras una larga concentración, nadie podía interrumpirla para no perder la atención.

En los últimos seis años de su historia con su primer novio, Claude, mantuvo una estrecha relación con Jacques Henric. Luego dejó a Claude y se fue a vivir a la casa de una amiga. Durante tres años vivió sola y luego con Jacques. Un día, él le pidió que fuese a buscar algo a su despacho y encima del escritorio vio un sobre con unas fotos de una mujer joven, desnuda y embarazada, fotografiándose a sí misma, con las piernas abiertas, frente a un espejo. Catherine reconoció a una amiga de Jacques con la que se había cruzado alguna vez. Cerca de las fotos había un cuaderno donde él mencionaba un viaje que se disponía a emprender y lamentaba que una tal Blandine, que no era la chica que aparecía en la foto, no pudiese acompañarle y, además, mencionaba la belleza de esta chica.

Catherine Millet tenía la impresión de que su pareja mantenía alguna relación sexual con otra mujer, por indicios o porque alguien se lo había indicado. Sin embargo, le iba tan bien con él que nunca se sintió inquieta o en peligro. Pero ahora tenía la prueba y no supo qué decir. Las preguntas y los llantos se sucedieron. Él respondió que tenía una relación paternal con esa joven y como él había publicado una novela en cuya cubierta aparecía el cuadro *El origen del mundo* de Gustave Courbet (1817-1877), en que aparecen los genitales de una mujer, la chica había querido imitar el cuadro que aparecía en la portada de la novela. Y en cuanto a Blandine, Jacques le propuso ir a verla en un desfile de moda de lencería en el que participaba como modelo.

Hundida, Catherine Millet no supo qué contestar. Pero en cuanto Jacques Henric se marchó de viaje revisó con afán detectivesco sus diarios, incluso uno que guardaba en su ordenador. Con creciente ansiedad, Catherine se detuvo en cualquier nombre femenino, pero sacó pocas conclusiones, salvo que a Jacques le gustaba acostarse con L. Cuando él la llamó, Catherine Millet no pudo menos de reconocer lo que acababa de hacer y al ver él su grado de perturbación, Jacques le dijo que a su vuelta le explicaría las relaciones que había tenido con «cinco o seis mujeres», lo que la intranquilizó más y le hizo pensar en todo tipo de suposiciones. No sabía si creerle o no, y fue entonces cuando tuvo la sensación de «empezar a perder el juicio».

En cuanto Jacques se iba a trabajar o viajaba, ella proseguía su investigación y tanto si no encontraba nada al husmear en el despacho, como si hallaba algún nombre de mujer, la angustia se acrecentaba y proseguía su búsqueda en pro de la prueba decisiva que confirmase que Jacques tenía una amante fija o varias. Más que una investigadora privada, era una arqueóloga. Los había visto trabajar. Cuadriculaban la tierra en zonas de menos de un metro cuadrado, y cada arqueólogo limpiaba la suya con una cuchara sin que se les escapase el más pequeño de los residuos. Ella analizó con una lupa los negativos de todas las fotos hechas por él y llegó a leerse sus novelas prestando atención a los perfiles femeninos y las escenas eróticas. En casa espiaba sus movimientos, las conversaciones telefónicas y revisaba la vida de Jacques hasta el más mínimo detalle. Lo peor fue que Blandine utilizó la vivienda de ellos como decorado de una película que dirigía. Jacques la invitó a saludarla, lo que a Catherine Millet le pareció la mayor de las crueldades.

Él se empeñaba en salvar la relación e intentaba recordarle los momentos felices vividos que Catherine no memorizaba. Empezó a enviarle postales cuando estaban separados varios días y en cuyas líneas mencionaba situaciones eróticas vividas por los dos, que tuvieron un efecto positivo en Catherine al revivirlas y comprobar el interés de Jacques por ella. Pero el apaciguamiento duraba poco y volvía a torturarse con preguntas que enfadaban a su pareja, harto de sus celos enfermizos. Él empezó a decirle que dejase de acosarle para luego encerrarse en el silencio apartándose de su lado.

En la casa de campo que ambos tenían se produjo la crisis más virulenta cuando Catherine Millet encontró un sobre en el que vio una página de los diarios de Jacques. Él justificaba su acción de cortar la página y guardarla porque sabía que ella los leía y consideraba que lo que había escrito no debía caer en sus manos. Catherine leyó con avidez que un amigo suyo y él habían estado con Blandine y otra amiga. Las habían fotografiado desnudas y, aunque no se acostaron, Jacques durmió con ella. Él comentaba la suavidad de las pieles jóvenes y terminaron durmiendo abrazados. Cuando acabó de leerlo, Catherine Millet tuvo que tumbarse en la cama presa de un ataque de ansiedad.

La reacción de Jacques fue la que ella había deseado desde el principio. Se mostró cariñoso, no se enfadó y se inclinó sobre Catherine Millet como un padre atento con un hijo enfermo, comprensivo y cuidadoso.

Después de otros episodios de celos y delirios, Catherine decidió tratarse y acudió al psicoanalista que la analizó de joven tras la muerte de su hermano. Fue el momento en que la relación con su primer novio, Claude, hacía aguas, mientras comenzaba su historia con Jacques y se sucedían los desencuentros familiares. Después ocurrió la muerte del padre y los cuidados a la madre depresiva que acabó suicidándose. Gracias al dinero de Jacques pudo psicoanalizarse. Veinte años después volvió a tumbarse en el diván. El psicoanalista le dijo al comienzo que la veía igual que siempre. Ella lo tomó como un halago. No obstante había una diferencia notable, porque por primera vez su vida sexual se reducía a Jacques. El psicoanalista acabó diciéndole que ella envidiaba a su pareja porque él tenía un paraíso sexual del que ella carecía. Tras descubrir que no era la única mujer en la vida de Jacques cuando lo conoció, Catherine Millet se convirtió en la mujer más liberal, un campo donde sobresalía, dejando su placer en manos de sus encuentros sexuales y sin conocer bien dónde residía su goce. Entonces comprendió que su agresividad cuando veía a Jacques con otras mujeres era debida a que, en un primer momento, ella podía alardear de que su libertad sexual formaba parte de «su historia común». Tiempo después, esto ya no era posible en presencia de él, debido a la autoridad simbólica que ella le había conferido en su relación de pareja:

> Era él quien decidía la naturaleza de nuestra relación sexual, él era el guía cuando estábamos juntos[40].

Poco a poco empezó a sentirse mejor, los delirios fueron a menos y cuando empezó a contarle al psicoanalista problemas laborales, dejó el análisis. Catherine Millet llegó a la conclusión de que le hicieron falta muchos años de ternuras, conversaciones y pruebas para incorporar a su relación con Jacques el amor. Y todavía le hizo falta más tiempo para expresarlo con palabras.

Catherine Millet está convencida de que los celos no guardan relación con el sexo. Se puede ser celoso en contextos de gran represión sexual. Y cree que el amor y el deseo sexual se pueden experimentar de forma paralela, así como se puede sentir atracción o amar a distintas personas al mismo tiempo. También hay relaciones más profundas que otras. Y existen infinidad de formas en las que una persona puede experimentar el amor:

> Estamos luchando contra la herencia del Romanticismo... Odio dar consejos, pero tenemos que deshacernos de la noción del amor único. No es así en la vida real. Los amores románticos suelen acabar en lágrimas...[41].

No existe un concepto único del amor. Cada relación amorosa recrea una nueva noción del amor, pero el hombre al que había amado más y mejor era su marido.

Amar a D. H. Lawrence

Hasta los treinta y cinco años, Catherine Millet no creyó que el fin de sus encuentros sexuales fuese lograr placer. Lo comprendió el día en que un amigo con el que nunca se había acostado le preguntó cómo podía saber si una mujer había disfrutado. La respuesta estaba implícita en su pregunta: «¿Es cuando tiene espasmos? ¿Ésa es la única prueba?». Catherine Millet tampoco lo sabía. Contestó que sí para no quedar como una imbécil. Hasta ese momento, cuando experimentaba convulsiones, bien en sus actividades sexuales con otra gente o durante sus masturbaciones, nunca las había identificado como una «verificación» de su placer. Sólo reconocía lo que era más placentero para ella: una caricia, una postura determinada...

A partir de ese momento buscó con ahínco comprobar su placer tanto en sus masturbaciones como en las relaciones sexuales. Catherine Millet se masturbaba con la puntualidad del funcionario que ficha a diario al entrar y salir de su oficina. Al despertarse o en pleno día, nunca al acostarse. Siempre con una fantasía sexual. Y cada vez que se acostaba con uno u otro hombre lo hacía con la intención de notar los mismos o parecidos estremecimientos que cuando se masturbaba. Sin embargo, con un hombre de carne y hueso el placer asemejaba una especie de desmayo en el que el cuerpo se vaciaba. También las veces que sufría una crisis de tetania su cuerpo adquiría la rigidez de un cadáver[42]. Debido a ella sufrió un aborto y no pudo tener hijos.

Al desaparecer la enfermedad, cuando gozaba intensamente después lloraba como una niña. Cuenta que era para liberar la tensión que había sentido en su camino hacia el éxtasis. Un llanto que comparaba al esfuerzo de un atleta exhausto que ha ganado la competición y llora al recibir su medalla. Algunos amantes creían haberle hecho daño y se asustaban sin entender que eran las lágrimas de una alegría desesperada:

> El cuerpo que he entregado era sólo un soplo de aire, y el que he estrechado se encuentra ya a años luz de distancia. ¿Cómo no expresar congoja en un estado de indigencia semejante?[43].

La respuesta a sus contradicciones la encontró en las novelas de uno de los padres de la revolución sexual, el escritor inglés D. H. Lawrence (1885-1930) y sobre el que escribió un ensayo, *Amar a Lawrence*. Catherine Millet empleó dos años en leer su obra y varias biografías, y reconoce haberse enamorado de él, ya que el interés intelectual implica siempre una especie de atracción sexual, aunque el autor esté muerto como ocurría en este caso. En su época fue censurado por distintas novelas consideradas obscenas, como *Mujeres enamoradas*, *El arco iris* y *El amante de lady Chatterley*. Sin embargo, Lawrence no escribió narraciones eróticas para dar salida a sus fantasías, sino para comprender la sexualidad humana y, en especial, la femenina. Catherine Millet apunta que antes de Lawrence no hay ningún testimonio sobre el punto de vista de las mujeres en el sexo, asunto que él trató con gran detalle.

Las heroínas de Lawrence son mujeres modernas, libres como nunca lo habían sido hasta entonces y que, sin embargo, se encuentran insatisfechas. Para la autora francesa ocurre lo mismo hoy día, aunque la lucha de las mujeres de las primeras décadas del siglo XX, la época de las novelas de Lawrence, poco tiene que ver con la actual. En un artículo que escribió sobre la novela de Lawrence, *La serpiente emplumada*, Catherine Millet se preguntaba

> si hemos sondeado la magnitud de la intuición genial de Lawrence cuando sugirió en sus novelas que la evolución del mundo estaba vinculada, no con el cambio del estatus social de las mujeres –una parca reivindicación feminista–, sino con la plena consecución de su gozo sexual[44].

David Herbert Lawrence nació en el pueblo inglés de Eastwood, en el distrito de Nottinghamshire. Hijo de un minero analfabeto y de una maestra, Lydia Beardsall, fue un buen estudiante y empezó a trabajar a los dieciséis años para ayudar a la familia como empleado en un comercio. Debido a una neumonía dejó su empleo y siguió estudiando. En 1908 se trasladó a Londres, donde estuvo dando clases en un colegio durante cuatro años. Su madre, a la que estaba muy unido, falleció de un cáncer antes de que se publicase su primera novela, *El pavo real blanco* (1910).

La segunda novela, escrita al año siguiente, *El intruso*, está basada en los diarios íntimos de una profesora amiga suya, Helen Corke, que se los dejó leer, y en la que cuenta una aventura amorosa que termina mal. En 1911 decidió dedicarse por entero a la escritura. Al año siguiente conoció a Frieda von Richthofen [ilus. 23], hija de un barón alemán y prima del as de la aviación alemana durante la Primera Guerra Mundial, Manfred Albrecht von Richthofen, conocido como el «Barón Rojo» por el color de su avión. Frieda era seis años mayor que Lawrence, que fue alumno del profesor inglés con el que ella estaba casada. A los seis meses de conocerlo, esta mujer poco convencional aceptó abandonar al marido y a sus tres hijos pequeños y seguir a Lawrence por el mundo durante dieciocho años. Los dos amantes huyeron a la casa paterna de Frieda en Metz, por entonces localidad alemana. Desde allí siguieron rumbo a Italia, donde él acabó la novela *Hijos y amantes*, publicada en 1913. En esta última novela cuenta la historia de su madre, que se había

23. D. H. Lawrence y Frieda von Richthofen, 1922

«sacrificado» al casarse con un minero analfabeto. La madre volcó su amor en el hijo sumiso al que convirtió en una especie de marido suplente hasta el punto de obstaculizar una relación amorosa que Lawrence tenía con una chica de su edad. Años después el hijo descubrió que su madre castigaba a su marido por su condición social. En las novelas de Lawrence abundan las mujeres que no se contentan con el hombre que tienen a su lado y que lo desprecian o escapan.

Frieda era lo más opuesto a la figura de la madre de Lawrence. No sólo abandonó a sus hijos cuando él la invitó a seguirlo, sino que en los primeros cuatros meses de convivencia con Lawrence tuvo cuatro amantes. Cuando Frieda obtuvo el divorcio volvieron a Inglaterra al comienzo de la Primera Guerra Mundial, en 1914, y se casaron. Fueron años complicados para la pareja, que vivió en la pobreza extrema, aparte de ser acusados de espionaje a favor de los alemanes por la nacionalidad de su mujer y el antimilitarismo de Lawrence.

Durante este periodo, Lawrence terminó la novela *Mujeres enamoradas*. Se movieron por diversas localidades inglesas tras recibir ayuda de amistades más pudientes, como lady Ottoline Morell, una aristócrata que tuvo una larga colección de amantes y es uno de los personajes de *Mujeres enamoradas*. Al final de la guerra Lawrence y Frieda se marcharon de Inglaterra, a la que sólo regresaron en un par de ocasiones. El deseo del escritor era vivir en un lugar lo menos civilizado posible. La pareja residió en un primer momento en Italia y viajó luego a Ceilán (Sri Lanka) y Australia. Muchos de estos lugares aparecen en sus obras, que abarcan también novelas cortas, relatos, libros de viajes, poemas y ensayos, dos de ellos sobre Freud.

En septiembre de 1922, viajaron desde Australia a Estados Unidos invitados por la mecenas Mabel Dodge Luhan que había creado una colonia para artistas en Taos, Nuevo México. Allí publicó la novela *La serpiente emplumada*. A raíz de un brote de malaria y tuberculosis mientras se encontraban en México, regresaron a Europa en 1923. Vivieron cerca de Florencia. Durante este tiempo, Lawrence escribió, entre otras obras, *El amante de lady Chatterley*, su novela más importante. D. H. Lawrence falleció a los cuarenta y cuatro años en Vence, Francia, debido a la tuberculosis que padecía desde joven.

Parece que el escritor inglés fue infiel a Frieda en una ocasión con una joven periodista norteamericana, Esther Andrews. Fueron numerosas las mujeres que se sintieron atraídas por sus teorías y obras, en su mayoría artistas, intelectuales, mujeres de clase media y aristócratas, que sirvieron de inspiración al escritor en sus obras literarias. Frieda era muy celosa de su marido y cuando creía que alguna de estas amistades se sobrepasaba no dudaba en expulsarla del círculo íntimo. En cambio, ella siguió teniendo numerosas aventuras sexuales, una situación que no favorecía una relación idílica. Las peleas entre ambos cónyugues eran frecuentes, aunque Frieda siempre estuvo a su lado.

D. H. Lawrence veía a la sociedad de su tiempo anquilosada y decadente, y que había hecho del sexo un asunto desesperadamente cerebral. Él propugnaba una conciencia sexual primitiva que uniese las fuerzas físicas y espirituales.

La interpretación que hace Catherine Millet de la obra de D. H. Lawrence es parecida a la de otras mujeres[45] que vieron en el novelista inglés la capacidad de entender las aspiraciones femeninas mejor que cualquier otro escritor del siglo XX. Sus personajes femeninos buscan ser ellas mismas, huir de aquello en lo que algunos hombres pretenden convertirlas, y piensan que ser madres no es una fatalidad a la que se encuentran sometidas, sino una decisión tomada en libertad.

Lawrence afirmaba que las mujeres sólo disponían de modelos forjados por los hombres a los que debían adaptarse si deseaban satisfacerlos. Bien fuese el papel de madre o la dama objeto del amor cortés de un caballero, la mujer niña o la prostituta. En el amor cortés la amada es siempre distante y reúne a los ojos de su enamorado todas las perfecciones físicas y morales, como pudo ser Beatriz para Dante. Es un amor idealizado, caballeresco, platónico, y que fue cantado por los trovadores en la Europa medieval. En cuanto a la mujer niña o la mujer muy joven, Lawrence ve en esta preferencia masculina la consecuencia de que las mujeres «muy hembras» asustan a los hombres inseguros porque les recuerdan a sus madres dominantes. La prostituta es el ideal eterno y secreto de todo hombre, ya que el deseo aumenta cuando se tiene entre los brazos a quien es también la amante de otros.

La figura de la mujer sometida no existe en las novelas de Lawrence y, caso curioso para la época en que las escribió, ni siquiera lo está cuando es madre. Son mujeres seguras de sí mismas que buscan lo mismo en los hombres. Si por un lado necesitan el amor, por otro lo temen por lo que puede suponer de sometimiento al hombre.

Por el contrario, y a diferencia de las mujeres modernas de su tiempo, Catherine Millet cree que los hombres con los que mantuvo relaciones sexuales se sentían cómodos con ella. Era una mujer que se mantenía a sí misma, vivía en pareja y no buscaba novio, ni tampoco convertirse en madre, actitudes que solían ser frecuentes en las mujeres de su época. Los hombres con los que se relacionaba sexualmente buscaban lo mismo que ella. Justo por eso, aunque les prestase atención durante el encuentro sexual, le resultaban indiferentes fuera del sexo.

Para Catherine Millet, Lawrence es el único escritor de sexo masculino que se ocupa en profundidad de la insatisfacción femenina. Su visión, al proceder de una sociedad muy puritana, no deja de ser cándida. Y con la misma ingenuidad con la que trata a algunos personajes de sus novelas, no tuvo reparos en describir con un minucioso realismo los encuentros sexuales. Por eso Catherine Millet lo considera un «puritano escandaloso» y sostiene que las novelas de Lawrence no tienen espacio en la tradición erótica francesa, donde reinan el marqués de Sade y Georges Bataille, que transgreden las normas entre el bien y el mal. D. H. Lawrence no ve maldad alguna en el sexo, idea con la que se identifica Catherine Millet. Para ella el pecado estaba en hacer daño y no en un placer que no buscaba con mala intención y que le había llegado sin pedirlo. Dios, cuyo ojo la vigilaba siempre, no se lo prohibía. Además, se trataba de un placer asociado con fantasías que formaban parte de los sueños secretos de su vida, como posibles amores o proyectos laborales.

Lo que nunca conoció Catherine Millet en sus excesos sexuales fue una de esas pasiones que jamás aplacan las ganas de ver al amante. En esos casos el deseo es tan poderoso que en cuanto se satisface renace con más fuerza y exige a los amantes quedar de nuevo. A fuerza de acercarse y no saciarse nunca, la pasión acaba agotándolos.

La primera revolución sexual, previa a la de los años sesenta, fue la emancipación femenina de los años veinte. Cuando las mujeres pidieron la igualdad de derechos también tomaron conciencia del derecho natural al goce. Esta tendencia, creciente a lo largo del siglo XX, ha causado en algunos hombres desconcierto sobre su masculinidad como veremos más adelante. Catherine Millet cita al historiador Alain Corbin que se pregunta si la virilidad, tal como la sienten los hombres de nuestros días, no es antes que nada una red de amenazas que les produce ansiedad, y a la que el hombre responde reprimiendo el impulso sexual o fomentando el desenfreno.

Lawrence analiza en su tiempo las contradicciones en las que se ven atrapados los hombres y las mujeres en la guerra de sexos, y dedica mayor atención y profundidad a unas mujeres que saben que un marido no puede ser también un amante y viceversa. Las mujeres libres prefieren a los amantes, y por eso en las novelas de Lawrence son numerosos los personajes femeninos que mantienen la iniciativa sexual.

En la novela más conocida de D. H. Lawrence, *El amante de lady Chatterley*, la insatisfacción de la protagonista, Constance, no se debe a la falta de experiencia, ya que ha mantenido relaciones sexuales con otros hombres antes de casarse, sino a que su marido es parapléjico e impotente debido a una herida de guerra. Dueño de una cercana mina, gobierna con mano dura a los obreros que trabajan en ella. La mansión familiar está rodeada de un bosque que cuida un atractivo guarda, Mellors, y que terminará siendo el amante de lady Chatterley. La novela refleja también un conflicto entre clases sociales distintas y opone a la vieja Inglaterra rural, la nueva, en plena industrialización. Publicada en Florencia en 1928 en una pequeña edición, a la que luego se sumaron dos reescrituras, no fue editada en el Reino Unido hasta 1960 por estar catalogada como una novela pornográfica. A Catherine Millet le resultan admirables las escenas eróticas por su realismo, y asegura que tiene la mejor descripción literaria que existe sobre el orgasmo femenino.

Algunos estudiosos sostienen que la novela está basada en la relación que mantuvo en los años veinte la altiva lady Ottoline Morrell con un albañil veinticuatro años más joven que ella, y que trabajaba como jardinero en su propiedad. Sin embargo, a Lawrence no le faltaban motivos de inspiración gracias a la vida sexual de su esposa. Frieda tuvo un asunto amoroso con un leñador al comienzo de su relación con Lawrence. Y al final de la vida del escritor, Frieda comenzó otra con un oficial de los Bersaglieri (una unidad de infantería móvil del ejército italiano), Angelo Ravagli. La mujer del oficial era dueña de la casa que alquiló el matrimonio Lawrence en Italia. Frieda era catorce años mayor que Ravagli y continuó la historia con él durante el año que vivieron en esta casa. Cuando murió Lawrence, en 1930, Frieda reanudó la relación con el oficial, que estaba casado y tenía tres hijos. Al igual que hizo ella cuando conoció a Lawrence, él abandonó mujer e hijos, y se trasladó con Frieda al rancho que tenían los Lawrence en Taos, Nuevo México. Tras separarse y casarse con Frieda vivieron de los derechos de autor de Lawrence. Ravagli regresó a Vence en 1935 para exhumar el cadáver del escritor, incinerarlo y llevarlo a Taos, donde se encuentra enterrado. Tras la muerte de Frieda en 1956, Ravagli regresó a Italia, se reconcilió con la mujer y los hijos, y falleció en 1973.

Tras el primer encuentro sexual entre Constance y Mellors, Constance se atormenta al darse cuenta de que es capaz de acostarse con un hombre de una clase social muy inferior a la suya. Pero unir los cuerpos no significa unir las mentes y al comienzo de la novela lady Chatterley sólo persigue compensar una carencia de su marido. Su cesión es momentánea y ve al leñador como un ocupante temporal de su cuerpo. Lo peor es que no consigue tener un orgasmo. Catherine Millet recuerda la insatisfacción que le invadía después de una sesión amatoria infructuosa y pensaba que un día debería escribir sobre ello, sin imaginar que un hombre la había precedido bastantes años antes. Entonces cavilaba sobre todas las mujeres que a lo largo de la historia amaron y fueron amadas, y que nunca experimentaron un orgasmo por la impaciencia masculina, la ingenuidad de ambos o los falsos escrúpulos. Una insatisfacción que también se debía a

> ese error de la naturaleza, que hace que los dos sexos no hagan el amor dentro de la misma temporalidad. Es culpa también del hecho de que el amante más considerado nunca impedirá a una mujer seguir pensando, tener los ojos y el cerebro lejos de su sexo ofrecido, mientras que el hombre, por su parte, es muy solidario con el suyo[46].

En cuanto al desclasamiento que acepta Constance al mantener una relación con el guardabosque, la escritora francesa pone de manifiesto que tiene su origen en que las mujeres perciben que los asuntos del placer están relacionados con lo que se encuentra en las partes bajas de su cuerpo, que está oculto y cerca de otros orificios vergonzosos. Encima tienen la regla que mancha la ropa interior. Además, las funciones que pueden desempeñar, como la maternidad, las acercan a la vida biológica. También influye la forma de manifestarse el deseo que es distinta en los hombres, cuyo sexo se levanta cuando se encuentran excitados mientras que en las mujeres se humedece. Un hombre puede ver su sexo cómodamente, mientras que la mujer sólo puede hacerlo desde una posición dificultosa. La mirada es incapaz de ofrecer a la mujer una visión igual de completa de su cuerpo que la que puede tener el hombre. Sólo el orgasmo le proporciona el efecto de tener un cuerpo completo. Y ésa es la razón por la cual las mujeres son tan visuales. Catherine Millet está convencida de que detrás de ese impulso de verlo todo, se encuentra lo que no se puede ver. La mirada femenina está atenta a los detalles, lo mismo que a muchas protagonistas de las novelas de Lawrence las vence la curiosidad. En los excesos sexuales de Catherine Millet primaba más la curiosidad que el sexo. En esa búsqueda estaba también la tentación por lo morboso. Y aunque nunca estuvo con seres deformes, conoció a hombres cuyo físico poco agraciado alimentaba sus fantasmas. También comprobó que era una tendencia más general de lo que pensaba. Había mujeres que mostraban interés por hombres muy feos, porque veían en ellos una especie de juguetes sexuales.

Cuando una mujer (o un hombre) sucumbe al deseo por otra persona que, debido a su origen social, no puede compartir con él diversos aspectos de su vida, como puede ser una conversación interesante o inquietudes artísticas... junto al amor y placer que siente al abandonarse al otro, percibe cierto desagrado. Es una sensación ambivalente porque al mismo tiempo que hiere la relación le ofrece un placer mayor. Esto es lo que les sucede a las heroínas de las primeras novelas de Lawrence, que huyen de parejas que les disgustan. En las últimas obras, las mujeres pisan terreno firme y eligen hombres viriles capaces de saciar su feminidad, y a los que aman, pero sin romper todas las distancias.

Catherine Millet cree que las mujeres contemporáneas no han renunciado a la conquista sexual y son capaces de abarcar todos los roles, desde el de madres al de esclavas, si les apetece llevarlos a cabo. Sin embargo, continúa latente una insatisfacción que las refuerza y es positiva porque las invita a buscar y descubrir.

A Catherine Millet le sorprende que en las novelas de Lawrence, en una página él o ella ama a su pareja y, en la siguiente, la odia. En la novela *La serpiente emplumada*, Lawrence cuenta la historia de una pareja, Kate y Cipriano, que en la ceremonia de su boda escuchan decir que el hombre traicionará a la mujer y ella al hombre porque ambos son débiles y ninguno de los dos conoce el camino que el otro debe seguir. Lo que no deben traicionar es la estrella que hay entre ellos y que es el lugar de su unión. Tal vez refiriéndose a su propio caso, Lawrence escribe que constituían un matrimonio atípico. Cuando él no estaba presente, Kate era ella misma, como antes de casarse.

En su investigación del mundo interior de las mujeres, Lawrence observó que estaban cambiando los lazos que unen a hombres y mujeres. Los hombres bien intencionados dudaban sobre qué camino seguir con ellas. Las diferencias entre ambos sexos se ampliaban y llegó a creer en un destino homosexual generalizado de la humanidad. No sólo por las mayores afinidades de género, sino por la secularización, la individualización de la moral, la normalización de la homosexualidad... El amor, según el escritor inglés, nace y crece en el conocimiento del ser amado, aunque al mismo tiempo nos enseña lo que nos separa del otro porque somos seres incompletos y habitamos en el centro de un vacío que es una carencia existencial difícil de saciar.

La libertad de Catherine Millet y la del hombre que ama, Jacques Henric, actúa como un certificado de garantía de la relación que los une. Ella cree que el hombre y la mujer deben ajustar la distancia que mantiene al otro dentro del círculo del deseo. Tarea compleja porque la primera dificultad de cualquier exceso, y este propósito lo es en grado sumo, consiste en mantenerlo a lo largo del tiempo.

LO QUE EL CUERPO CALLA

El 25 de junio de 1984 moría en un hospital de París, a los cincuenta y siete años, el filósofo Michel Foucault [ilus. 24]. Autor de numerosos libros y traducido a dieciséis idiomas, Foucault era un intelectual y filósofo muy conocido. Junto al psicoanalista Jacques Lacan, el pensador Roland Barthes, los filósofos Jacques Derrida y Gilles Deleuze formaba parte de la élite del pensamiento francés en la segunda mitad del siglo XX. El interés por su vida y obra se ha mantenido desde su muerte con la publicación de numerosas biografías y ensayos en varias lenguas, aparte de la reedición de sus libros y trabajos inéditos. En consonancia con la fama del personaje, el Gobierno francés hizo públicas sus condolencias y la noticia de su muerte ocupó las primeras páginas de los medios de comunicación.

Oficialmente, la causa del fallecimiento de Foucault se debió a diversos síntomas neurológicos y una infección. Luego empezaron a difundirse rumores sobre que había

24. Michel Foucault en su biblioteca

muerto de una enfermedad misteriosa y a la que dos años más tarde de su muerte se la denominó «síndrome de inmunodeficiencia adquirida», sida. Los primeros casos de esta enfermedad surgieron en 1980 entre homosexuales de San Francisco y Nueva York. Luego se comprobó que también afectaba a heterosexuales, hemofílicos, toxicómanos, pacientes que habían recibido transfusiones de sangre... Era la sangre, el semen, las secreciones vaginales lo que podía transmitir la enfermedad desde una persona infectada a otra sana.

El desconocimiento médico le supuso a Foucault, como a los que contrajeron el sida al principio, un mayor padecimiento en lo sanitario debido a la ignorancia de los médicos y la falta de tratamientos eficaces. Además, el enfermo de sida sufría una condena moral, ya que la mayoría de la sociedad veía en la enfermedad una marca que delataba a los que llevaban una vida de excesos, bien de carácter sexual o por su condición de toxicómano, por lo que los infectados solían ocultarlo y la familia atribuir el fallecimiento a otros motivos. La de Foucault pidió suprimir la causa de la muerte en el documento oficial en donde se indicaba el motivo. El filósofo francés nunca hizo pública su condición de homosexual y tampoco dijo que padeciese sida, aunque no está claro cuándo los médicos se lo confirmaron.

La obra filosófica de Foucault no conforma una totalidad, sino que plantea diversas cuestiones relacionadas entre sí. Inteligente y minucioso, asunto en el que ponía la lupa, lo estudiaba desde todos los ángulos. Las cuestiones que le interesaban estaban vinculadas con su propia vida. Como él mismo explicaba, no había ningún libro suyo que no hubiese surgido, por lo menos en parte, de una experiencia personal. Decía que su cometido filosófico era la búsqueda de la verdad, el análisis del poder, o la relación que existe entre la verdad, el poder y el yo.

Para Foucault, el ejercicio del poder no es sólo lo que determina lo que se debe hacer según la ley o los intereses políticos o económicos de los que mandan. Tampoco lo que se lleva a cabo por miedo a sufrir una reacción violenta si no se cumple lo ordenado o se quebrantan las leyes. En el análisis foucaultiano el concepto de poder abarca las instituciones, las medidas administrativas, declaraciones científicas, proposiciones filosóficas... En definitiva, todo lo que configura las múltiples facetas del mundo. Por eso el poder se construye a través de prácticas materiales y no es algo que pertenezca a una persona individual. A la resultante de todas estas interacciones Foucault las denominó «micropoderes». En estos micropoderes más que la violencia o la prohibición entran en juego numerosas estrategias para lograr que una parte cambie de posición y secunde los deseos de la otra. Como se trata de una interacción libre, no se imponen mediante la fuerza, sino a través de la persuasión. Por eso implican un complicado juego de dependencias y manipulaciones.

El poder que se basa en la fuerza y el miedo no tiene nada que ver con los micropoderes, ya que no hay libertad para elegir o decidir. Frente a esta clase de poder coactivo, ante el que es legítimo resistirse, existe otro tipo de autoridad más eficaz porque consigue ser obedecida de una forma espontánea. En su ensayo *Vigilar y castigar*, Foucault dice que esto ocurre cuando no es un sujeto quien lo aplica de una forma directa, sino una serie de herramientas que lo hacen de forma invisible, pero aseguran el control de las personas en la dirección que desean los que detentan la autoridad.

Por eso el poder, según el filósofo francés, resulta inseparable de las relaciones sociales y nunca se podrá prescindir de él en la vida social. Vivir con otros implica necesariamente esta clase de relaciones que están enraizadas en nuestra forma de ser. No existe la posibilidad de liberarse, salvo que se viva en una soledad absoluta. Entenderlo es importante, lo mismo que es necesario conocer las fuerzas que nos dominan para vivir de una manera más libre. Foucault analizó cómo el poder ha evolucionado a lo largo de la historia para neutralizar a los individuos molestos o peligrosos hasta llegar a una forma más «neutra» en el presente. Para él, los espacios donde resulta más evidente son los hospitales, los manicomios y las cárceles. Si el loco tenía cierta libertad en la Edad Media, en la Edad Moderna se le recluye en el manicomio. Algo parecido ocurre con la cárcel moderna donde, bajo la premisa de un encarcelamiento más humano, se empeora la condición del reo con un encierro reglamentado las veinticuatro horas del día.

Michel Foucault, la filosofía de su experiencia

Michel Foucault nació el 15 de octubre de 1926 en Poitiers, en una familia de la gran burguesía local. El padre era un médico cirujano y Michel el primogénito de los tres hermanos. Foucault no contó mucho de esa parte de su vida. La relación con el padre fue descrita por el hijo como conflictiva en diversos aspectos. Sin embargo, nunca se despegará de la familia y se mantendrá muy unido a la madre. La visitaba todos los años por vacaciones y ella tenía un ejemplar de todas sus obras y traducciones. Incluso habilitó una parte de la casa familiar de Poitiers como estudio para el hijo. El filósofo también estuvo muy unido a su hermana durante la infancia.

Foucault escribió en *Vigilar y castigar* que vivió su adolescencia con la certeza de que se encontraba en una situación que daría lugar a un mundo distinto:

> Casi todos mis recuerdos emocionales de juventud están ligados a la situación política... El peligro de la guerra constituía nuestra perspectiva, el entorno de nuestra existencia. Después la guerra llegó... Tal vez sea éste el motivo por el cual estoy fascinado por la historia y por la relación entre la experiencia personal y estos acontecimientos a los que estamos sometidos[47].

Al comienzo de la Segunda Guerra Mundial, Foucault tenía catorce años. La guerra la vivió como una amenaza continua que podía ocasionarle la muerte aun no siendo un combatiente. Al ser un importante nudo de comunicaciones, Poitiers no se libró de los bombardeos aliados. Con el desembarco aliado en Normandía, se recrudecieron los ataques aéreos, siendo el más importante el realizado la noche del 12 de junio de 1944. Los aviones descargaron quinientas toneladas de bombas con el objetivo de atacar una división alemana que se dirigía hacia Normandía. En la acción murieron ciento setenta y ocho civiles. En el colegio al que iba Foucault, el padre y un hermano de un compañero suyo fueron deportados a un campo de concentración donde murieron. Otro padre de un alumno fue fusilado por colaboracionista tras la liberación. Pero la principal preocupación de la familia Foucault durante la guerra, como la de la mayoría de los franceses, más que la política, fue la comida. Al encontrarse en una zona agrícola la situación era más fácil que en París, y además los Foucault disponían de una finca fuera de la ciudad, pero aun así tuvieron que recurrir al mercado negro.

El doctor Foucault deseaba que su hijo siguiese su camino y se convirtiese en cirujano. En cambio, al hijo le espantaba la medicina y adoraba la historia y la literatura. Los enfrentamientos entre padre e hijo a veces fueron violentos. Será la madre quien interceda por el hijo y convenza al padre de que conviene dejarle seguir su camino. Era un buen estudiante y cualquier carrera que emprendiese lo haría bien.

En 1946 marchó a París, donde se matriculó en el prestigioso Liceo Henri IV con la intención de presentarse luego a las pruebas de admisión en la École Normale Supérieure, la institución académica más prestigiosa de Francia. Creada en 1794, está dedicada a la investigación en ciencias y humanidades, y se accede mediante un severo proceso de selección. Los alumnos de artes y humanidades admitidos cada año eran menos de cuarenta. El internado en el liceo tampoco fue ninguna panacea para Foucault. Su homosexualidad, la timidez y ser muy estudioso le supusieron el acoso escolar de otros estudiantes.

En 1948, en uno de los episodios poco claros de su vida, intentó suicidarse cortándose las venas de las muñecas. No fue la única ocasión y fue atribuido a la angustia que le causaba su homosexualidad. Foucault bebía para animarse a frecuentar los lugares de ambiente homosexual y cuando regresaba de sus correrías nocturnas se avergonzaba de lo que había hecho y se sentía culpable. Las depresiones de Michel Foucault llegaron a oídos de la familia y su padre concertó una consulta con Jean Delay, un distinguido psiquiatra del hospital parisino de Sainte-Anne. Será el primer contacto que tenga con la institución psiquiátrica. Es decir, con el universo «disciplinario» al que, en 1960, Foucault dedicará una formidable tesis doctoral bajo el título de *Historia de la locura en la época clásica*, y que convertirá luego en ensayo. Años después, Foucault realizó prácticas en este hospital cuando formaba parte de la ENS para diversas investigaciones sobre cómo diagnosticar daños cerebrales, epilepsia y diferentes trastornos neurológicos. De momento, la consulta médica fue beneficiosa. Foucault pasó su tercer año de internado en el Liceo Henri IV en una habitación individual del sanatorio del centro escolar, lo que no dejaba de ser un pequeño lujo que le vino bien para eludir el acoso de los otros compañeros de clase.

Foucault ingresó en 1951 en la École Normale Supérieure (ENS). Durante los cuatro años siguientes realizó diversos trabajos de investigación, estudió filosofía de la ciencia, psicología y psiquiatría. Uno de sus preparadores de la ENS, el filósofo marxista Louis Althusser, lo apadrinó intelectualmente y lo convenció para que entrase a formar parte del Partido Comunista Francés. Foucault siempre estuvo agradecido a Althusser por la ayuda que le prestó en los estudios y cuando el filósofo marxista fue internado en 1980 en un hospital psiquiátrico por estrangular a su mujer, que había decidido abandonarle y sufría maltrato, lo visitó regularmente. Althusser en ningún momento estuvo encarcelado, ni siquiera pasó unas horas por comisaría y contó con la comprensión de colegas, alumnos y la mayoría de los medios de comunicación, lo que fue muy criticado años después por el movimiento feminista, que vio en la acción del filósofo marxista un crimen de violencia de género con posible atenuante de desórdenes mentales[48].

El Partido Comunista vivía días de gloria. Gozaba del prestigio junto a los gaullistas de haber sido uno de los dos pilares de la Resistencia frente al ocupante alemán durante la Segunda Guerra Mundial. En esos años encabezaba la oposición a la guerra de Indochina, entonces colonia francesa, en contra de los comunistas vietnamitas que luchaban por la independencia del país. El Partido mantenía una posición hegemónica en el estamento cultural. Integrado en la célula de la ENS no fue especialmente activo. Según un amigo del filósofo, el historiador Paul Veyne, su compromiso con el marxismo fue bastante laxo. Foucault se desilusionó pronto. No tenía los mismos gustos intelectuales que sus compañeros comunistas. En cuestiones artísticas, le consternaba el realismo socialista y veía que el Partido compartía con los burgueses la misma homofobia. Foucault lo abandonó tres años después de su ingreso.

En el terreno filosófico, las dos grandes influencias de Foucault fueron dos filósofos alemanes: Friedrich Nietzsche y Martin Heidegger. Especialmente el primero, visto por Foucault como el filósofo que invita al hombre que se considera libre a vivir para sí mismo. La lectura de la obra de Friedrich Nietzsche fue una revelación. Lo leyó con gran pasión durante unas vacaciones en Italia, en agosto de 1953. A través de Nietzsche se sintió un extraño para la vida francesa. Dejó su trabajo y se marchó de Francia porque tenía la sensación de estar atrapado en un mundo que no era el suyo. Como Foucault explicó, hay un antes y un después en su vida tras leerlo.

Todas las ideas del filósofo alemán encontraban un eco favorable en él. Foucault siempre fue visto como un abanderado de la modernidad y, como dijo Baudelaire, el hombre moderno es el que se inventa a sí mismo. El filósofo francés también consideraba que debía encontrar la verdad de sí mismo, un proceso que no era tanto un hallazgo como una construcción, un *work in progress* como se diría ahora. Una tarea harto difícil en un mundo repleto de normas y prohibiciones. Reconectarse con nuestra esencia verdadera era lo que Nietzsche definía como la «voluntad de poder». Para un filósofo joven como Foucault, recorrer un camino que sólo él podía andar era un reto apasionante. Entonces hizo suya «la gran búsqueda nietzscheana» de averiguar qué verdad filosófica existe dentro de nosotros.

En cuanto a Heidegger, Jean-Paul Sartre lo había introducido en los años treinta en la cultura francesa. El filósofo de la Selva Negra, del que se ha discutido bastante hasta dónde llegó su compromiso con el nazismo, busca liberar al Ser de la inautenticidad. Según Heidegger, la cotidianeidad, el estar siempre con otros seres, nos separa de nuestro verdadero yo y esconde a la conciencia nuestra finitud. Esta idea de buscar el yo auténtico sedujo a Foucault. Heidegger era el maestro que enseñaba a estudiar la filosofía desde sus orígenes para reencontrar al Ser en un mundo en el que dominaba la ilusión del progreso. Foucault leyó con fervor a Heidegger y vio otra línea de pensamiento que poco tenía que ver con la interpretación sartriana de Heidegger como precursor del existencialismo.

Otras influencias de esos años fueron los escritores del exceso, un filón muy francés. Entre los contemporáneos de Foucault se encontraban Pierre Klossowski (1905-2001), hermano mayor del pintor Balthus, el escritor

Maurice Blanchot (1907-2003), y en especial el pensador y escritor Georges Bataille (1897-1962). El terreno común de todos ellos era su interés por el exceso sexual y la filosofía de Nietzsche. De los tres, el que tuvo mayor ascendente en Foucault fue Bataille. En su época adulta, Bataille tenía el aspecto de un director de sucursal bancaria en una ciudad de provincias en los años cincuenta. Pelo encanecido, vestía trajes oscuros y llevaba corbata negra. Antropólogo, interesado en el concepto de lo sagrado y lo oculto, estudió el límite erótico, asunto que interesaba sobremanera a Foucault. Libertino heterodoxo, Bataille no se limitó a una vida intelectual y frecuentó locales nocturnos, burdeles y casas de juego en una etapa de su vida. Esta vida de extremos no le impidió escribir una amplia obra. Su teoría central, que explicó en *La parte maldita* (1949), sostiene que el hombre vive limitado por el concepto de utilidad y produce más de lo que necesita.

En su ensayo sobre *El erotismo* (1957), Bataille desea superar un eros frenado por las distintas prohibiciones que el hombre y las religiones han levantado en contra suya. Para él, la idea de transgresión es un añadido que proporciona al erotismo un mayor potencial. Si el hombre no puede evitar morir y trascender sus límites, nada como buscar lo que crea la ilusión de escapar a nuestro destino, aunque sea durante un instante. Al igual que el marqués de Sade, Bataille piensa que la crueldad forma parte de la condición humana, una característica que el erotismo sadomasoquista transforma en excitación sexual. Esta forma de exceso puede conducir al crimen, como ocurre en Sade, por lo que Bataille preconiza la necesidad de un juego entre límites para no precipitarse en el abismo.

Foucault se siente identificado con los pensadores anteriores porque en estas vidas no existe tanto la edificación de un sistema filosófico como la idea de una experiencia límite, que arranca al sujeto de sí mismo. Para Foucault, la experiencia del filósofo consiste en

> posar una mirada reflexiva sobre un objeto cualquiera de lo vivido para captar sus significaciones [...]. Lo que se necesita es el máximo de intensidad y, al mismo tiempo, de imposibilidad[49].

En paralelo a sus nuevas inquietudes intelectuales, Foucault prosigue su carrera profesoral. Consigue el primer puesto docente en la Universidad de Lille como profesor de psicología durante el curso 1953-1954. Este último año escribirá una introducción a un ensayo sobre el psicoanalista suizo Ludwig Binswanger, *Enfermedad mental y personalidad*. Y también empieza una relación amorosa con el compositor Jean Barraqué que finalizó en 1956. Cuando esta relación terminó, Foucault deseaba cambiar de aires y se presentó a una plaza de lector de francés en la Universidad de Upsala, en Suecia, gracias a la recomendación del historiador y amigo suyo Georges Dumézil. Una vez allí también trabajó en la Maison de France. Foucault se hizo famoso por las fiestas escandalosas que daba. Además de algunos amantes, tuvo una relación platónica con Danielle, la joven secretaria francesa de la Maison de France. Foucault la cuidaba con afecto paternal y se hicieron muy amigos. El filósofo se compró un coche Jaguar de segunda mano con el dinero que le enviaba su familia, lo que contribuyó a hacerle más conocido en la universidad.

En octubre de 1958 se trasladó a Varsovia como responsable del Centro Francés, siempre por recomendación de Dumézil. El ambiente asfixiante de la Varsovia comunista no le gustó y sus aventuras homosexuales tampoco eran bien vistas por las autoridades polacas. Ese mismo año se trasladó al Instituto francés de Hamburgo, donde dio clases de lengua y dirigió cursos. Foucault conoció pronto el barrio de luces rojas. El novelista francés Alain Robbe-Grillet, a quien el filósofo invitó a dar una serie de conferencias, recordaría que lo llevó de noche por los clubes de *striptease* de Hamburgo. Foucault tuvo una relación con un travesti y frecuentaba la zona de prostitución del barrio de Sant Pauli. En algunos bares y clubes de *striptease* le llamaban «Herr Doktor»[50].

En Hamburgo terminó de escribir la *Historia de la locura en la época clásica* que pensaba presentarla como tesis doctoral. La obra, publicada en 1961, ganó antes la medalla de filosofía del Centro Nacional de Investigación Científica de Francia a la mejor tesis, y que acompañó de otro ensayo secundario, un estudio sobre la antropología desde el punto de vista de Immanuel Kant. La reputación intelectual de Foucault, que entonces tenía treinta y cuatro años, creció sobremanera.

En su libro, Foucault estudia desde un punto de vista histórico la demencia y sus connotaciones sociales. La locura, dice, no existe en el individuo sino en la sociedad, que percibe como dementes las actitudes que se salen de la norma. Durante la Edad Media el loco, como vocero de otros mundos, era escuchado. Lady Macbeth, de Shakespeare, dice la verdad cuando se vuelve loca. Este papel de revelación que antes tenía el loco se perdió en la Edad Moderna cuando fue encerrado en el manicomio. Los locos, castigados y condenados, se «refugiaron» en su interior y en muchos casos dieron rienda suelta a sus impulsos agresivos hasta llegar al crimen. Foucault no analizó la locura como una enfermedad mental, sino como una forma de ser diferente. La abstracción teórica de Foucault elude los aspectos concretos de la demencia. Para él, no es malo ser poseído por fantasías e impulsos salvajes porque nos acerca a la dimensión dionisíaca del ser humano.

Foucault regresó a Francia en 1960 para ocupar la cátedra de psicología en la Universidad de Clermont-Ferrand. Del joven inseguro y tímido de años atrás ya no quedaba nada. En esos meses emerge la imagen que el filósofo adoptó como marca personal: el cráneo rasurado por completo, gafas de pequeños cristales rectangulares y una sonrisa entre mefistofélica e irónica. Solía vestir un suéter de cuello alto, preferiblemente blanco, y chaqueta negra de terciopelo. En cuanto a su carácter, era quisquilloso y se enfadaba con facilidad cuando le llegaban rumores sobre su homosexualidad porque podía dificultar su carrera académica. En cambio, el juicio de sus íntimos lo retrata como una persona divertida y simpática. Sus pequeñas sobrinas lo adoraban porque hacían con él lo que no les consentían sus padres.

En la Universidad de Clermont-Ferrand conoce a un estudiante de filosofía, Daniel Defert [ilus. 25], con el que comenzará una relación que durará hasta su muerte. Originario de la Borgoña, Defert era un gay de veinte años que había tenido siempre el apoyo de su madre en relación con su condición de homosexual. El joven fue aceptado pronto en el círculo de Foucault, aunque al principio cada uno hacía su vida. Foucault era el amigo íntimo y mentor que le aconsejaba sobre los pasos a seguir en sus estudios de filosofía. A diferencia de Foucault, Defert era un militante político comprometido en la campaña en contra de la guerra de Argelia, un conflicto a tres bandas entre el independentista Frente de Liberación Nacional (FLN) argelino, el Estado francés y el millón de colonos franceses que eran contrarios a la independencia. En mayo de 1958, el general De Gaulle recuperó el poder apoyado por los militares partidarios de la Argelia francesa y proclamó la V República. Un año después, De Gaulle cambió de posición y se declaró partidario de la autodeterminación de Argelia. Francia parecía que se dirigía hacia una guerra civil o una rebelión militar. Foucault participó en las manifestaciones de apoyo a De Gaulle.

Con la herencia recibida tras el fallecimiento de su padre, Foucault se compró un piso en París. Situado en la octava planta, era luminoso y a lo lejos se divisaba el Sena. Decorado con muebles de estilo sueco moderno y buenas estanterías, Foucault puso encima de su escritorio de trabajo el dibujo de André Masson que había heredado de su

25. Daniel Defert y Michel Foucault compartiendo una pipa de hachís

padre. El pintor surrealista fue muy amigo de Bataille, y también sentía cierta fascinación por la crueldad humana. Paciente del padre del filósofo, éste le enseñó el cadáver de un recién nacido al que se le veía un trozo del cerebro debido a una lesión. El pintor hizo un dibujo y se lo regaló al médico.

En estos años Foucault empieza a desempeñar el papel del filósofo público. Desde el Siglo de las Luces, la tradición intelectual francesa favorece que los mandarines de la cultura se conviertan en defensores de las causas «justas» frente a los poderes establecidos, lo que es visto como algo consustancial a su condición de hombre «sabio», lo mismo que los caballeros en la Edad Media debían jurar ser valientes, leales y proteger a los indefensos, según el código de caballería. Foucault se convertirá en otro mandarín de la cultura francesa, lo mismo que Jean-Paul Sartre, el rey indiscutido de la intelectualidad francesa de izquierdas. Desde su existencialismo filosófico, visto como un nuevo humanismo, Sartre defiende todas las causas «justas» surgidas en el mundo desde una perspectiva política de izquierdas. Sin embargo, el existencialismo sartriano es visto por Foucault como una cosa del pasado. Igual que el intento de un hombre del siglo XIX de entender el siglo XX y, por lo tanto, resolver problemas que ni siquiera conoce:

> Lo que llamamos humanismo ha sido usado por marxistas, liberales, nazis, católicos. Esto no significa que tengamos que deshacernos de lo que llamamos derechos humanos o libertad, sino que no podemos decir que la libertad o los derechos humanos deben limitarse en ciertas fronteras[51].

El gran salto hacia delante

El advenimiento de mayo de 1968 supone un cambio importante en el tablero de juego para un intelectual como Foucault. La protesta estudiantil pronto se transforma en una acción generalizada en contra del autoritarismo de la República francesa y, de algún modo más insidioso, contra el orden mismo de todas las cosas. Los estudiantes abrieron las puertas de la Sorbona y la declararon universidad libre donde cualquiera podía entrar. En la efervescencia de esos días surgen multitud de iniciativas antiautoritarias como la lucha por los derechos de los homosexuales, de las mujeres, la antipsiquiatría, la liberalización de las drogas, la condición de los presos... que coinciden con los intereses filosóficos de Foucault.

Al filósofo la explosión de mayo le sorprende dando clases en la Universidad de Túnez, donde se había trasladado para estar cerca de Daniel Defert, que le tocó cumplir el servicio militar en una base francesa. Foucault consiguió un trabajo en la universidad local y en mayo tuvo que seguir dando clases mientras que Defert, una vez licenciado, regresará a París. Cuando Foucault volvió a París, todavía pudo ver la Sorbona ocupada por los estudiantes que aún no se creían lo que habían sido capaces de originar y también el desconcierto del poder político. El filósofo habla con estudiantes y profesores, y observa. ¿Qué clase de revolución encarnan estos jóvenes? No es una revolución de corte marxista en un sentido estricto y tampoco simbolizan los ideales del hombre nuevo nietzscheano, que es por donde le gustaría verlos caminar. Más allá del bien y del mal, de las ansias comunes de la felicidad barata, de la falsa justicia... deberían estar dispuestos a crear algo nuevo de verdad.

La ola de rebelión se extiende por todo Occidente, desde Berkeley hasta Berlín, entre pancartas y banderas que se agitan sin que los jóvenes sean capaces de articular una alternativa real a la sociedad capitalista, salvo escribir innumerables manifiestos, enfrentarse con la policía y celebrar asambleas eternas. En Francia, el Partido Comunista, que nunca ha visto con buenos ojos a esos estudiantes revoltosos, ordena a sus afiliados la vuelta al trabajo. El general De Gaulle triunfa en las elecciones de junio con una mayoría aplastante que reduce a la izquierda a la mitad de sus escaños.

El ministro de Educación, el gaullista Edgar Faure, se mueve con rapidez para reformar el sistema educativo y desarticular el movimiento estudiantil. A Foucault le ofrecen dirigir el departamento de filosofía en la nueva Universidad de Vincennes que debe ser un hito en la investigación. Al estar fuera de París, servirá también para alejar a los elementos más combativos del movimiento estudiantil de los adoquines del barrio latino. El nuevo campus se convierte en la reserva espiritual de un conglomerado explosivo de maoístas y anarquistas. Es el momento de la Gauche Prolétarienne (Izquierda proletaria) de Benny Levy, la secta maoísta cuya influencia aumenta entre los elementos más belicosos del izquierdismo francés. Son los más hábiles en desarrollar el *agit-prop* bolchevique, sin renunciar a la acción clandestina. Levy y compañía están de acuerdo con la idea del presidente chino Mao Zedong de que el poder surge del cañón del fusil y admiran el modelo de la revolución cultural maoísta[52].

Los maoístas franceses buscan la insurrección, desconfían de los partidos políticos tradicionales, asaltan tiendas de alimentos para repartirlos gratis entre los pobres, distribuyen abonos gratuitos de transporte robados para protestar en contra del alza de las tarifas... Foucault observa y duda entre la teoría y la práctica, el pensamiento y el trabajo, el placer y la austeridad. De este modo, el lado ascético y revolucionario de Foucault se siente atraído por el marxismo fanático de la Izquierda proletaria y se convierte en un «compañero de viaje», como se denominaba a quienes, sin ser militantes, apoyaban la política de un partido comunista o izquierdista. El 23 de enero de 1969 Foucault se sumó a otros profesores y medio millar de estudiantes que ocuparon la nueva universidad en solidaridad con los estudiantes de la Sorbona que protestaban por la presencia de la policía. Los antidisturbios intentaron desalojarlos, pero los estudiantes de Vincennes se mostraron aguerridos. Foucault arrojó piedras como hicieron los demás contra la policía que rodeaba el edificio principal de la universidad, lo mismo que guerreros medievales resistiendo el asalto enemigo desde la torre del homenaje de un castillo. Foucault luchó con valor, pero con cuidado de no ensuciar demasiado su preciado traje de terciopelo. Había nacido un nuevo Michel Foucault, el tribuno de la ultraizquierda. Reconocible a distancia, gracias a su calva, las gafas, sus penetrantes ojos azules, y la carcajada estentórea. Foucault es ahora un intelectual mucho más comprometido que Sartre, que incluso vende en la calle el periódico de la Izquierda proletaria, *La causa del pueblo*.

El departamento de Foucault era un nido de radicales que asistían a sus numerosos cursos sobre revoluciones culturales y lucha ideológica. El filósofo, como otros profesores que simpatizaban con la rebelión estudiantil, cambió la forma de impartir clases y los contenidos. Procuró que los estudiantes participasen como si estuviesen en una asamblea estudiantil, mientras veía cómo la vida académica se resentía por las huelgas, marchas y manifestaciones a diario. Ni siquiera Foucault escapaba a la interrupción de sus clases. Entonces decidió estar el mínimo tiempo posible en la universidad e investigar en la Biblioteca Nacional.

Años más tarde dirá en una entrevista que cuando regresó a París le sorprendió comparar lo que había visto en Túnez, donde asistió a la revuelta estudiantil local, con lo que sucedía en París. En Túnez los estudiantes se jugaban años de cárcel por manifestarse, lo que no era el caso de los franceses. La rebelión de Mayo del 68 y los acontecimientos de Túnez tenían el mismo denominador común, pero en París los jóvenes se habían perdido en un laberinto de rivalidades sectarias. Al margen del desorden continuo que se vivía en Vincennes, Foucault sabía que los protagonistas de Mayo del 68 veían con simpatía sus trabajos sobre la locura, la antipsiquiatría y la represión en las cárceles. En algunos momentos la radicalización de Foucault superó la de los propios maoístas. En un debate que tuvo con varios de ellos sobre la justicia popular, Foucault se mostró partidario de que el «pueblo» se tomase la justicia por su mano como había ocurrido en 1792 durante la Revolución francesa. Para él un tribunal no era la expresión auténtica de la voluntad del pueblo[53].

Pero a Foucault no se le escapó que el camino de la violencia conducía a un callejón sin salida. Lo mismo que otros dirigentes de la Izquierda Proletaria, como el futuro escritor André Glucksmann, vieron en la fascinación de muchos izquierdistas hacia las armas un remedo de una situación parecida a la de los años treinta, cuando combatían el ascenso del fascismo. Sin embargo, el contexto político, económico y social no tenía nada que ver. Descontento con muchos comportamientos e ideas de los maoístas, Foucault se irá distanciando poco a poco. En el libro que escribió el historiador y amigo suyo, Paul Veyne, sobre la vida y pensamiento de Foucault, afirma que el filósofo, escéptico e inconformista, tomaba partido según las circunstancias históricas en las que le tocó vivir. Lo cual no debía ser visto como oportunismo, ya que estamos condicionados por nuestro tiempo:

> [...] como peces en una pecera cuyas paredes de cristal no percibimos al igual que hacemos el amor o la guerra conforme a lo que dicta nuestra época[54].

En febrero de 1971, Foucault anunció que se iba a embarcar en una iniciativa política por su cuenta: el Grupo de Información sobre la Situación en las Cárceles. Un proyecto elaborado junto a Daniel Defert, por entonces militante de la Izquierda Proletaria. El objetivo de la comisión era dirigir la atención pública hacia la situación de las prisiones y, de paso, facilitar que los numerosos militantes encarcelados organizasen a los demás presos. Foucault animó a los encarcelados a exponer la situación en que se encontraban, directa o indirectamente, a través de los cuestionarios que iban a facilitarles. También les pidió que explicasen su situación carcelaria. Las respuestas serían dadas a conocer en una fecha posterior.

En diciembre estalló una revuelta en la prisión de Toul para mejorar las condiciones de vida. Foucault y el filósofo Gilles Deleuze visitaron la cárcel y dieron una rueda de prensa. Una de las psiquiatras de la cárcel había hecho público un informe en el que describía la vida dentro del recinto y hablaba de internos encadenados durante semanas y a los que no les quitaban las cadenas ni para comer, y otros capítulos igual de aborrecibles, así como numerosos intentos de suicidio de los presos por las circunstancias en que se encontraban. Foucault recibió muchas cartas donde se relataban toda clase de abusos. El filósofo había encontrado lo que buscaba. Para él, la cárcel era el único lugar donde el poder se podía manifestar impune con toda su brutalidad. Por eso no era partidario de medidas de corte reformista tendentes a mejorar la situación de los presos, sino de ir hasta el fondo de la cuestión. Atacar la falsa distinción moral entre inocente y culpable. La mayoría de los internos eran falsos culpables, delincuentes sin salida, presos a los que las condiciones de vida les había abocado hacia el delito sin solución.

Foucault aprovechó el trabajo realizado con el Grupo de Información sobre la Situación en las Cárceles para escribir entre 1972 y 1974 su libro más divulgado, *Vigilar y castigar*. Fue publicado en Francia a principios de 1975, y se basó también en su experiencia como psicólogo en una prisión francesa y las visitas a presos políticos que realizó en Túnez. El filósofo analizó el cambio que se produce en el concepto de «castigo», desde la tortura hasta al nacimiento de la cárcel moderna a mediados del siglo XIX. Los esfuerzos para que hubiese menos sufrimiento en las prisiones no tuvieron el efecto deseado. Pese a la apariencia de dejar atrás el horripilante espectáculo que ofrecía la tortura y sustituirla por un trato más humano, el objetivo no consistía en castigar menos sino en hacerlo mejor. Por eso Foucault se mostraba crítico con las reformas humanistas de la Ilustración.

El ensayo fue un verdadero acontecimiento en Francia. Los medios de comunicación le dieron una gran cobertura, pero no faltaron las críticas. Una de las primeras era que no hablaba de la reforma de las cárceles. Hacía un repaso histórico, pero al igual que su libro sobre la locura, carecía de una vinculación práctica con el presente. El filósofo francés escribía sobre la cárcel, sí, pero desde la perspectiva de las relaciones personales y sociales entre los presos y sus vigilantes, el control, el castigo...

Las confesiones de la carne

Desde que se alejó de las luchas políticas y tras el éxito de su ensayo *Vigilar y castigar*, Foucault buscó otros derroteros. Como era habitual en él, su curiosidad intelectual le llevaba de un lugar a otro. Siguiendo a su admirado Nietzsche, se interesó por resolver lo que para el filósofo alemán era el enigma que todo hombre debía averiguar y que consistía en descubrir «lo que uno es» a través de un severo ejercicio de despersonalización. Al mismo tiempo, empezó a viajar regularmente a Estados Unidos para impartir cursos o dar conferencias en distintas universidades. Como él mismo dijo a comienzos de la década siguiente, no se consideraba plenamente integrado en la vida social e intelectual francesa. Si hubiese sido más joven, habría emigrado a los Estados Unidos ya que era un país donde veía posibilidades para desarrollar su trabajo filosófico y su vida personal. No había entonces una cultura sometida a la corrección política y, como extranjero, no tenía que integrarse ni sentía ningún tipo de presión. Además, existían numerosas universidades con intereses muy diferentes en las que podía impartir cursos[55].

Un profesor y admirador suyo del colegio universitario de Claremont, una ciudad del condado de Los Ángeles, Simeon Wade, se puso en contacto con él para ver si con motivo de su estancia en la Universidad de Berkeley podía acercarse al colegio para impartir una conferencia. Tras algunos intentos infructuosos, logró su propósito en 1975. Wade era un historiador formado en Harvard que había tomado parte en los movimientos contraculturales de los años sesenta y había conocido a Timothy Leary. Dirigía un programa interdisciplinar con un plan de estudios sobre distintos filósofos europeos y, en especial, sobre la obra de Foucault, al que consideraba el mayor pensador del siglo XX.

La estancia de Foucault en Claremont, una vez acabado su compromiso académico, fue también de carácter festivo. Wade le presentó a jóvenes alumnos e intelectuales locales y le invitó a visitar el desierto del Valle de la Muerte junto a su novio, el músico Michael Stoneman. La intención de Wade era que Foucault probase el LSD y tuviera una experiencia única al ingerirlo, acompañados también de una música elegida a propósito. Una vez en el coche descapotable camino del lugar, que es parque nacional, Foucault se resistió a tomarlo. Dijo que no era la primera vez que le habían invitado y que lo había rechazado por las posibles consecuencias para el cuerpo y la mente. Luego aceptó ingerir media dosis, pero Wade convenció al filósofo, que entonces tenía cuarenta y nueve años, para que consumiera una pastilla entera. Montados en el descapotable de Wade se detuvieron en algunos lugares antes de hacerlo en Zabriskie Point, el lugar donde el cineasta italiano Michelangelo Antonioni (al que Foucault admiraba) había rodado la película del mismo título años atrás. Bajo el majestuoso atardecer del desierto, y desde la pequeña loma en que se encontraban, bajaron del coche.

Foucault había probado distintas drogas siendo joven, cuando robaba algunas sustancias que su padre tenía guardadas en su botiquín. Al filósofo francés le frustraba que se enfocase siempre el problema de las drogas como una dicotomía entre libertad y prohibición. Él creía que las drogas tenían que convertirse en un elemento más de la cultura popular y ser una fuente de goce. Había que estudiarlas y experimentar con ellas para crear sustancias que produjesen placer sin consecuencias perjudiciales para la salud.

El cielo resplandecía sobre las crestas de las cordilleras con un color plateado y azul, mientras que las grandes extensiones de sal brillaban en el crepúsculo entre las formaciones rocosas. El músico le preguntó a Foucault qué música prefería y éste eligió las *Cuatro últimas canciones* de Richard Strauss. Se bajaron del coche y se sentaron junto a un parapeto de granito. Se tumbaron en el suelo, de cara al cielo, y permanecieron en silencio para escuchar la música que Stoneman iba poniendo en el casete del vehículo, aparcado cerca. Cuando empezó a sonar el *Gesang der Jünglinge* (Canción de los jóvenes) de Karlheinz Stockhausen,

Foucault dijo que ahora entendía lo que había querido hacer este músico. Las estrellas parecían enormes adornos de Navidad, al tiempo que se movían alegres por el firmamento sin luna:

> El cielo ha estallado y llueven estrellas sobre mí. Sé que esto no es cierto, pero es la Verdad [...]. Soy muy feliz –dijo con lágrimas en los ojos–. Esta noche he obtenido una nueva perspectiva sobre mí mismo. Ahora entiendo mi sexualidad... [56].

Para el filósofo francés, esta experiencia cambió el modo en que había estado pensando acerca del sexo, según le escribió luego a Wade. Cuando llegó a Berkeley en la primavera de 1975, estaba escribiendo una historia de la sexualidad. Foucault llevaba años investigando, pero según le dijo a Simeon Wade, la experiencia del Valle de la Muerte le hizo descartar casi todo lo que había escrito antes. El filósofo francés se dio cuenta de la importancia del concepto de placer en la vida de las personas. Dijo que la posibilidad de usar nuestros cuerpos como una fuente posible de numerosos placeres era algo muy importante. La experiencia de lo placentero casi siempre se originaba en la bebida, la comida y el sexo. Pero había que experimentar otras posibilidades de gozar. Para Foucault era algo que también debía formar parte de nuestra cultura, pero no de una forma vergonzante. Siempre se había hablado de deseo, nunca de placer. Si se creaban placeres nuevos, podían surgir otros deseos. Como le confesó a Wade, el viaje con ácido fue algo parecido a mantener relaciones sexuales con un extraño en una sauna o un local. Foucault se refería a que interactuar con el cuerpo de un desconocido era una experiencia «verdadera» como la que había experimentado con el ácido. No se escondía detrás de ninguna máscara, defensa psicológica o intermediación.

El inconformismo y la homosexualidad de Simeon Wade no fueron bien vistos en la escuela de Claremont y tuvo que abandonar el centro unos años después. Wade dio clases en diferentes universidades y escuelas sin poder desarrollar una carrera. Tuvo problemas económicos y de salud. Tras la muerte de su pareja, llevó una vida apartada sin lograr que ninguna editorial publicase su manuscrito sobra la experiencia de Foucault con el ácido[57].

Durante su estancia en California, Foucault tuvo también otras vivencias límite, como frecuentar el ambiente sadomasoquista de San Francisco, al descubrir una de las comunidades sexuales más desinhibidas de la historia. Se trataba de un buen ejemplo, de una colectividad que había experimentado con el placer y formado una identidad alrededor del mismo. Sin embargo, este reducto había producido también efectos opuestos.

Aunque Foucault había mantenido relaciones de corte sadomasoquista, su afición por esta modalidad sexual comenzó ese año durante su estancia en Berkeley. De la residencia de estudiantes en la que vivía se cambió a un apartamento cerca de Folsom Street, el centro neurálgico del mundo sadomasoquista de la ciudad. Un profesor y amigo suyo que también participaba en ese escenario le acompañó de compras para hacerse con el correspondiente «uniforme» y accesorios: chaqueta y pantalón de cuero, gorra de cuero negro con visera, abrazaderas, esposas, capuchones, antifaces, látigos, paletas, fustas... Foucault le confesó a Wade que había frecuentado los sitios más «duros» de Folsom. Ese modo de vida, le dijo el filósofo, le pareció algo extraordinario. Un mundo desconocido en Francia.

Hubo de pasar tiempo antes de que Foucault hablase abiertamente de sus vivencias sadomasoquistas. En 1982, conversó sobre ello con un estudiante de la Universidad de Toronto, Bob Gallagher, para la publicación gay *Body Politic*. Foucault había conocido a Gallagher porque participó en un curso que había impartido en un instituto de semiótica afiliado a la Universidad de Toronto. Gallagher era un activista gay y resultaba fácil deducir que conocía el mundo sadomasoquista porque casi siempre iba vestido de cuero. A petición de Foucault lo introdujo en el ambiente de Toronto. La versión original de la entrevista no salió a la luz pública porque Foucault leyó lo que había dicho y lo censuró, temeroso de una posible reacción en su contra. En la entrevista, que se publicó íntegra en otra revista gay años después de la muerte del filósofo, cuando se le pregunta su opinión sobre la proliferación en los últimos diez o quince años de ciertas prácticas homosexuales masculinas –cine porno, clubes sadomasoquistas...– Foucault responde que le interesa hablar más de las innovaciones que llevan consigo esas prácticas, y que no cree que guarden relación con lo que se entiende como una forma de liberar la violencia propia o sufrirla. Él pensaba que el sadomasoquismo significaba crear nuevas posibilidades de goce, que se trataba de una actividad creativa que tenía como una de sus características principales lo que él entendía como la

> desexualización del placer. La creencia de que el goce corporal procede siempre del placer sexual como la raíz de cualquier placer posible, es falso. Esas prácticas insisten en que podemos producir placer a partir de objetos raros, de partes desconocidas de nuestro cuerpo, en circunstancias nada habituales...[58].

El juego sadomasoquista le pareció muy interesante porque era fluido. Los roles entre amo y sumiso podían invertirse. Un entretenimiento en el que se establecían ciertos límites, y por eso no reproducían dentro de sí las estructuras del poder. Según Foucault, la función de una sesión sadomasoquista era crear placer y, por lo tanto, la relación entre los participantes se usaba con ese fin. En cuanto a los lugares que frecuentaba, saunas y clubes,

Foucault veía en ellos la posibilidad de una «diversión» imprevisible y anónima. El valor del intercambio era corporal y nadie dependía de su identidad porque el anonimato era total. Un contexto que permitía despersonalizarse y entrar en una realidad diferente donde la apuesta no era tanto el cuerpo del otro como el de uno mismo. Unas prácticas sexuales donde las fantasías podían superar las ideas de moral y culpa mediante la disociación de sí mismo en otro personaje.

Este entusiasmo foucaultiano por el sadomasoquismo como tierra de promisión sexual y conocimiento no era ilimitado. Foucault sabía que cualquier tipo de conocimiento es un acuerdo provisional entre deseos contrarios. O como dijo él mismo, siempre dentro de nosotros hay un algo que combate a otro algo. Y la fuerza del sexo genital (aliado del concepto reproductor) era inmensa en una sociedad reglada y jerarquizada, con tiempos y espacios controlados donde resultaba muy difícil experimentar nuevos placeres. Para intentarlo, Foucault abogó por lo que él llamaba un erotismo no disciplinario, y que era el que se creaba en momentos puntuales.

Bob Gallagher habló mucho de sadomasoquismo con Foucault en el verano de 1982. Desde aspectos prácticos, como preferencias y técnicas, a cuestiones teóricas como el marqués de Sade. El interés por Sade había cambiado en el pensamiento de Foucault. El filósofo veía ahora en él otra sociedad disciplinaria semejante a la que deseaba abolir, reglamentada y repleta de órdenes. Tampoco compartía la idea sadiana de asociar el sadomasoquismo al instinto de muerte.

Los nuevos compromisos políticos

Lo vivido anteriormente le sirvió a Foucault para hacer un repaso de su existencia y, como era habitual en él, replantearse su vida. San Francisco y el Valle de la Muerte significaron un nuevo comienzo, no sólo acerca de lo que pensaba sobre la sexualidad, sino hacia dónde dirigir sus pesquisas filosóficas y, también, su compromiso con distintas causas como intelectual público. En 1976 había aparecido *La voluntad de saber* que era el primer volumen de la *Historia de la sexualidad*. Se trataba de un ensayo en el que, al contrario de lo que se podía pensar de él, Foucault defendía que la sexualidad era un invento de la modernidad, una idea surgida en el siglo XIX y según la cual la persona puede ser definida por su sexualidad. Por eso la supresión de las normas y prohibiciones no podían ofrecer la felicidad sino un sucedáneo de libertad. La biología es lo que determina nuestra sexualidad y para el filósofo francés un simple enunciamiento de libertad no bastaba para lograr la plenitud erótica o para eliminar el sentimiento de culpa que producían ciertas prácticas sexuales. Como explicó en su libro, él no deseaba escribir la crónica de los comportamientos sexuales a través de las civilizaciones sino la ligazón entre el sexo y la búsqueda de la verdad. Para saber quién eres, debes saber qué quiere tu sexo. ¿A qué se debe el que, en una sociedad como la nuestra, la sexualidad no esté reducida sólo a la reproducción de la especie? ¿Por qué también es algo que procura placer y gozo? ¿A qué se debe el considerarla como el lugar donde se cuenta nuestra «verdad» profunda?, se preguntaba Foucault.

El libro tuvo reseñas elogiosas, pero no provocó el debate que Foucault deseaba que se iniciara en torno a la sexualidad. El filósofo fue invitado al programa de la televisión pública francesa de Bernard Pivot, *Apóstrofes*, que gozaba de gran prestigio y audiencia. La emisión estaba dedicada al «futuro de la humanidad».

Foucault podía referirse a su último libro o a lo que le apeteciese porque en el futuro de la humanidad cabe cualquier asunto. Ante la sorpresa general, Foucault dijo que no había venido a hablar de su nuevo libro sino de otro titulado *Un procès «ordinaire» en URSS. Le doctor Stern devant ses juges* (*Un juicio «normal» en la URSS. El doctor Stern frente a sus jueces*) escrito por un hijo del médico, August Stern. El libro transcribía el juicio celebrado en la Unión Soviética contra el doctor Mijail Stern, acusado de corrupción. El doctor Stern, de origen judío, estaba afiliado al Partido Comunista desde los años cuarenta, y era el responsable de la unidad de endocrinología de un hospital ucraniano. Su delito verdadero era que no se había opuesto a que sus dos hijos emigrasen a Israel. Llevaba tres años detenido en un campo de trabajo y la intervención de Foucault en la televisión dio mucha publicidad al caso. Por más que Pivot insistió en que hablase de su ensayo sobre la sexualidad, Foucault, vestido con un impecable traje de tres piezas y chaleco de cuello alto, respondió que cuando acababa un libro no quería saber nada de él. La actitud de Foucault dejó perplejo a más de un espectador, que esperaba una conferencia anunciando nuevas críticas a la represión sexual, la violencia de ciertas formas de poder, o la necesidad de trascender el deseo.

Después del programa se creó un Comité Internacional para la Liberación del doctor Mijail Stern que llevó el caso a la Conferencia de Helsinki y consiguió la liberación del médico y su posterior exilio en París. El filósofo dijo que había disfrutado de hacer algo útil para un hombre encarcelado injustamente. Y en ese momento, añadió, el libro de Stern era más importante que el suyo.

Este caso despertó el interés de Foucault por la disidencia soviética, tras el final de su etapa izquierdista. En los cursos que dio a finales de los años setenta en el Colegio de Francia criticó con dureza cualquier forma de autoritarismo, pero también la violencia política y los sueños conspirativos de la extrema izquierda. En septiembre de 1975 viajó hasta Madrid junto a diversos intelectuales y actores de izquierda como Yves Montand y su mujer, Simone Signoret, para protestar por las condenas a muerte de cinco activistas del grupo de extrema izquierda FRAP y de ETA, acusados de matar a dos guardias civiles y dos policías en distintos atentados en los estertores del régimen franquista. Al no permitírseles la entrada, regresaron a París donde ofrecieron una rueda de prensa y se pronunciaron en contra de la pena de muerte.

A partir de 1977, el ideal comunista y revolucionario se encontraba en retroceso. La difícil defensa de regímenes como la China maoísta o lo ocurrido en el sudeste asiático tras la victoria de Vietnam del Norte o los jemeres rojos en Camboya, hizo que intelectuales de izquierdas empezaran a denunciar estos regímenes. Algunos de los que colaboraban en las campañas de ayuda a los disidentes soviéticos eran antiguos izquierdistas. Incluso Sartre intentó conocer a Solzhenitsyn o firmar un manifiesto con él[59]. Buena parte de la izquierda francesa apoyó el movimiento por los derechos humanos que seguía ganando fuerza en la Unión Soviética y los regímenes comunistas de la Europa oriental. El cambio de Foucault no era el único. Otro caso notorio fue el del antiguo izquierdista André Glucksmann que, junto a Bernard-Henri Lévy, Jean-Marie Benoits, Michel Guérin, Christian Jambet y Guy Lardreau se autodefinieron como los nuevos filósofos, y que en parte estaban influenciados por las ideas de Foucault.

El filósofo aprovechó una reseña que escribió en *Le Nouvel Observateur* sobre el libro de Glucksmann, *Les maîtres penseurs*, en mayo de 1977 para desmarcarse oficialmente del marxismo. En el artículo se negaba a admitir que los crímenes de Stalin fueran una desviación del auténtico pensamiento de Marx y Lenin, lo mismo que el Gulag. Para Foucault, la esencia del marxismo era represiva y tampoco cabía esperar nada de la China maoísta donde había una terrible similitud entre las autocríticas públicas de los acusados de aburguesamiento y los métodos empleados para lograr la confesión en las grandes purgas estalinistas.

La ruptura definitiva con las causas izquierdistas se produjo a finales de 1977 con motivo del caso del abogado alemán Klaus Croissant, defensor de los detenidos de la Fracción del Ejército Rojo, un grupo terrorista de extrema izquierda conocido también como la banda Baader Meinhof. El abogado se había refugiado en Francia tras la orden de detención cursada por las autoridades alemanas por complicidad con los terroristas. Foucault entendía que se trataba de un asunto que pertenecía al ámbito del Derecho. En cambio, el resto de los miembros del comité de apoyo, entre los que se encontraba el filósofo Gilles Deleuze, amigo de Foucault, lo veían como una acción política debida al terrorismo de Estado y definían a Alemania como un Estado «fascista». Este hecho generó nuevas divergencias entre los dos viejos amigos, que iban desde el análisis del marxismo hasta el conflicto de Oriente Próximo donde Deleuze apoyaba a los palestinos y Foucault a los israelíes. No obstante, el 16 de noviembre Foucault acudió con medio centenar de personas a la prisión de la Santé cuando el abogado alemán, que había perdido el caso, fue conducido fuera de la cárcel para ser entregado a las autoridades alemanas. Foucault, Defert y un pequeño grupo de gente formaron una cadena humana para impedir el paso del convoy a la salida de la prisión. Los policías antidisturbios cargaron contra ellos y Foucault acabó con una costilla rota.

Foucault no se arredraba fácilmente y estuvo a punto de ser apaleado una segunda vez por la policía en la manifestación que se celebró el día siguiente en contra de la extradición de Croissant. Pese a su costilla rota, Foucault se acercó acompañado de su amigo Claude Mauriac, pero abandonó la protesta cuando grupos de manifestantes atacaron una sucursal de un banco alemán y golpearon con barras de hierro coches de marcas alemanas. Mientras esperaban en una estación de metro para volver a casa, vieron cómo la policía perseguía a un hombre herido en la cabeza. Cuando protestaron, los antidisturbios estuvieron a punto de pegarle de nuevo a Foucault, pero la intervención de la gente les disuadió.

En la defensa del abogado alemán la intelectualidad de izquierdas se empleó a fondo, comenzando por Jean-Paul Sartre. Tras cumplir su pena y ser puesto de nuevo en libertad en Alemania, Croissant se vinculó con los Verdes y colaboró con la Seguridad del Estado (Stasi) de la desaparecida República Democrática Alemana para informarles sobre la izquierda alemana. Al caer el comunismo se descubrió su labor y fue procesado en 1993 por espionaje y condenado a veintiún meses de cárcel. Murió olvidado en el 2002.

Con el establecimiento de un régimen comunista en Vietnam tras la derrota del Gobierno prooccidental en Vietnam del Sur y la previa retirada norteamericana, miles de personas intentaron huir del país mediante todo tipo de embarcaciones a través del mar, gente a la que se denominó los *boat people*. Las fotografías del *Hai Hong*, un barco mercante con más de dos mil quinientos refugiados y al que no dieron permiso para atracar en Malasia, dio la vuelta al mundo en noviembre de 1978. Días después apareció un llamamiento en el diario parisino *Le Monde* para conseguir dinero y fletar otro barco de rescate. Detrás de la publicación estaban Foucault y el médico Bernard Kouchner, antiguo comunista que tras su experiencia en la guerra de Biafra, en 1968, creó la ONG Médicos sin Fronteras y, posteriormente por discrepancias internas con la dirección anterior, Médicos del Mundo. Las firmas fueron masivas y se creó un comité llamado «Un Bateau pour le Vietnam» (Un barco para Vietnam), idea del exmaoísta Alain Geismar que desempolvó una antigua octavilla que años antes pedía ayuda médica para Vietnam del Norte.

Estos cambios no sólo trajeron rupturas y discusiones feroces entre militantes de anteriores causas y amigos, sino que empañaron muchos análisis hechos sobre el mundo en que vivían. Foucault no fue ajeno a ello, y cometió dos errores en asuntos muy distintos. El primero fue la defensa de un preso, Roger Knobelspiess, condenado en 1972 a quince años de cárcel por un atraco en una gasolinera que él negó haber cometido y en el que obtuvo un escaso botín. En 1976 se fugó aprovechando un permiso carcelario y cometió nuevos atracos. Detenido y encarcelado de nuevo, fue internado en los recién creados pabellones de máxima seguridad para presos peligrosos que comportaban aislamiento y vigilancia permanente mediante cámaras de vídeo. En 1980, todavía encarcelado, Roger Knobelspiess denunció su situación. Inteligente y culto, de infancia desgraciada, el preso criticó también «las desigualdades de la sociedad burguesa» que fomentaban la delincuencia. Varios artistas se movilizaron en favor suyo, como los cantantes Léo Ferré y Jacques Higelin, el dibujante Georges Wolinski y la actriz Marie Rivière, que acabaría siendo la pareja de Knobelspiess. Entonces se constituyó un «Comité de acción a favor de los presos» que denunció los pabellones de máxima seguridad como una cárcel dentro de la cárcel. Del comité formó parte Foucault, que se mostró bastante beligerante. Conocía bien el asunto y se implicó a fondo.

El encarcelado Knobelspiess escribió un libro sobre su vida carcelaria, *QHS: quartier de haute sécurité* (QHS: pabellones de máxima seguridad). El prólogo lo escribió Foucault y criticó la lógica carcelaria y la «construcción» del preso peligroso mediante sucesivos encarcelamientos de alguien que, en un principio, dijo ser inocente. Tras ser juzgado de nuevo en 1981, Knobelspiess admitió los robos a mano armada de los que había sido acusado y el juez reconoció que la primera condena había sido excesiva. Indultado por el presidente de la República, François Mitterrand, gracias a la campaña del Comité de Defensa, Knobelspiess se convirtió en una celebridad y escribió un segundo libro. En 1983 fue detenido por un robo a mano armada que negó haber cometido. Encarcelado de nuevo, obtuvo la libertad condicional. En 1987 fue detenido in fraganti mientras atracaba un banco; se resistió y disparó contra dos policías. Fue condenado a siete años de prisión y salió en libertad condicional en 1990 gracias a una reducción de la pena. Había pasado veintiséis años de su vida preso. En los años noventa trabajó como actor en pequeños papeles y escribió otros libros. Falleció en 2017.

Cuando se le halló culpable de robo a mano armada en 1983, Foucault respondió a las críticas que la admisión de culpabilidad de Knobelspiess no significaba que fuese culpable en 1972, pero estaba claro que su defensa hacía aguas. En los medios de comunicación se habló bastante de los errores de Foucault y se burlaron de los intelectuales que habían ganado el premio «Knobel», jugando con el apellido del preso.

Si la equivocación sobre Knobelspiess tiene el atenuante de que para Foucault era el hilo que retroalimentaba la época del Comité de defensa de los presos y su libro *Vigilar y castigar*, su interpretación de la revolución islámica de Irán fue más grave.

El diario milanés *Corriere della Sera* le ofreció escribir una serie de artículos sobre Irán. Foucault aceptó de buena gana. Era muy seguido en Italia y sus argumentos sobre el micropoder eran la teoría de cabecera para el movimiento estudiantil de 1977. Consciente de su papel de intelectual comprometido, Foucault consideraba que entre las funciones que debía desempeñar se encontraba la de señalar «los puntos débiles, las grietas, las líneas de fuerza» y también se veía a sí mismo como «aquel que contribuye, ahí por donde pasa, a plantear la cuestión de si la revolución vale la pena y qué tipo de revolución»[60].

Foucault aterrizó por primera vez en Teherán días después del viernes negro del 8 de septiembre de 1978, cuando el ejército abrió fuego contra los manifestantes y mató a un número incalculable de personas. Foucault se reunió con miembros de la oposición democrática, estudiantes y algunos militares, pero en conjunto prefirió hablar de la situación con informantes anónimos que le expresaron su deseo de que hubiese «un gobierno islámico».

Lo que más le impresionó fue ver una voluntad colectiva popular a la que no le importaba sacrificarse y la definió con simpatía como «quizá la mayor insurrección contra los sistemas globales, la más loca y la más moderna forma de revuelta sin vanguardia ni partido». El elemento profundamente religioso era lo que daba a la revolución iraní su energía; la religión se había convertido en

> una fuerza que puede hacer que todo un pueblo se levante, no sólo en contra de un soberano y su policía, sino contra todo un régimen, toda una forma de vida, todo un mundo[61].

Tan impresionado estaba por el espectáculo de esta voluntad colectiva, que infravaloró el poder del ayatolá Jomeini. Escribió que no habría un partido político ni régimen de Jomeini, ya que el ayatolá era el punto de unión de muchas tendencias. Que serían respetadas las libertades, las minorías... que las decisiones se tomarían por mayoría, que los dirigentes serían responsables ante el pueblo y que cada cual, como se indicaba en el Corán, podría pedir cuentas a quien gobernase. En lo que sí acertó Foucault fue en ver al islam como un asunto esencial de nuestra época. Decía que había que acercarse a él con una pizca de comprensión y sin odio.

Como ya había señalado en otro artículo para *Le Nouvel Observateur*, los acontecimientos de Irán le recordaban una «espiritualidad política», algo que Occidente había olvidado desde hacía tiempo. Estas opiniones levantaron ampollas en París y fue criticado con ferocidad como apologista de «una espiritualidad que castiga y disciplina», recordando el título de su libro sobre las cárceles *Vigilar y castigar*.

Tras el triunfo de la revolución de Jomeini, miles de iraníes relacionados con el antiguo régimen fueron detenidos o ejecutados sumariamente. Jomeini tomó el poder y creó un partido único, el Partido de la Revolución islámica, para impulsar el islamismo en la sociedad iraní. Al mismo tiempo se impuso un nuevo y draconiano código de Justicia inspirado en la ley islámica. La homosexualidad fue castigada con la pena de muerte, el velo para las mujeres se convirtió en obligatorio, el adulterio podía significar la lapidación...

A partir de entonces, Foucault se mostró más prudente. Prácticamente su última acción fue en contra de la ley marcial decretada en Polonia en 1981 por el presidente del gobierno, el mariscal Wojciech Jaruzelski, para reprimir las protestas del sindicato Solidaridad. El filósofo participó en una expedición organizada por Médicos del Mundo financiada por la Unión Europea. Fueron por vía terrestre hasta Varsovia para distribuir medicinas y alimentos. En Varsovia se reunieron con intelectuales y disidentes, y vieron largas colas en las tiendas y flores en las puertas de las iglesias. Fueron recibidos por el ministro de Sanidad en una tensa reunión en la que Foucault se negó a darle la mano.

Tener o no tener sida

Las actividades públicas no le impidieron proseguir con sus investigaciones filosóficas orientadas a estudiar lo que él entendía como la «verdad» íntima de cada persona. Una idea de la que habló en un seminario que impartió en la Universidad de Vermont en el otoño de 1982 y que denominó *Tecnologías del yo* y que vino a ser una declaración provisional de su nueva línea de investigación. En el primer volumen de la *Historia de la sexualidad* ya había hablado de la objetivación del yo, pero en relación con el sexo, y ahora deseaba analizar esta cuestión de una forma independiente de la sexualidad. Lo que pretendía era contar la historia de cómo empieza a surgir el concepto moderno del «Yo». Según el filósofo francés, fue en el siglo I y II de la antigua Roma y siguió con la espiritualidad cristiana de los siglos IV y V. Foucault reconoció que la idea de este análisis se la proporcionó el ensayo del norteamericano Christopher Lasch *La cultura del narcisismo* (1978), cuya descripción y sintomatología de un concepto clave del mundo actual era la consecuencia del regreso al mundo interior tras los fracasos colectivos por cambiar el mundo.

Este trabajo le llevó a estudiar la antigua Grecia y Roma, y los primeros tiempos del cristianismo. Una búsqueda inédita y compleja para el filósofo que le llevó a leer a los autores latinos y de los primeros tiempos del cristianismo, un asunto del que no tenía mucha idea, y que podía llevarle a cometer errores y perder a unos lectores que podían no entender el cambio de rumbo. Por eso, las últimas cinco conferencias que el filósofo dio en el Colegio de Francia entre el 29 de febrero y el 28 de marzo de 1984, tres meses antes de morir, fueron sobre los filósofos cínicos de la antigua Grecia a los que presentó como un grupo apartado injustamente de la historia del pensamiento occidental. Destacó entre ellos a Diógenes, que veía en el conocerse a sí mismo un deber filosófico que le obligaba a decir la verdad y no ocultarse porque entonces dejaba de ser un hombre libre, como hizo con Alejandro Magno cuando le indicó que se apartase porque le quitaba la luz del sol. También propugnaba una vida natural y austera, y veía en las privaciones y en el dolor un remedio moral. Diógenes defendía las virtudes morales y condenaba los placeres mundanos, aunque para él el sexo era una necesidad fisiológica. Entre las anécdotas de su vida, figura la de que se masturbó en público y, cuando la gente se lo recriminó, respondió que ojalá pudiera saciarse también el hambre frotándose el estómago.

El filósofo francés impartía cursos y conferencias a menudo en Canadá y Estados Unidos. Estuvo en Los Ángeles en 1981. En Nueva York y Toronto en 1982. En San Francisco dos veces en 1983. Incluso tenía pensado irse a vivir varios meses del año a esta última ciudad, debido a sus compromisos en la Universidad de Berkeley. Al mismo tiempo, una misteriosa enfermedad que afectaba a muchos homosexuales empezaba a extenderse y se multiplicaba el número de víctimas mortales. En el verano de 1983, Foucault dirigió un seminario en el Instituto de Humanidades de la Universidad de Nueva York y siguió haciendo su vida normal, incluidas sus visitas a los clubes sadomasoquistas. En otoño viajó a San Francisco. La situación de las saunas y locales gais había cambiado. Muchos cerraron y cada vez había menos gente.

Lo más probable es que Foucault se infectase en la segunda mitad de los años setenta, ya que el sida tarda en desarrollarse entre ocho o diez años, una vez contraído el virus del VIH. En un primer momento, Foucault no creyó en esa enfermedad que sólo mataba homosexuales y lo atribuyó al moralismo norteamericano y a su aversión al sexo. Algunos amigos le advirtieron que tuviese cuidado, pero la actitud de Foucault respecto al sida en aquel año lo ejemplifica muy bien un encuentro que tuvo durante una conferencia que dio en Berkeley en 1983.

En el diálogo posterior a la conferencia un alumno le preguntó sobre la identidad del artista. Foucault le pidió tiempo para responder y le propuso tomar un café al día siguiente, el último antes de regresar a París. El alumno pensó que no se iba a presentar, pero lo hizo. Como Philip Horvitz escribió luego en una revista universitaria el encuentro, sabemos lo que sucedió. Foucault parecía cansado y se había tomado en serio la pregunta para responderla con detenimiento. El artista tiene la libertad de jugar su juego, le explicó el filósofo. «Confía en ti mismo. No tengas miedo de vivir, ni de morir», respondió Foucault cuando Horvitz le dijo que se consideraba un artista. Y en cuanto al problema del sustento material, Foucault le expuso que no se podía vivir en un mundo perfecto. «La revolución no funciona. Es un ideal, pero los artistas tienen ahora más libertad que nunca. Utilízala para tener más.» Dio la casualidad de que en la cafetería universitaria en que se encontraban en ese momento se escuchaba por los altavoces un programa de radio sobre problemas sexuales. «Marta, ¿crees que tu dificultad para alcanzar el orgasmo es consecuencia de la insensibilidad de Jim?», se escuchó. «No estoy segura, doctor. No le habría llamado si conociese la respuesta.» Horvitz estaba más asombrado que Foucault. Le resultaba increíble encontrarse en esa cafetería con Foucault, el filósofo que estaba escribiendo una historia de la sexualidad, mientras en los altavoces se escuchaba un programa de educación sexual. Entonces el locutor y la entrevistada hablaron del sida. A Foucault le indignaba que los gais, que habían luchado tanto por sus derechos, secundasen a las autoridades, los médicos, o la Iglesia en un momento de crisis como aquel. «Es absurdo. Increíble. ¿Cómo puedo tener miedo al sida si puedo morir en un accidente de coche ahora mismo?... El mundo es peligroso. Eso es lo que tienes. No hay otra opción...» Cuando se despidieron, Foucault le dijo: «Buena suerte. Y no tengas miedo». El estudiante le respondió: «Tú también. No tengas miedo». Foucault se encogió de hombros y contestó riéndose: «“No llores por mí si me muero”. Luego se dio la vuelta y desapareció»[62].

La biografía de Foucault que escribió el profesor norteamericano James Miller fue muy criticada por diversos intelectuales franceses por decir que el filósofo había frecuentado los locales y saunas sadomasoquistas gais sin importarle contagiar o ser contagiado. Sin embargo, para Miller resulta evidente que Foucault no tuvo la seguridad de si tenía o no tenía sida hasta el mismo día de su muerte:

> Dadas las circunstancias en San Francisco durante el otoño de 1983, tal como he conseguido reconstruirlas, me parecía que aceptar el sida como una «experiencia límite» habría supuesto entregarse a actos de pasión potencialmente suicidas con compañeros que consentían en ellos y que con mucha probabilidad ya estaban contagiados. Desdeñando deliberadamente toda precaución, Foucault y esos hombres habían estado apostando la vida juntos [...] hasta los pocos que corrieron esos riesgos no estaban eligiendo el sida. Apostar la vida –y perder la apuesta– no es lo mismo que matarse deliberadamente[63].

El profesor y filósofo Alain Brossat escribió que el biógrafo norteamericano, al decir que Foucault, sabiendo que estaba enfermo de sida, siguió practicando sexo sin protección, especialmente en las saunas californianas, describía a su personaje como el ángel de la muerte, dopado de literatura sádica. La inmensa ventaja de este planteamiento, dijo Brossat, «en términos diegéticos y de dramatización, era ofrecerle al lector del libro un personaje posromántico, atraído por el Mal y el extremo, fascinado por el sexo, el crimen y la muerte»[64]. Pero incluso el biógrafo de Foucault, Didier Eribon, se pregunta si el filósofo sabía que se encontraba en la antesala de la muerte y que tenía sida. La mayoría de las amistades de Foucault lo niegan. Incluso se menciona que hizo planes para visitar Andalucía con Daniel Defert, un lugar que conocía de un viaje anterior y que le encantaba, y donde confiaba en descansar y recuperarse de su enfermedad. El biógrafo se pregunta si se lo creía de verdad o era un pretexto para tranquilizar a sus amigos, ya que el invierno anterior a su muerte Foucault telefoneó a Georges Dumézil para decirle que temía estar enfermo de sida. «La formulación no expresa la certeza, pero en esta confidencia ¿no se oye acaso la voz de la verdad que se reconoce a sí misma? Foucault lo sabía y no quería de ningún modo decirlo a las personas de su entorno.» Sencillamente, se limitó a advertir a quien consideraba un poco como su «maestro espiritual» y que entonces tenía ochenta y seis años. Para Didier Eribon, Foucault sabía y no quería saber. En su diario íntimo, hay una entrada en noviembre de 1983, que Paul Veyne leyó tras la muerte del filósofo, en la que dice que sabía que tenía sida, pero su historia le permitía olvidarlo[65].

También conviene recordar cómo era entonces el clima respecto al sida. El 15 de julio de 1983 se publicó un reportaje en la revista francesa *Paris Match* sobre los enfermos de sida en un hospital parisino titulado: «La nueva peste». En el mismo aparecían fotografiados hombres de cuerpos esqueléticos, cubiertos de manchas del sarcoma de Kaposi, los ojos hundidos y la mirada ausente. No fue el único reportaje que apareció en esta línea en Francia y en el resto del mundo y que, sensacionalismos aparte, alertaron sobre la necesidad de no asumir riesgos. Por lo tanto, si alguien frecuentaba esos sitios en el otoño de 1983 en San Francisco sabía el peligro al que se exponía, aunque todavía no se supiera cómo se contraía el sida.

Los amigos jóvenes

A comienzos de los años ochenta Foucault hizo mucha más vida en su piso de la calle Vaugirard. Una casa que también era un lugar de encuentro con sus amigos, a los que incluso les ofrecía alojamiento en caso necesario. Y donde se discutía de ideas, se consumían drogas, se jugaba al *frisbee*, se escuchaba música y se veían películas. El filósofo ejercía de maestro de ceremonias, amigo y confidente. En definitiva, un lugar desde el que mirar el mundo y en el que Foucault recibía a sus amistades vestido con una *yukata*, que viene a ser una versión más casual y ligera del kimono japonés que se utiliza en verano y sirve también de pijama. Así le fotografió su amigo Hervé Guibert [ilus. 26] en 1981, con la imagen del filósofo reflejada en un espejo del pasillo de la casa, como un personaje de novela que camina hacia la muerte, según escribió luego Guibert.

Es la época en que resurgen viejas amistades, como el gran arqueólogo e historiador francés, Paul Veyne, que estaba especializado en la Roma antigua, quien definió la casa de Foucault como un salón cortés y poco convencional entre amigos e iguales. Veyne definió a su amigo como un seguidor de los filósofos escépticos de la Antigüedad y la genealogía de la moral nietzscheana, pero también como un hombre dividido entre los excesos y la disciplina del monje amanuense que no permite molestias cuando estudia o escribe, tanto en su casa como en su despacho del Colegio de Francia, donde había un cartel publicitario de una sauna gay sadomasoquista de San Francisco.

A finales de los años setenta, Foucault había entablado amistad con un grupo de escritores y artistas, entre los que se encontraban el novelista norteamericano Edmund White, los jóvenes escritores franceses Hervé Guibert y Mathieu Lindon, Claude Mauriac y el historiador Paul Veyne. Todos homosexuales menos este último, nombrado homosexual honorífico por Foucault. Pero no se trataba de amantes o compañeros de placer, sino de amigos que en algún modo veían en Foucault un maestro.

Estos amigos coincidieron en un momento en que Foucault, debido a sus estudios sobre la historia de la sexualidad, empezó a interesarse por la amistad entre hombres. Él sostenía que hasta el siglo XVI la amistad masculina fue importante e implicaba relaciones afectivas, económicas, sociales, y a veces sexuales. Luego se vio como algo peligroso que dificultaba el buen funcionamiento de la administración, el ejército, las universidades, las escuelas... por lo que se dificultaron las relaciones demasiado estrechas.

26. Michel Foucault, 1981, fotografía de Hervé Guibert

Fue entonces cuando la homosexualidad se convirtió en un problema. En cambio, antes las relaciones sexuales entre hombres carecían de consecuencias sociales. Sólo cuando el aprecio desaparece preocupa ver a dos hombres demasiado juntos. Algo de ese antiguo concepto de afecto masculino fue el que se desarrolló en la casa de Foucault y que también era una forma de vida donde el principio del placer se transformaba en una realidad.

Los dos alumnos más aventajados fueron Hervé Guibert y Mathieu Lindon. Ambos escribieron sendos libros sobre su relación con Foucault. Si en el caso de Guibert fueron *Al amigo que no me salvó la vida* y *Les secrets d'un homme* (*Los secretos de un hombre*), en el de Lindon destaca *Ce qu'aimer veut dire* (*Lo que significa el amor*). Guibert nos habla de la muerte de Foucault y del sida, enfermedad de la que él también murió en 1991. En cambio, Lindon, que no tuvo sida, se ve como un superviviente del hundimiento de un *Titanic* que ha hecho una larga travesía antes de hundirse.

Mathieu era hijo de Jérôme Lindon, un editor francés de izquierdas que había participado en la Resistencia y las protestas en contra de la guerra de Argelia. Desde 1948 hasta su muerte dirigió Éditions de Minuit, que cuenta con dos Premios Nobel de Literatura en su catálogo: Samuel Beckett y Claude Simon. La relación entre el hijo y el padre fue difícil, inexistente a veces, y «refundada» tras la muerte de Foucault.

Lindon tiene veintitrés años cuando conoce a Foucault. Nunca será su amante, pero aprende a vindicar su condición de homosexual. Empieza a ir a los cuartos oscuros de los sitios gais. De la mano de Foucault descubre el LSD, una droga de la década anterior, anticuada. Pero confiaba en el filósofo, que le habló bien de ella. Lindon no se considera un apologista de las drogas, pero hubo una época en que el LSD le ayudó a descubrir que había otras vidas posibles y le abrieron la mente. Pero también reconoce que hizo mucho daño y que no era una droga para que la tomase todo el mundo. En cambio, la veía bien para su padre, porque su inteligencia y felicidad se verían multiplicadas por el ácido que nunca tomará. Cuando Foucault está de viaje le deja el piso. Mathieu acabará viviendo en esa especie de hogar donde iba y venía a su antojo sin rendir cuentas a nadie. Pero también fue testigo de las primeras víctimas del sida y vivió la agonía de Foucault. Criado en esta familia adoptiva, más real que la suya, fue donde entendió «lo que significa el amor», como el título de su libro. La relación con su padre verdadero, al que quería, era fría y cualquier tipo de afecto estaba ausente. Los dos amaban los libros, pero sus vidas eran opuestas. El padre era comedido, el hijo desenfrenado. Discutieron y se pelearon mucho por la primera novela de Mathieu, titulada *Nuestros placeres*, aparecida en 1983 en la editorial paterna. El padre la publicó a condición de que la firmase con un pseudónimo que a la postre le buscó Foucault: Pierre-Sébastien Heudaux. El padre había editado a Robbe-Grillet, pero le molestaba lo que diría la gente de la novela de su hijo y las conclusiones que podrían sacar.

Según la contraportada de la edición española, la novela trata de «sodomía, paidofilia, coprofagia, sadismos varios, asesinatos, látigos, cadenas y drogas duras: el inquietante Heudaux no se priva de nada y menos que nada de sus fantasmas»[66].

Entre Foucault y su autoritario padre, Mathieu asiste a la muerte del primero y hace las paces con el segundo, aunque reconoce que en el pasado le molestaba todo lo que venía del lado paterno. La relación con Foucault le permite comprender lo que significa el amor:

> El amor de mi padre pesa, la amistad de Michel no pesa en absoluto. Es la ligereza misma, un vuelo permanente[67].

Foucault lo «elevó» evitando que cayese en el «precipicio» gracias a que creó un mundo con nuevos vínculos y pudo ayudarle en su vida y escritos. Un padre espiritual al que homenajea años después de muerto, porque «se necesita tiempo para comprender lo que significa amar».

El libro de Hervé Guibert *Al amigo que no me salvó la vida* le hizo famoso poco antes de morirse de sida el 27 de diciembre de 1991. A finales de los años ochenta no existía el tratamiento antirretroviral, por lo que los enfermos solían fallecer a los dos años de serles diagnosticado el sida. Las revelaciones de Guibert sobre Foucault le ayudaron a vender cuatrocientos mil ejemplares de su novela en Francia. Hervé Guibert, a diferencia de Mathieu Lindon, era un escritor conocido, periodista y buen fotógrafo que se retrató durante los últimos meses de su agonía. Lo que también hizo en la primera y única película suya, *La pudeur ou l'impudeur*, una crónica de su decadencia física hasta marzo de 1991.

Sus novelas son un ejercicio de autoficción. En una que escribió sobre sus padres, la atracción de Guibert tiende más hacia la figura paterna que a la materna, el personaje a «matar». Una madre que le predispone en contra del padre, al que presenta como un aventurero, un gánster que se casó con ella por dinero y a la que no logró arrancarle el «botín» que pensaba obtener. El narrador que nos cuenta el pasado familiar es un hombre adulto que no sólo habla de sus padres, sino también de sus primeros amantes. Un narrador que reconstruye su infancia y juventud, pero que nunca sabremos hasta qué punto lo que cuenta es verdad o no. Una historia de hechos triviales junto a pequeños y grandes horrores familiares: la agonía de la madre muerta de cáncer, la violencia del padre que le desencaja la mandíbula de una bofetada para volver a encajársela con un puñetazo...

Guibert conoció a Foucault con veintiocho años. Debido a su belleza son frecuentes las comparaciones con su apariencia angelical. Un ángel rubio de ojos azules intensos, pero con un punto rebelde, a veces demoniaco. Guibert conoció al filósofo tras la publicación de su libro *La Mort propagande* (*Propaganda de la muerte*), una novela sadomasoquista que trata de la degradación del cuerpo y el disfrute del dolor, y que gustó mucho a Foucault pues incluso la citó en alguna que otra entrevista.

La novela *Al amigo que no me salvó la vida* también es un ejercicio de autoficción. Foucault se llama Muzil, al que ve con un lado violento y sombrío. Guibert es amigo y vecino suyo y ve desde su ventana cómo Muzil sale de su piso por la noche para ir al Le Keller, un local sadomasoquista de París, con una chaqueta de cuero negro que tiene cadenillas y anillos metálicos en las hombreras. En una mano sujeta una bolsa llena de látigos, correas y esposas. A Muzil le encantan las orgías violentas en las saunas, pero el miedo a ser reconocido en París le impide frecuentarlas. Aprovecha el seminario anual que da cerca de San Francisco para ir a los locales de esa ciudad donde los homosexuales realizan las fantasías más bizarras. Cuando regresa del seminario de 1983 con una tos seca y continua, Guibert le comenta que a causa del sida no debía haber nadie en esos lugares. En cambio, Muzil le responde que nunca había habido tanta gente:

> Esa amenaza que existe ha creado complicidades, una ternura nueva, nuevas solidaridades. Antes nadie hablaba con nadie, ahora la gente se habla. Todo el mundo sabe muy bien por qué ha ido allí[68].

Durante la hospitalización de Muzil, en junio de 1984, Guibert acude a ver a su amigo todos los días y luego escribe en su diario lo que ha visto y su amigo le ha contado. Guibert reconoce que se siente como un espía, conmovido por escribir lo que desea olvidar, por una parte, y recordar, por otra. Él también ha vivido las mismas experiencias y frecuentado locales gais sadomasoquistas. Contagiado por el virus, sabe que también va a morir de sida y en la agonía de Muzil ve el reflejo de su muerte. Guibert retrasa narrativamente el final de Muzil con escenas del pasado y anécdotas del mundo médico que atiende a los pacientes de sida sin saber muy bien qué hacer. También los aconteceres diarios de la propia vida de Guibert, sus correrías por locales gais, su relación con la actriz Isabelle Adjani, llamada Marine en la novela.

Por el título de la novela, *Al amigo que no me salvó la vida*, se tiende a pensar que Muzil/Foucault contagió a Guibert y lo condenó a muerte al no advertirle de que era portador del sida. La duda sobre a quién se refiere en el título planea durante gran parte del libro, ya que Guibert va dejando en el camino pistas falsas. Al final nos enteramos de que fue un «amigo» común, Bill, director de un laboratorio farmacéutico estadounidense, que al principio le dice a Hervé que puede utilizar su influencia para incluirle en los protocolos de medicinas experimentales antes que nadie. Bill informa a Hervé y a sus amigos de los avances en la lucha contra «la famosa enfermedad» aunque la primera vacuna fracasa y la ayuda prometida nunca se materializa[69].

La verdad de Michel Foucault

En enero de 1984, Foucault fue tratado con un antibiótico que resultó efectivo y le hizo pensar que no tenía sida, según contó su pareja, Daniel Defert. Foucault seguía trabajando febrilmente. Iba a la Biblioteca Nacional. Estaba terminando el tercer volumen de *La historia de la sexualidad*. En febrero impartió su curso en el Colegio de Francia, sobre la «valentía de la verdad» y dedicado en gran parte a la muerte de Sócrates, por lo que puede ser visto como una especie de testamento filosófico. Foucault habla de la necesidad de decirlo todo porque contar la verdad es una obligación moral que ayuda a uno mismo y a los demás. La franqueza se impone a la falsedad o el silencio, y, a veces, puede conllevar riesgos, según el contexto. El ejemplo más evidente es el de Sócrates, que cree en lo que dice y lo cuenta ante el tribunal que le juzga y que le condena a muerte. Sócrates conoce el peligro que corre, pero no le importa porque está diciendo la verdad. Contar todo implica ser valiente y en muchas situaciones puede significar la marginación o una condena social. Es algo que sólo puede ser practicado por quien carece de poder, según Foucault.

El filósofo siguió haciendo la vida de todos los días, incluida una sesión de gimnasia y pesas. Parecía estar bien, aunque desde febrero tenía fiebre y tos seca. El 2 de junio se desmayó en la cocina de su piso parisino y fue hospitalizado. Los médicos no sabían qué le pasaba y desde diciembre de 1983 no quisieron confirmar si tenía sida, explicó Defert en una entrevista:

> Lo había hablado muy claramente con Michel, y no le parecía improbable [...]. No debemos olvidar que, a principios de 1984, no conocíamos la enfermedad en términos concretos [...]. Cuando le pregunté al médico sobre el tema, fue sólo unos días antes de su muerte[70].

En cuanto a por qué no se dijo que murió de sida, Defert respondió que el filósofo podía haberlo dicho, pero no era su estilo, y además las circunstancias no ayudaban:

> Desde el momento en que murió sin decirlo, sin poder o saber decirlo, tuve la impresión de que no podía decirlo en su lugar, o que era contrario a la ética médica a la que me adhiero[71].

Defert reconoce que también tenía miedo al escándalo. Como no deseaba hablar por Foucault, creó la primera asociación en Francia dedicada a la asistencia a los enfermos de sida: Aides.

Al día siguiente de su muerte, los amigos del filósofo junto a conocidos y admiradores se reunieron en la parte de atrás del hospital Pitié-Salpêtrière. Había intelectuales, académicos, periodistas, gente del mundo editorial, políticos, actores, estudiantes... Sobre el féretro un ramo de rosas con tres nombres: Mathieu, Hervé y Daniel (Mathieu Lindon, Hervé Guibert y Daniel Defert). Gilles Deleuze leyó unos párrafos del ensayo de Foucault *El uso de los placeres*. Después, un número reducido de amigos y familiares asistieron al entierro en el cementerio de un pueblo cerca de Poitiers. En la lápida del filósofo ponía: «Paul-Michel Foucault. Profesor en el Colegio de Francia 1926-1984».

El diario *Libération* negó que Foucault hubiese muerto de sida. Será un enemigo íntimo de Foucault el que lo haga. El escritor e intelectual francés Jean-Paul Aron, concedió en 1988 una entrevista al semanario *Le Nouvel Observateur* en la que contó que estaba enfermo de sida y sabía que iba a morir, un gesto que le alejaba del secretismo de Foucault. La revista puso a Aron en su portada y tituló la entrevista «Mi sida», en la que habló de su vida privada, su lucha contra la enfermedad y la proximidad de la muerte. En la entrevista atacó a Foucault, al que ya en un libro publicado en 1984, *Los modernos*, lo retrató como un personaje desagradable, colérico, caprichoso y que siempre estaba intentando seducir a jóvenes hermosos. Así dijo que el hombre del lenguaje, el conocimiento y la verdad se avergonzaba de su condición de homosexual, aunque a veces lo viviese de una forma temeraria. Y en cuanto a su silencio frente a la enfermedad, era contrario a todo lo que siempre había creído, y estaba provocado por la vergüenza.

Trece años antes, preguntado por Simeon Wade, Foucault le explicó que le gustaba más la escena homosexual antes de la liberación gay, cuando se trataba de un asunto oculto:

> Era como una fraternidad, clandestina, excitante y un poco peligrosa. La amistad tenía mucho peso, implicaba mucha confianza, nos protegíamos los unos a los otros, nos relacionábamos mediante códigos secretos[72].

Como le explicó Foucault a Wade, el término 'gay' se había quedado arcaico al igual que cualquier otra palabra que describiese una tendencia sexual específica, debido a la transformación de cómo se entiende la sexualidad. Para Foucault la búsqueda de placer se había visto condicionada, en gran medida, por el léxico. La gente no era gay o hetero, respondió Foucault a Wade, sino que existe una escala infinita de conductas sexuales, así como términos que impiden practicar esa gama de variedades y que catalogan el comportamiento y, aparte de ser engañosos, son incorrectos.

En cuanto a su homosexualidad, Foucault era contrario a crear identidades según las tendencias sexuales de cada uno, salvo que fuese un «juego» momentáneo para conocer gente con las mismas inclinaciones. Otro asunto muy distinto consistía en convertirlo en una norma a seguir en todos los aspectos de la vida de una persona, convirtiéndose en una regla ética universal. No deseaba entrar en el «gueto» homosexual, por muy amplio y reconocido que estuviese. Tampoco le apetecía desaprovechar la universalidad de su obra y confundirla con las particularidades de la homosexualidad o el sadomasoquismo.

El concepto de identidad tenía que ser respecto a uno mismo y no frente a los demás. Ser siempre el mismo resultaba agotador y de lo que se trataba era de establecer identidades diferentes, creativas. Incluso en 1982, dos años antes de su muerte, la postura de Foucault seguía siendo ambigua para intentar escapar de lo que él entendía como una jaula. Llegará el día, decía, en que la pregunta de si eres homosexual resultará tan normal como la de si eres soltero. Al mismo tiempo apoyó de forma discreta a los activistas del movimiento de liberación gay francés en su lucha por los derechos de los homosexuales y la reforma del Código penal sobre delitos de carácter sexual, como la pederastia o la violación. Su posición sobre esto último provocó una gran controversia. Foucault abogaba por la eliminación de las penas por delitos sexuales, incluida la violación, ya que el castigo debía ser por la violencia empleada, por la agresión sufrida por la víctima, y no debía haber diferencias entre herir gravemente a una persona o violarla en contra de su voluntad.

Más allá de lo que ocurrió en el último año de la vida de Foucault en París y San Francisco, y que desconocemos con exactitud, sabemos la actitud del filósofo en el hospital. Temeroso frente a los dolores de ciertas pruebas médicas, como la punción de la médula espinal y sereno ante el destino que le aguardaba. En la novela de Guibert, Muzil/Foucault es un personaje literario que encaja como un anillo al dedo. Un padre simbólico que escucha el discurso de un hijo adoptivo sobre la experiencia de unos excesos que son análogos a los que ha experimentado él. Pero entre uno y otro hay una diferencia notable: en Foucault, el exceso tuvo un importante componente intelectual por haber dedicado parte de su vida a estudiarlo y no sólo a practicarlo.

MUJERES EN FUGA

El comienzo de la democracia en España trajo consigo una efervescencia social y creativa porque en ese momento este tipo de acciones era visto también como un síntoma de libertad. Una característica que convertía el ocio en algo más imprevisible y, en consecuencia, transformó los espacios de las ciudades en escenarios más divertidos. Una situación donde la fascinación por experiencias extremas, visto como una señal de «modernidad» y hedonismo, resultaron fatales en numerosos casos.

Una de las protagonistas de aquel momento en Madrid, Blanca Sánchez (Madrid, 1948-2007) [ilus. 27], recordaba una fiesta a mediados de los años setenta en la

27. Cristina Huarte, Andy Warhol y Blanca Sánchez en el Círculo de Bellas Artes de Madrid, 1982

casa del pintor y músico Herminio Molero a la que fue con Pedro Almodóvar. Allí conoció al pintor Guillermo Pérez Villalta. Uno de los invitados, el escritor y filósofo Ignacio Gómez de Liaño, impulsor de la poesía vanguardista en España desde la década anterior, posó desnudo imitando las posturas clásicas de las esculturas griegas[73]. En algunos círculos ser «moderno» era el nuevo estatus por conseguir. La galerista Marta Villar, socia de la librería Moriarty y posterior galería de arte, junto a Lola Fraile (ambas conocidas como Marta y Lola Moriarty) y Borja Casani, conocieron en una fiesta de cumpleaños a un grupo de gente «verdaderamente modernos... Todos venían de París. No eran *hippies* ni progres... Fundaron una editorial, Nostromo, hicieron películas, cortos, grupos de música, empezaron con [la galería de arte] Buades. La modernidad estaba allí»[74].

La otra galería que buscaba encarnar la idea de modernidad era Vandrés, codirigida por Fernando Vijande, Gloria Kirby y Marisa Torrente y donde se celebraban unas fiestas bastante enloquecidas[75]. Estos núcleos de gente aspiraban a vivir acorde a una forma de vida que nada tenía que ver con los valores del régimen franquista, ni con los denominados «progres», muchos de los cuales eran militantes o simpatizantes del Partido Comunista o de los grupos de extrema izquierda que habían encabezado la lucha antifranquista.

Tampoco estaban vinculados con los jóvenes que representaban una especie de jipismo y que abogaban por «pasar» de lo público para centrarse en construir una realidad alternativa propia. Su mayor implantación estuvo en Cataluña donde esta tendencia se llamó *underground*[76]. Un ambiente que en Madrid tuvo una presencia más minoritaria en los años que van de 1963 a 1973[77]. En el resto de los países occidentales, tanto la Contracultura como el movimiento *hippie* o lo underground se encontraban fuera de juego desde la crisis económica del petróleo de 1973.

Lo colectivo había decaído frente al individualismo emergente y los jóvenes iniciaron otros caminos.

En estos núcleos de gente «adelantada» siempre había alguien que oficiaba de alquimista de los nuevos saberes musicales, artísticos o de drogas. En Madrid, un foco importante lo constituían los jóvenes que vendían fanzines en el Rastro, como el futuro fotógrafo Alberto García-Alix, el dibujante y pintor Ceesepe, o el colectivo denominado «La liviandad del imperdible», formado por Olvido Gara (Alaska), Carlos Berlanga y Fernando Márquez, más conocido como El Zurdo. Otro núcleo importante fue el de los pintores figurativos, surgidos a comienzos de la década de los setenta[78]. Estos pintores eran mayores que los jóvenes que frecuentaban el Rastro, pero a través de afinidades y amistades comunes se establecieron conexiones entre unos y otros, aunque fuesen de generaciones distintas.

A esta nueva tendencia les unía los mismos gustos musicales y artísticos, la vestimenta, los bares y locales nocturnos que frecuentaban y, en especial, una actitud de desplante y orgullo que los llevaba a manifestarse a través del exceso. Estéticamente adoptaron las modas juveniles de los años cincuenta y sesenta. También el tipo de drogas consumidas cambió. El LSD y el porro, poco a poco, hicieron hueco a otras drogas desconocidas, pero que tenían un aura novedosa y maldita como la heroína o la cocaína.

El personaje que explica bien la transformación de esos años es el pintor madrileño Fabio de Miguel, más conocido como Fabio McNamara, que representó una figura polifacética con actitudes desafiantes en una España que iba dejando atrás el franquismo. Para Fabio McNamara todo empezó en 1975 con un grupo de gente que iba por ciertos clubes nocturnos, entre ellos el cantante Tino Casal y el actor Will More: «Entonces no estaban ni Alaska, ni Nacho (Canut), ni Carlos (Berlanga), ni Pedro (Almodóvar), que trabajaba en la Telefónica. Igual iban por el O'Clock (se refiere a una discoteca que entonces estaba de moda), pero no tenían *flash* y no tenían escándalo»[79]. Un exceso que buscaba el escándalo, llamar la atención y diferenciarse del contorno.

Todos estos grupos de «modernos» nunca fueron demasiados. En Madrid, diversos testimonios los cifran en un centenar y medio de personas que se movían por los mismos sitios. Un tipo de existencia que implicaba mucha vida social y nocturnidad en los nuevos bares y clubes que surgían y que, en su inmensa mayoría salvo excepciones, duraban poco y eran sustituidos por otros locales debido a la falta de permisos administrativos o colapsos económicos.

Entre finales de los años setenta y comienzos de los ochenta, los jóvenes que se movieron alrededor en estos círculos se reconocían bajo el nombre de «nueva ola», que era como se denominaban los que seguían esta tendencia de la música pop en el Reino Unido, «New Ware». Será más tarde, en los años ochenta, cuando se empiece a hablar de la Movida como una tendencia que alcanza su esplendor gracias a la enorme publicidad que consiguen algunos de sus personajes. El término Movida era la expresión que se empleaba para indicar que se iba a comprar droga. Decir «voy a hacer una movida» significaba un aviso, ya que podía ser cuestión de minutos o de horas.

Numéricamente, el centenar y medio largo de protagonistas iniciales de la Nueva Ola madrileña con el tiempo se amplió con gente que asistía a los conciertos o frecuentaba los locales. La periodista y escritora Patricia Godes, que formó parte de la Movida madrileña de los años ochenta, dice que eran una pandilla de amigos que coincidían en ciertos locales, «dentro de un grupo de gente que en su fase de expansión serían las seiscientas personas que cabían en el Rock Ola, y que iban a sus conciertos de música»[80].

De los años que van de 1978 a 1984, Fabio McNamara cree que lo que pasó en Madrid no sucedió en ningún otro lugar, a no ser en Nueva York. Un relato corroborado años después por el pintor Sigfrido Martín Begué (Madrid, 1959-2010) [ilus. 28] al rubricar que «la gente estaba muy enloquecida, tomaba de todo... Era bastante esperpéntico»[81]. Salir por la noche y drogarse era visto como una forma de ratificar la pertenencia simbólica a un grupo o un rito de iniciación. Para Ignacio Gómez de Liaño, se produjo

> un deterioro a causa de la droga, también de una vida nocturna enloquecida, una especie de culto a la locura. Estaba bien visto ser un loco, cosa que en los primeros años setenta no ocurría porque había un cierto elitismo[82].

En estos ambientes surgieron los primeros grupos de gente que consumía heroína y la daban a probar a otras amistades. Toda iniciación tiende a transformar al iniciado en el secreto de la «sabiduría» que le transfiere el maestro. Él conoce el supuesto «misterio» y le revela la «buena nueva». En opinión de Blanca Sánchez, nadie creía que con la heroína se pudiera llegar a la adicción o

28. Sigfrido Martín Begué

que las drogas fuesen muy negativas para la creatividad: «Todo el mundo entró, todo el mundo las probó y todo el mundo las utilizó alegremente. Las drogas parecían algo divino y fantástico»[83].

En el primer concierto que dio el cantante Lou Reed en Madrid y Barcelona, en 1975, los asistentes vieron cómo apenas podía tocar y cantar. Como explica el historiador Juan Carlos Usó:

> el uso de la heroína estaba considerado una práctica extrema y transgresora, lo cual le confería cierto glamur, o dicho con una expresión mediática de la época: era «la droga por excelencia». De hecho, la revista contracultural *Star* no se recató a la hora de mostrar una insistente fascinación por la heroína, droga que identificaba precisamente con Lou Reed[84].

En la primera detención que efectuó la policía en 1975 por consumo de heroína en Madrid, se vieron implicados jóvenes de buena familia y, en la siguiente, ese mismo año, tres actrices[85]. En la música moderna, la heroína siempre tuvo muchos adictos en el mundo del *jazz*, con grandes figuras enganchadas a la misma, como Charlie Parker y Billy Holiday. Pero el rock enseguida se puso a la altura y lo superó. Hubo bandas como los Rolling Stones que en sus canciones *Syster Morphin* (1968) y *Brown Sugar* (1969) se refirieron a los opiáceos. Su guitarrista, Keith Richards, fue durante más de veinte años heroinómano junto a su primera mujer, Anita Pallenberg, como él mismo reconoció en sus memorias. The Velvet Underground, con Lou Reed, compuso *Heroine* (1964) y *Waiting for men* (1965). La primera canción es un himno a la heroína y la segunda se refiere a la espera del adicto al traficante que le trae la dosis. En los años setenta hubo otros grupos de pop rock que escribieron canciones sobre esta droga. Al mismo tiempo aumentaba el listado de músicos adictos o muertos por sobredosis. Tampoco la música rock y pop española se mantuvo ajena a ello y algunos componentes de diferentes grupos fueron heroinómanos como Antonio Vega, Manolo Tena, Sabino Méndez y Enrique Urquijo.

Los medios de comunicación españoles dieron mucha importancia a las noticias relativas a esta droga con tintes morbosos que, más que rechazo, provocaban cierto efecto llamada para los amantes de los excesos. También las revistas contraculturales ofrecían información sobre la heroína con cierto hechizo para sus lectores[86]. La publicación en España de la novela de William Burroughs –el heroinómano por excelencia del siglo XX– *Yonqui* vendió tres ediciones. La ilustración de la cubierta, obra del artista gráfico Juan Manuel Domínguez, enseñaba el brazo de un hombre durante una inyección endovenosa con una jeringuilla de tamaño descomunal y que lograba captar la atención del lector con sus colores y gotas de sangre. Un dibujo que resumía simbólicamente a la heroína como un peligro y un disfrute, un viaje de ida que podía no tener vuelta.

Un ejemplo más del interés por la heroína en esa época fue la película *Arrebato*, cuyo protagonista es adicto a la heroína. Estrenada en Madrid en 1979, estaba dirigida por Iván Zulueta. En la década de los ochenta surgieron más películas sobre la heroína desde distintas perspectivas, lo que prueba el interés por lo que entonces se había convertido en una pandemia, aunque su consumo siempre estuvo reducido a una franja minoritaria de la población juvenil española[87]. Lo que cambió radicalmente fue la procedencia de sus consumidores que, de sus inicios elitistas pasó a las clases medias a principios de los años ochenta para luego ser adoptada mayoritariamente por jóvenes de clase trabajadora o sectores marginales. Según el sociólogo Lorenzo Castro, aparte del trasvase social que se produjo durante los años de la transición, con una mayor conexión interclasista, también influyó el desencanto de la militancia antifranquista debido a la institucionalización de la política. Muchos exmilitantes de la extrema izquierda se convirtieron en heroinómanos[88].

A ello hay que sumar los condicionantes de zonas donde el alcoholismo era algo usual, como sucedía en los barrios obreros, por lo que se produjo un cambio de adicciones entre mayores y jóvenes. También influyó la huida de contornos dolorosos, y adquirir a través de la condición de heroinómano la pertenencia a un grupo social.

La primera consecuencia del aumento del consumo fue una ola de inseguridad ciudadana causada por adictos que buscaban obtener dinero para costearse el hábito. Los robos con violencia o intimidación aumentaron un 231 % en 1984 con respecto al año 1982[89]. Otra opción era el tráfico de drogas de adictos que acudían a las fuentes primigenias para abastecerse, como Ámsterdam o Tailandia, lo que conllevará la detención de varios españoles en cárceles extranjeras. En España, el 90 % de presos lo era por delitos relacionados con las drogas. En menos de cuatro años la imagen del heroinómano en la sociedad española cambió drásticamente. Atrás quedaba la imagen lúdica y romántica. Ahora el «yonqui» (término que procede del inglés *junkie* y por el que se conocía a los heroinómanos que se inyectaban la droga por vía intravenosa) era un peligro público. La heroína también se convirtió en una excelente coartada para no asumir las responsabilidades que implicaba la adicción, dado el mito de que era la sustancia que gobernaba el actuar de la persona y por ello se consideraba irresponsable de sus acciones. En los años noventa la imagen pública de los heroinómanos estaba asociada a los marginados que se abastecían en poblados de chabolas de las periferias de las ciudades para comprar su dosis, convertidos en zombis o esclavos de los traficantes.

Debido a que la casi totalidad de heroinómanos en los años ochenta lo eran por vía endovenosa, con la aparición del sida el número de fallecidos aumentó. Estadísticamente, desde 1983, año en que se empezaron a contabilizar las muertes por drogas, y hasta 1999, murieron 17.931 personas por sobredosis, a las que habría que sumar los heroinómanos fallecidos por sida[90]. Entre 1981 y 2017, según las mismas fuentes, murieron en España 59.102 personas por VIH. Al no conocerse el motivo por el que habían contraído el sida, resulta imposible determinar el número total de heroinómanos muertos a los que, además, habría que sumar los fallecidos por otras enfermedades, como la hepatitis C y otras causas.

Como dice un protagonista de *Trainspotting* (1996), película que enseña la vida de un grupo de amigos escoceses heroinómanos, basada en la novela homónima de Irvine Welsh, «elegí no elegir la vida, elegí otra cosa... ¿Las razones? No hay razones... ¿Quién necesita razones cuando tiene heroína?». La heroína es la hibernación de cualquier deseo que no sea la droga misma. Por eso representó el exceso que anuló todos los demás.

No todo era mentira

Las novelas y memorias sobre la adicción a la heroína en España durante los años ochenta están escritas en su casi totalidad por hombres. De carácter testimonial, suelen ser el compendio de una serie de ordalías a las que se sobrevive con mayor o menor fortuna. Ser adicto es un modo de vida en el que la droga lo toma todo mientras no falte el suministro. Cuando la heroína falta, el adicto sufre el síndrome de abstinencia hasta que se reanuda el abastecimiento y vuelve a vivir bajo el placentero tiempo de la droga o se desintoxica.

Una de las escasas excepciones es la novela de Elena Figueras (Madrid, 1963-2012) [ilus. 29] *Creíamos que también era mentira*. Fallecida de cáncer, se publicó póstumamente. Autobiográfica, la mayoría de los personajes apenas

29. Elena Figueras y Antonio Gastón

están velados por un cambio de nombre y son fácilmente reconocibles. Incluso algunos figuran con su nombre real, como el actor Félix Rotaeta.

Elena Figueras fue adicta a la heroína en sus años jóvenes y logró deshabituarse a finales de los años ochenta. Después trabajó en la hostelería con éxito, tuvo negocios propios, y también fue relaciones públicas y directora de comunicación de varias empresas y editoriales. Escribió también dos libros de gastronomía.

El texto cuenta la transformación de una «pija de medio pelo» como la autora define a su *alter ego*, Ana Cervera. Hija única, su padre es médico y la madre se dedica a cuidarse y procurar que el padre no tenga una amante estable entre las enfermeras que le rodean. La figura materna de Ana la cumple la criada, Obdulia. La madre marca las directrices a su hija en una línea tradicional con diferentes consejos para hacer una buena boda. Sin embargo, la hija descubre que la mayoría de las explicaciones o consejos maternos son mentira.

El otro personaje central es el arquitecto Antonio Bardón, veinticinco años mayor que ella. Natural de San

Sebastián, su familia posee una constructora que llevan algunos hermanos, y tienen numerosas conexiones políticas, lo que redunda en obras nuevas. Bohemio adinerado, homosexual e inestable mentalmente, surge como su gran amor y es el Pigmalión que le ayuda a descubrir nuevos mundos. Antonio Bardón es Antonio Gastón, el creador de la sala El Sol, uno de los locales nocturnos más emblemáticos del Madrid de principios de los años ochenta. El libro es también una novela de «formación» de la generación de 1977, aunque relacionada con la Movida madrileña de la siguiente década (Ana asiste a uno de los primeros conciertos de Nacha Pop, ya que era amiga del hermano mayor de Antonio Vega y menciona la inauguración de la exposición de Andy Warhol en Madrid, en la galería Vijande, en enero de 1984, entre otros episodios de la Movida madrileña).

La novela empieza con la noticia retransmitida por televisión de la muerte de Franco, algo que sus padres sienten mucho. Ana tiene doce años y está en un colegio al que también van las infantas. Debido a sus buenas notas y comportamiento, los padres la envían como premio en el verano de 1976 a perfeccionar su inglés en un centro para chicas en Inglaterra. Al estar con otras adolescentes de distintos países, verá con asombro que tienen una vida independiente de su familia y saben moverse solas por el mundo. Allí descubrirá la primera mentira materna, ya que su madre le había dicho que si bebía alcohol vomitaría enseguida, lo cual comprueba que no es cierto en sus nuevas amigas cuando beben. La forma de actuar de sus compañeras con los chicos que conocen la desconcierta. Según la idiosincrasia materna, besarse con un chico que se acaba de conocer, o ir a discotecas solas, es de putas. Así se establece poco a poco la contradicción entre la verdad oficial que representa su madre y la realidad. Para su madre el mundo se divide entre gente bien y gentuza. Ana, que es buena chica, se inclina por las verdades maternas.

Madre e hija son muy altas. Ana, con trece años, tiene tendencia a engordar y pesa sesenta y cinco kilos. En cambio, la madre, con treinta nueve, pesa cuarenta y siete. Como descubrirá la hija, la forma de conseguirlo consiste en beber un vaso de leche al día y tomar anfetaminas que pide a un laboratorio diciendo que son para su marido, que no sabe nada. De este modo, le salen gratis.

Al verano siguiente, una compañera de clase, Marisa, la invita a pasar el mes de agosto en Ibiza con su familia. El padre de su amiga es cirujano plástico. La casa familiar es enorme, tienen yate y los tres hermanos de Marisa hacen su vida. La mayor de todas tiene veinte años, es bailarina y ha estado viviendo con un hombre. Otro de los hermanos, se encuentra «enrollado» con una chica de Barcelona, pero no salen juntos. El que la hija mayor salga de noche y se quede a dormir por «ahí» y que la chica de Barcelona haga lo que le dé la gana, la lleva a la conclusión de que para una mujer acostarse con un hombre con el que no se tiene un vínculo amoroso estable es algo normal. En cambio, antes de ir a su primera fiesta, su madre le dijo que si los chicos la sacaban a bailar lento no se le ocurriese dejarles que se arrimasen demasiado: «Si no irán contigo para frotarse la cebolleta, como ellos dicen, y se lo contarán los unos a los otros –le advirtió–. "Debe referirse a la polla", pensó sin estar segura»[91]. Para la madre lo importante era hacerse desear. Y así en sucesivas fiestas evitó besos y contactos físicos. El resultado fue que los chicos que parecían interesados en ella nunca volvieron a llamarla.

Una amiga del colegio muy delgada también tomaba anfetaminas con efectos adelgazantes. Para Ana no era complicado proveerse de ellas porque en el armario de su madre había un cajón lleno de botes. En un mes adelgazó ocho kilos. Mentía a su madre sobre las causas de ese súbito adelgazamiento. También empezó a realizar pequeños hurtos de cosas que le gustaban en comercios, como bisutería, discos de vinilo, ropa. Nunca le pasaba nada y la anfetamina le proporcionaba la sangre fría que le hacía sentirse invencible. Sin embargo, le causaron malas pasadas en el colegio debido a la verborrea que le producían. Además, ya no estudiaba. Llegaron los primeros suspensos. En la casa familiar, madre e hija estaban aceleradas. El padre se refugiaba en la música clásica que escuchaba con auriculares. Según le había contado su madre a Ana, el padre era impotente debido a la diabetes. Ana se masturbaba para alcanzar el orgasmo sin conseguirlo, por lo que llegó a la conclusión de que era frígida.

Debido a sus malas notas, los padres la matricularon como interna en un nuevo colegio de élite. Una nueva amiga, Manuela, se apiadó de ella y la invitó a pasar los fines de semanas en su casa para que no se quedase sola en el colegio. Los padres de Ana accedieron encantados, ya que se trataba de otra buena familia que vivía en la exclusiva urbanización madrileña de Puerta de Hierro.

La madre de Manuela, Clara, la recibió con un gran abrazo. Vestía con vaqueros y un blusón, y llevaba el pelo largo y rizado. El cabeza de familia de los Bulnes tenía negocios en Marruecos y era empresario. Tenía un *look* clásico mientras que los seis hijos y su esposa habían adoptado un aire *hippie*. A la casa familiar venía mucha gente con la que se compartía la comida, la música y los porros. La primera vez que le pasaron un porro, Ana comprendió que formaba parte del grupo.

También acudían con frecuencia César Vega y su novia. Los dos estudiaban arquitectura y él era músico. Su hermano Antonio había montado un grupo de rock con amigos del Liceo Francés. Le habían puesto el nombre de Nacha Pop porque uno de ellos se llamaba Nacho. Ana fue a uno de sus primeros conciertos en el coche de César. Éste dijo enfadado que su hermano había vuelto con Lola, una yonqui que había estado saliendo con Antonio Vega tiempo atrás y que era hermana de un tal Filmore[92]. Al verla en el concierto, Ana sintió envidia de Lola. Era la chica del cantante, pero irradiaba frialdad. Estaba, pero no parecía encontrarse allí. Su imagen resultaba inquietante. Llevaba el pelo teñido de negro, la melena corta, los labios pintados de rojo oscuro y la raya del ojo perfilada de una manera exagerada. Iba con un vestido de flores escotado con un tutú de crepé debajo de la falda, medias de rejilla y zapatitos dorados como de muñeca.

Manuela le contó a su madre que Ana se atiborraba de anfetaminas y Clara habló con ella. Le dijo que no tenía nada en contra de las drogas blandas, pero que las anfetaminas eran unos estimulantes muy fuertes y peligrosos, y que estaban catalogadas dentro de las drogas duras. Ana tuvo miedo de que no la invitasen más y tiró todos los botes que tenía guardados junto a Clara. Luego se abrazaron y Ana se echó a llorar.

Ana se sentía a gusto con esa familia que la quería, no la criticaban si iba vestida de tal o cual forma y no iban de millonarios pese a serlo. Antonio Bardón, un vecino cuarentañero, se presentó un día acompañado de otro hombre de su edad y aspecto desgreñado que echó las cartas del Tarot y dejó a todos contentos con lo que pronosticó. Antonio también era otro gran fumador de canutos que no sabía liarlos. Tenía una cocinera, una señora mayor, que también le liaba los porros. Bardón había estado internado en varios psiquiátricos y había recibido electrochoques y por eso le temblaba el pulso. También contaba que había sufrido abusos sexuales en el colegio religioso al que iba cuando tenía once años. Él le preguntó si era holandesa. Ana respondió que sí y Antonio quiso saber si era virgen, lo que ya no le hizo gracia. A partir de entonces, siempre que Antonio aparecía, le preguntaba delante de todos:

–Holandesa, ¿eres virgen?

A ella le avergonzaba serlo, pero no lograba perder la virginidad. Una noche, un amigo de los hijos la penetró, pero al darse cuenta de que era virgen retrocedió.

Antonio Bardón acabó en la UVI del cercano hospital al romperse los tendones de una pierna y perder mucha sangre. Había intentado cruzar desnudo la puerta de cristal de su chalé que daba al jardín y tirarse a la piscina gritando a los vecinos que eran unos consumistas de mierda y que él era el anticristo. Cuando le dieron el alta, como estaba demasiado débil para estar solo, los Bulnes le acogieron en su casa. Poco después, el millonario Jacques Hachuel[93], que era vecino, dio una de sus habituales fiestas en la que invitó a los Bulnes. Ana no fue incorporada a la comitiva y se quedó en casa sola con Antonio. Al rato apareció el psiquiatra de Bardón que le preguntó si había bebido o fumado porros, lo que él negó, pese a tener el cenicero lleno de colillas de porros. Antes de marcharse, el psiquiatra le dio un botecito de haloperidol a Ana, que le acompañó a la puerta a despedirle. El psiquiatra le pidió que le hiciera un zumo y echara cincuenta gotas y se lo administrase dos veces al día sin que se diese cuenta. Ana leyó el prospecto y vio que era un neuroléptico para personas con esquizofrenia crónica sin respuesta a otros antipsicóticos y menores de cuarenta años, aunque Antonio tenía cuarenta y dos. Ana preparó el zumo, echó las gotas y se lo llevó a Antonio, que no quiso tomarlo y le obligó a beberlo a ella, que no se atrevió a negarse ya que había dicho que estaba muy bueno. En cuanto se lo tomó, Ana se tumbó en su cama y se quedó traspuesta.

Acorde con el espíritu de la época, en la casa de los Bulnes se leían con devoción obras como *Las enseñanzas de Don Juan*, de Carlos Castaneda y *El tercer ojo*, de Lobsang Rampa. Ambos autores vendieron innumerables ediciones de sus obras y resultaron bastante controvertidos. Castaneda (1925-1998) era un antropólogo peruano nacionalizado norteamericano que decía que había aprendido sus enseñanzas de un brujo yaqui, llamado Juan Matus, que le inició en el consumo de alucinógenos, rituales toltecas y un cierto misticismo religioso. Lobsang era el inglés Cyril Henry Hoskin que afirmaba estar poseído por un lama tibetano y haber sido criado en un monasterio del Tíbet.

Todas estas vicisitudes y lecturas hicieron que Ana se encontrase muy lejos de la mentalidad del colegio al que iba, y como se negó a cambiar de actitud terminó yéndose. Los padres la matricularon en una academia que aprobaba con tal de pagar las mensualidades.

La verdadera academia de Ana eran los Bulnes, con los que empezó a salir por el barrio madrileño de Malasaña. Precisamente uno de los hermanos de su amiga Marisa, Álvaro, y que era el que le gustaba a Ana, la desvirgó. Fue todo muy rápido y al ver una pequeña mancha de sangre en la sábana, le dijo a Ana que debería ir al médico para asegurarse de que no estaba enferma. Ana empezó a comprar hachís para fumarlo sola a través de una chica francesa que había conocido en Malasaña. Sophie tenía dieciocho años y se dedicaba a bajar al moro, como se decía entonces a traer hachís desde Marruecos. Sophie se lo introducía en la vagina. En sus vagabundeos, el sexo perdió toda importancia. A sus padres les contaba que se iba a dormir a casa de los Bulnes, pero la mayoría de las veces se iba con desconocidos y a veces follaba y otras no. La píldora anticonceptiva la habían legalizado el año anterior y Ana la compraba en una farmacia que no pedía receta.

En sus andanzas por Malasaña, Ana se encontró una noche con Antonio Bardón, que solía ir acompañado de chicos jóvenes guapos. Días después, él la invitó ir a su nueva casa tras dejar Puerta de Hierro, que le resultaba demasiado burgués. Se encontraba detrás de la Gran Vía y era un edificio de tres pisos, todo pintado de blanco y muy luminoso. En el de abajo había cinco o seis mesas de arquitecto que utilizaban los delineantes que trabajaban en los proyectos de la constructora familiar y llevaban bata blanca. Era gente mayor y no tenían nada que ver con los excesos de Antonio. En la segunda planta se encontraba el despacho y la cama donde recibía, a cuyos pies había puesto una bañera redonda de dos metros de diámetro. Había ganado otra planta en la azotea en la que construyó un piso casi diáfano lleno de ventanales desde los que se veían los tejados del centro de Madrid.

Se pasaron la tarde tumbados en la cama. Ana hacía los porros y ponía los discos. Antonio le explicó que todos los hombres tenían una parte femenina. Negó ser homosexual y le dijo que nunca podría vivir con un hombre. También le confesó que era maniaco depresivo y lo mismo estaba muy alegre con la creatividad disparada que se deprimía y no tenía ganas de hacer nada.

En paralelo, la situación de Ana con sus padres iba de mal en peor. El padre le preguntó durante una cena de qué pensaba vivir ya que no estudiaba ni trabajaba. Ana le contestó que buscaría un hombre que la mantuviese, a lo que él le respondió que era fácil de decir, pero que debía de tener en cuenta que estaba un poco gorda y ella se lo tomó como un reto.

Ana entró a formar parte de la pandilla de Antonio. La gente mayor la apreciaba. Con quien mejor conectó fue con Félix Rotaeta. Era un actor muy divertido que, como Antonio decía, tenía un pico de oro. La conversación con él era siempre estimulante. Homosexual pero no afeminado, algo que Ana no sabía que fuese posible, Rotaeta intervino en diversas películas de Almodóvar años después. Antonio le había dejado vivir en su casa. En cambio, los jóvenes se reían un poco de ella por ser tan ingenua y estar enamorada de Antonio. Unos eran pijos, guapos y juerguistas que cerraban los bares y seguían disfrutando en privado. Pero también había jóvenes marginales, como dos que se encargaban de la elaboración de los porros o hacer los recados. Durante el día Antonio sólo se levantaba de la cama para comer. Siempre estaba rodeado de amigos, tumbados en almohadones y fumando porros.

Ana empezó a participar en algún trío con Antonio y un amigo joven suyo, Manolo. Los tríos se convirtieron en algo normal sin llegar a la penetración. Se besaban, acariciaban y hacían sexo con naturalidad. Ana disfrutaba. Manolo y ella eran menores de edad. Un día Antonio la penetró suavemente y Ana fue feliz. Sin embargo, se dio cuenta de que Antonio prefería a Manolo. Pero este último no paraba de follar con ella. Ana sabía que no estaba saliendo con Antonio. Casi no follaban si no era con algún chico de por medio. Había amor, pero Antonio no estaba enamorado de ella. Ana sí lo estaba. Era el hombre que la protegía. Como escribe Elena Figueras en la novela, pese a su locura tenía un punto de caballero de la vieja escuela. Era el loco y el artista que le alejaba de la familia castradora. Le abría mil puertas para entender el mundo, ser más que una chica gorda, una pija sin posibilidades. Según otro personaje de la Movida madrileña de esos años, Ana Curra [ilus. 30], Gastón era

> un gran anfitrión, libertario y libertino, que dio muchísimo color a la ciudad, porque supo leer muy bien lo que estaba ocurriendo en ella. Acogió [se refiere al local que montó, El Sol] a gente de todo tipo, extrajo muy bien la lectura del mestizaje que había en aquel momento, y daba cobijo al punki más punki, al pijo más pijo, al aristócrata, al periodista especializado, al camello de barrio...[94].

En 1979, Antonio abrió El Sol. El lugar tenía una decoración que recordaba los cabarés berlineses de los años veinte. Había espejos grandes para que la gente se viese. Estaba pintado de blanco roto y en el suelo había una moqueta rosa muy clara.

Durante las obras para acondicionar lo que había sido una sala de baile, un pequeño traficante de drogas amigo de Antonio les invitó a unas rayas de heroína. Ana no aceptó, pero cuando vio que a los demás no les sentaba

30. Ana Curra en un concierto

mal y no sufrían convulsiones ni las cosas raras que salían en las películas o series de televisión, y el traficante ofreció una segunda ronda, Ana esnifó una raya:

> Al minuto se dio cuenta de que era su rollo. Miedo, inseguridad, incomodidad desaparecían. Todo se suavizaba. Todo era genial. Como todo lo que nos contaron sobre el sexo, esto también era mentira. No podía ser mejor[95].

A partir de ese día inhalaba rayas de heroína siempre que podía. En cuanto entraba en El Sol empezaba a buscar al pequeño traficante. Mientras tanto el éxito del local fue inmenso. Era el primero en abrir de esas características e iba mucha gente del mundo «oficial» de la cultura, política y música[96]. Abría a las nueve de la noche y cerraba a las seis o siete de la mañana. Estaba catalogado como sala de fiestas, por lo que todos los días debía haber una actuación musical. Un viejo músico, Galindo, que había sido componente de un grupo que se llamaba Los Galindos, se sentaba en las escaleras y cantaba canciones como *Malagueña*, *Amapola*... mientras los camareros preparaban la apertura de la sala vestidos con los uniformes clásicos de hostelería, chaquetas blancas con galones en las hombreras y pantalones negros.

Ana estaba borracha de principio a fin. Bailaba y se lo pasaba en grande. Le gustaba situarse en la cabina del DJ que coronaba el escenario y desde ahí se veía toda la sala. Antonio desaparecía en medio de la noche. Lo mismo estaba en el pequeño despacho que se había hecho en una parte de la sala o en algún camerino con espejos que había en el sótano para los músicos. Ella sabía que estaría con algún chico joven guapo, heterosexual, invitándolo a porros, seduciéndolo. Ana sufría y tenía celos.

En septiembre de 1980 fueron al festival de cine de San Sebastián para asistir a la inauguración de la película *Pepi, Luci, Bom y otras chicas del montón* de Pedro Almodóvar en la que actuaba Félix Rotaeta. Fue allí donde Ana vio el consumo de heroína de una forma abierta:

> Todo el mundo parecía tranquilo y contento bajo los efectos del jaco [uno de los apelativos de la heroína en el argot]. Todos vomitaban con gusto y las carreras por el pasillo central de la sala durante la proyección se sucedían para llegar a los cuartos de baño del cine[97].

De vuelta a El Sol, el grupo de Antonio aguardaba con impaciencia desde primera hora a que apareciese el traficante que vendía la heroína. Antonio no tomaba y tampoco parecía enterarse de lo que hacía el resto. Poco a poco se engancharon y el traficante desapareció. Un hermano de un camarero vendía heroína en un barrio de las afueras.

Hasta allí fue Ana, donde le enseñaron a pincharse ya que el efecto era inmediato y más placentero. Encima la dejaban quedarse en el piso inconsciente todo el tiempo que quisiera. Al principio le parecía un lugar gris y sucio, pero luego le gustaba la mugre. La trataban bien y no debía preocuparse de Antonio, o de la gente que la conocía en El Sol. Cuando se le pasaba el efecto podía inyectarse de nuevo. La dependencia de la heroína le permitía superar su amor por Antonio, al que espiaba por la noche detrás de la puerta de su habitación para ver con quién estaba. Cuando Ana se masturbaba, sólo llegaba al orgasmo pensando que Antonio estaba con otros hombres y ella miraba.

En 1983 desprendía una imagen de mujer fatal de la que se sentía orgullosa. Le gustaba alardear de irse a la cama a cambio de una invitación a tomar heroína. A veces se quedaba dormida encima de los hombres follando. Se hizo muy amiga de una ingeniera de telecomunicaciones que estaba muy intoxicada. Compartían jeringuillas y se contagiaron la hepatitis C. Ana hizo reposo absoluto, aunque algunas noches iba a la casa del barrio de las afueras para drogarse. Antonio, al que ella escondía su adicción, estaba cansado de sus continuas peticiones de dinero y decidió darle todos los días una cantidad fija para que se administrase ella misma, pero no le llegaba para mantener su adicción. También se planteó dejar la droga, estudiar de nuevo, incluso trabajar. Pidió a su madre volver a casa, pero ésta le dijo que ya no era posible porque su padre no lo permitiría. No había querido estudiar y se había marchado de casa. Además, cuando les dijo que vivía con Antonio, a su padre le dio una angina de pecho.

Ana necesitaba con urgencia más dinero y una amiga yonqui le aconsejó que fuese a Cuzco, una zona de Madrid donde había bares de alterne y prostitución callejera. Otra amiga, Silvia, le comentó lo fácil que era. A los bares no podían ir porque no admitían yonquis. Silvia se acostaba con tres clientes y luego regresaba a Malasaña. Ella le preguntó si podía acompañarla, y la otra le respondió encantada que sí, mejor dos que una sola.

La noche en que se acercaron a la zona, Silvia le dijo que se pusiera a pasear y antes de acabar la frase un coche con tres chicos se paró. Se montaron y Silvia los dirigió a un edificio cercano donde subieron a un apartamento. Les esperaba una mujer de media edad en bata que les cobró por cada cliente. Luego los condujo a un salón y les ofreció una copa. Cada una se fue con uno y dejaron al tercero esperando.

Ana entró en el cuarto donde había una cama de matrimonio cubierta con una colcha y encima una toalla. El chico era amable y tenía unos veinticinco años. Se sentó en el borde de la cama y la empezó a desnudar. A ella no le pareció que hubiera ninguna mala vibración. Se tumbó encima de ella, le tocó un poco el pecho y la penetró. Ella le dijo que era la primera vez que se prostituía. «Claro, eso se lo dirás a todos», contestó él. Cuando salió de la habitación, Silvia había terminado con el que faltaba.

La novela interrumpe las vivencias de Ana en este punto. En las páginas finales se cuenta que, en 1990, Ana se fue de Madrid y estuvo viviendo en el extranjero durante veinte años. Viajaba a Madrid una vez al año para ver a su madre. Trabajaba como periodista especializada en gastronomía. En uno de sus viajes para asistir a un evento gastronómico conoció a Elena Figueras (la autora de la novela), a la que describe como «simpática, de una personalidad arrolladora, que rezumaba inteligencia y era rubia y luminosa» y tenía un restaurante.

Elena Figueras sabía de Ana por una amiga en común. Las dos habían tenido un pasado parecido. Quedaron al día siguiente y simpatizaron. Ana le contó su vida y siguió haciéndolo por correo electrónico. Elena Figueras le pidió permiso para transcribir la historia a su manera porque era necesario contar que todo el mundo puede cambiar. Elena Figueras le enviaba cada semana lo que había escrito por correo electrónico y ella lo leía como si fuese su verdadera historia:

> Lo que menos esperaba es que esta historia, más suya que mía, fuera a quedar inconclusa. No habíamos estado juntas ni una semana y su muerte me dejó como huérfana, sin palabras propias, viviendo en las suyas[98].

Mediante este artificio literario concluye la novela que atribuye a la ingenuidad de esta generación de jóvenes la expansión de la heroína. Este punto de vista no es exclusivo de Elena Figueras. El cineasta Iván Zulueta, autor de la película *Arrebato*, dijo que la época que le había tocado vivir fue la de ir descubriendo que todo lo que le dijeron era mentira:

> Quizás toda juventud se encuentra con que le han mentido. Pero en los sesenta fue una vergüenza, un escándalo. Llegabas al caballo [la heroína en el argot] convencido de que no era como decían. Pensabas: «seguro que es como el sexo y todo lo demás». Pues, por una vez, era verdad[99].

Otras miradas femeninas

Muchos jóvenes que se cruzaron con la heroína durante esos años no acabaron siendo adictos. Aunque era una droga que estaba de moda, en su ambiente no la probaron. O si lo hicieron ahí acabó la cosa. En cambio, otros siguieron hasta convertirse en heroinómanos. En uno de los libros más lúcidos escritos sobre la adicción a la heroína, *Cómo detener el tiempo*, Ann Marlowe afirma que cuando nos damos cuenta de que algún exceso es posible hay quienes desean arriesgarse por distintos motivos:

> Desarrollar un hábito no es algo accidental, ni el resultado del «poder de la droga»; es lo que andas buscando[100].

Marlowe cuenta que mucha gente se convierte en heroinómana, aunque las primeras veces que se toma heroína se suele vomitar y sienta mal. Entonces se pregunta: ¿volverías a pedir un plato en un restaurante si hubieras vomitado la primera vez que lo probaste?

Hay personas que por diversas razones son más propensas a sentir curiosidad o a caer en determinados excesos. El testimonio de dos mujeres que se movieron en esa época, una más centrada en la década de los setenta y ochenta, la fotógrafa Mariví Ibarrola, y la otra, la periodista y escritora Patricia Godes, en los ochenta, y que fueron testigos directos de lo que sucedía a su alrededor sin caer en la adicción a la heroína nos sirve para ampliar la mirada sobre lo que ocurrió con esta droga en su juventud.

La fotógrafa Mariví Ibarrola (Nájera, La Rioja, 1956) [ilus. 31] retrató la Movida madrileña de comienzos de los años ochenta, imágenes que luego recogió en el libro *Yo disparé en los ochenta*. Sin embargo, llegó a Madrid en 1974 desde San Sebastián, ciudad en la que vivía con sus padres, para estudiar Ciencias de la Información en la universidad madrileña.

Cuando llegó a Madrid era una adolescente atractiva de provincias que desea ser *hippie*. En la facultad la

31. La fotógrafa de la Movida Mariví Ibarrola

apodaban La Rubia por su melena ondulada. Lo primero que le llamó la atención de Madrid fue que «muchos bares estaban abiertos toda la noche, aunque la ciudad no se diferenciaba tanto de San Sebastián»[101].

Las chicas de su edad debían estar a las nueve de la noche en casa. De no hacerlo, se arriesgaban a ser castigadas o incluso a recibir un tortazo paterno. Mariví quitaba la mesa después de la comida o cena mientras su hermano no hacía nada. Había unas claras diferencias entre los hermanos. Con quince años ya se quería ir de casa:

> Yo no aguantaba a mis padres, y tampoco a mis hermanos. Tenía mucho carácter y veía que esa vida no estaba hecha para mí. Siempre iba a estar mi hermano por delante, yo era la del medio, éramos tres, y me fui de casa con diecisiete.

En Madrid se alojó en una pensión para chicas que regentaba una pintora. Mariví deseaba perder la virginidad, lo que no era tan fácil para una joven de diecisiete años que no tenía novio. En cambio, su vecina Ángela creía haberse quedado embarazada de su novio y, desesperada, pensaba que tendría que ir a Londres para abortar ya que no se podía hacer legalmente en España.

Mariví aprendió fotografía con un grupo de gente de un colegio universitario que disponía de ampliadoras, cámaras... Iba a los conciertos de *jazz* del Colegio Mayor San Juan Evangelista. La sala estaba a oscuras y la gente se sentaba en el suelo para ver y escuchar tocar a los grupos que actuaban y que le parecían maravillosos. En una ocasión, un joven sentado al lado suyo le acarició la rodilla y no le disgustó. Ella no se atrevió a decirle nada o incluso a mirarle. Nunca lo volvió a ver. Había noches en que apenas dormía, bien porque se quedaba en su habitación haciendo cosas o porque salía. Pero a las nueve de la mañana iba a la facultad. Dos tardes a la semana cuidaba a unos niños y con el dinero que ganaba se pagaba la pensión.

Conoció a su primer novio en un fotoclub. Era un apasionado de la fotografía que estudiaba para ingeniero aeronáutico. Mariví compró su primera cámara a un amigo de su novio. A mitad de la carrera, los dos se marcharon a Londres y estuvieron viviendo allí un tiempo. Pero al final de los estudios dejaron de salir juntos.

Entonces regresó a San Sebastián y se compró un equipo de fotografía en condiciones. Acudía a bares alternativos y conciertos, y llevaba pintado un ojo en un párpado. Lo había copiado de una película de Federico Fellini, aunque luego descubrirá que el primero que lo hizo fue Man Ray. Raro era el día en que no había algún atentado de ETA o enfrentamientos con la policía y la Guardia Civil.

Con veintidós años regresó a Madrid para trabajar en una revista para jóvenes que duró cuatro números. Publicó una foto en *Metal Hurlant*, una revista francesa, de un grupo de la Movida, Derribos Arias. Se metió en el mundo de la fotografía y empezó a salir a la calle con una cámara. El primer reportaje que publicó con texto y fotos se titulaba «El rock peatonal». Todavía conserva la amistad con el protagonista: «Mikel no ha cambiado mucho, sigue siendo un Peter Pan eterno, tiene dos hijos y uno es médico. Está separado y va de aquí para allá».

Profesionalmente, a Mariví le perjudicó ser mujer. Nadie le hacía mucho caso. Era una mujer con una cámara de fotos, no una fotógrafa. Aunque no consiguió trabajar en grandes medios ni tampoco que le hiciesen encargos muy atrayentes, aguantó. Hizo cosas interesantes, pero le pagaban peor que a los hombres.

Ella siempre tuvo cierta prudencia porque si no ya no estaría viva, reconoce. Un día, un hombre la siguió por una escalera con la intención de violarla: «Yo le dije: sí, vamos a hacer lo que tú quieras, y cuando estaba tranquilo le di un tortazo que casi le tiro por la escalera. Tú que te has creído, hijo de puta, le dije. La gente también da las cosas por hecho, te dicen: tú querías, te lo has imaginado, besaste el otro día a otro... (se piensan que por haberte dado un beso con alguien ellos también tienen derecho), yo soy más guapo que el otro...».

El problema para las mujeres de su generación en cuanto al sexo se debió a la educación recibida:

> El miedo a perder la virginidad y que nadie te iba a querer si la perdías, era real. La mayoría de las mujeres de mi edad hemos crecido así y has bailado el agarrado y te han apretado, y la gente decía que eras una fresca, y todo el mundo te criticaba. Estábamos marcadas por la vía vaginal. Qué habías hecho con tu órgano, si eras madre porque eras madre, si no tenías hijos por qué no los tenías, si vivías sola por qué no estabas con un hombre... siempre se trataba de la vía vaginal y de preservar tu virginidad.

A finales de los años setenta había pocas mujeres fotógrafas. Y tampoco mucha gente moderna. En ese mundo minoritario se practicaba una vida excesiva empezando por el alcohol que se bebía, ya que era barato y se podía comprar a cualquier edad. En cuanto a las drogas, recuerda que había algunas que incluso se podían adquirir en las farmacias como las anfetaminas:

> Yo compré dexidrinas y centraminas para estudiar, pero luego te pasabas la noche de charla y de arriba para abajo, y no habías estudiado nada, pero te lo habías pasado pipa...

Aunque se consideraba moderna, Mariví nunca probó la heroína y cree que la gente que se hizo adicta fue porque lo hacían los demás, les parecía lo más moderno, sin saber dónde se estaban metiendo:

> Siempre hay gente que no tiene límite; no es mi caso. Había gente excesiva pero no por ser moderno sino por su propia personalidad, la falta de motivaciones, la ansiedad...

Yo he tenido que ir muchas noches por ahí sola, la heroína nunca me llamó la atención, bastante tenía con guardarme las espaldas...

La disidente

La periodista, escritora y traductora Patricia Godes [ilus. 32] tiene claro que por edad pertenece a esos años, pero se considera disidente. Le gusta más lo que ocurrió a finales de los años setenta, cuando ella ni siquiera había cumplido los veinte años[102]. Patricia fue una de las primeras mujeres en ejercer la crítica musical. Tras leer un artículo en la revista musical *Disco Expres* sobre cantantes femeninas de *soul* donde sólo se hablaba de lo *sexy* que eran, escribió una carta a la revista en la que les reprochaba que no contasen nada de su música y sólo hiciesen comentarios sexistas. Como la carta que había enviado Patricia Godes (que vivía con sus padres en una casa en las afueras de Benicasim) carecía de remitente, la redacción de la revista puso un anuncio en la sección de cartas para encontrar a la persona que la había escrito. Cuando contactaron, le explicaron que no tenían ni idea de *soul* y le ofrecieron escribir sobre ello. Patricia dudó, ya que pagaban poco, pero al final aceptó. Había empezado a estudiar Derecho en Valencia, pero no estaba a gusto. Como tenía un poco de dinero ahorrado pidió el traslado a Madrid. En su clase de la Universidad Autónoma se encontraba Carlos Berlanga, al que ya conocía del Rastro. Estamos en 1980.

En el ambiente del Rastro, Patricia era conocida por escribir en *Disco Expres*, revista que sus amigos leían para estar al tanto de lo que ocurría musicalmente fuera y dentro de España. Patricia vivía en un piso con su hermano, Ramón Godes, compositor y músico, y que formó parte de dos grupos de la Movida, Los Coyotes y Malevaje. También se movía por El Pentagrama[103]:

32. Blanca Sánchez, Pedro Almodóvar y Alaska

Hacías lo que querías con quien querías... una amiga mía mayor que yo estaba en movimientos ácratas y organizaba orgías. Un día me propuso participar en una. Íbamos a ser dos chicas con siete tíos y le dije que no. Me acusaron de «estrecha» y de boicotear el movimiento por negarme con dieciocho años. Era una liberación sexual sólo para ellos. Tú tenías que liberarte para ser el reposo del guerrero, yo lo vi así, en un entorno donde siempre las chicas de diecisiete años iban con chicos de veinticinco. Esto ocurría en los años setenta.

Entonces no tenías que ser militante de ninguna causa, podías acostarte con un gay, una lesbiana o un trans sin estar obligada a entrar en una comunidad. No existía la clasificación, la categorización, la etiqueta y había una absoluta libertad sexual.

Mucha gente de mi grupo eran jovencitos gais bastante liberados y que incluso colaboraban en la prensa contracultural de entonces, como *Ozono*, *Ajoblanco* y *Star*. No decían que eran gais, pero tampoco lo disimulaban ni tenían manías persecutorias y eso que algunos habían recibido palizas de la policía. Eso les hacía tener un cierto aire extravagante, no glamur, porque todo era muy cutre y nos comprábamos la ropa en Saldos Arias y sitios parecidos.

Lo que se entendía por la Nueva Ola madrileña y que luego pasó a llamarse la Movida madrileña, era muy minoritario. Según Patricia Godes, algo más de un centenar de personas que eran las que cabían en el Teatro Martín, que fue el primer lugar en ofrecer conciertos de estos grupos.

A los conciertos se iba por la tarde, ya fuesen en colegios mayores o en los pocos locales que los programaban. Si eran por la noche, a las once estabas en casa. Lo de trasnochar fue más tarde. Patricia volvía a casa de un local de conciertos llamado Rock Ola, vinculado a la Movida madrileña, en metro. No se quedaba después cuando una vez cerrado el Rock Ola, grupos de «mayores» permanecían hasta muy tarde:

> Para mí lo más importante era la música. Sin embargo, la música de los grupos era horrible, tocaban mal, te tenías que tomar dos aspirinas y los extranjeros también eran muy malos... mira que yo quería que me gustasen, pero la mayor parte de ellos era una bobada, pero a algunos grupos siendo malos yo les veía algo, otros como Julián Hernández (Siniestro Total) me parecían horrorosos. Nacha Pop, Los Secretos, Mama, no me gustaban nada, tocaban igual de mal que los otros, pero encima no eran extravagantes y algunos eran yonquis.

En un principio, entre sus amistades las drogas eran una cosa de *hippies*. Ella lo atribuye a la gente mayor y, luego, a los de la Movida madrileña que se «engancharon»:

> Siempre hubo gente que estaba atrapada en la heroína desde los años setenta. A mí nunca me interesó porque si la realidad me aplasta mejor controlarla que escaparme. El no consumir me causó problemas, porque tú eres la única que no se mete y entonces eras como una soplona... También íbamos mucho a casa de Paloma Chamorro, y allí se metían todos de todo porque Paloma, que también

33. Ana Curra y Eduardo Benavente

era de los mayores, había estado en Formentera e Ibiza probando cosas, casi todos tomaban drogas. Luego muchos entraron directamente con la heroína que fue la gran pandemia de los años ochenta. En un momento dado todo el mundo pasó a estar con las jeringuillas y la siguiente fase fue la hepatitis C que entonces no estaba diagnosticada, y el sida. La expansión de la heroína fue muy rápida a comienzos de los ochenta. De repente, en 1982, salíamos e íbamos al cine. A la salida tomábamos unas cañas y veías que todos se habían metido en el lavabo... Yo recuerdo que gente de los Pegamoides (un grupo de la Movida) les decían a Eduardo Benavente y Ana Curra [ilus. 33] que estaban locos viviendo en un piso de yonquis en Malasaña. Curra además es muy fuerte y se ha desenganchado ella sola cuando ha estado enganchada, sin nada, pasando el mono sola y a lo bestia... No lo entiendo. Estudiaba farmacia, estaba en el conservatorio, estaba en un grupo de éxito... La cocaína llegó después, en mi entorno, hacia el 1984. La coca es más social, igual de destructiva, para mí es la peor droga, no tiene ese lado romántico del yonqui... La época de la cocaína va más desde 1985 hasta los noventa

> y siguientes, y en un primer momento fue de gente rica, de la moda española, de vestirse muy bien, esa época a mí no me gusta. Fueron años excesivos, tú sabías que la gente se metía de todo, pero actuaban de una forma normal.

Sin embargo, también fue el tiempo de escuchar la música que le gustaba y que compartió con muchísimos amigos. Por primera vez estuvo integrada en una escena que, «aunque parezca que es el núcleo de la Movida madrileña es mentira. Alaska iba a ver cuatro grupos de música que le gustaban y no salía. Si Alaska hacía de vez en cuando vida nocturna era porque formaba parte de su trabajo, pero a ella no le gustaba nada salir, yo creo que menos que a mí».

Patricia Godes se desconectó poco a poco en la segunda mitad de los años ochenta. En parte porque volvió a estudiar y en parte por aburrimiento. En 1986, la mayoría de sus amistades tenían más de veintiséis años, y habían retomado los estudios o empezado a trabajar. Patricia Godes había estado trabajando en la primera mitad de los años ochenta en Onda dos, Radio Nacional y Televisión Española, entre otros medios. Decidió estudiar traducción en la Universidad de Toulouse. Durante diez años vivió en Francia, aunque siguió colaborando en distintos medios sobre música, lo que también hace ahora, aparte de su actividad como escritora y traductora.

La eterna búsqueda de Ana Curra

La vía de entrada a la heroína en la mayoría de las mujeres que acabaron siendo adictas en esa época fue a través de sus novios, debido a la situación social y familiar en que se encontraban. Una cosa era inhalar una raya en una fiesta y otra tener que buscar la dosis a diario. Lo normal era que el primer apoyo fuese el de la pareja del momento. Como precisa el sociólogo Lorenzo Castro:

> Entonces no existía tanto un proceso de liberación femenina como de autonomía personal, aunque tampoco las mujeres eran tan autónomas porque dependían de los novios. Sin embargo, este proceso las acerca a ellas mismas porque estos hombres no les resuelven la vida al estar centrados en ellos mismos. Esto obliga a estas mujeres a tomar sus propias decisiones. No es que se liberen, sino que se ven obligadas a liberarse porque se encuentran en un momento de cambio donde no hay nada permanente salvo la fantasía de la libertad total[104].

La músico y cantante Ana Curra (El Escorial, 1958) que formó parte de Alaska y los Pegamoides y Parálisis Permanente, entre otros grupos, fue adicta a la heroína en dos periodos de su vida. En el libro *Conversaciones con Ana Curra*, de Sara Morales, y en diferentes entrevistas, se define como un espíritu curioso. Afirma que le interesa mucho la ciencia, el esoterismo y la religión. Entre sus objetivos se encuentra la exploración interior, y todo lo que contribuye al enriquecimiento personal. Le gusta la gente que cambia, y prefiere el artista que se arriesga al que se acomoda. Ecléctica, sus gustos musicales pueden ir desde David Bowie a Édith Piaf, sin olvidarse de cantantes femeninas como Nina Simone, Patti Smith o Marianne Faithfull. Con esta última, que también fue heroinómana un largo tiempo, se siente muy identificada por sus adicciones.

Durante muchos años sufrió de ansiedad. Sin embargo, recuerda su infancia como feliz. El padre era un farmacéutico que regentaba una farmacia compartida con sus dos hermanos en El Escorial, pero trabajada por él. La madre estudió piano y tuvo que cuidar a seis hijos a los que inculcó su pasión por la música. Ana Curra también estudió piano en el Conservatorio, primero en Madrid y luego en El Escorial. Al ser la mediana entre sus hermanos tuvo que ayudar bastante en las tareas domésticas. Una familia numerosa, unida y donde se inculcó el valor del trabajo y la austeridad. Ella se considera la oveja negra y todavía se siente culpable, aunque su familia la ha perdonado.

Fue rebelde en el colegio de monjas. No le gustaba la diferencia de trato que había entre unas niñas y otras, y siempre se mostró muy contestataria. Tenía carisma y le interesó la filosofía. Le sigue gustando mucho, y se considera platónica y heredera directa de Carl Jung y el mitólogo Joseph Campbell.

El primer novio que tuvo era un chico muy atractivo, inteligente y mayor que ella. Pero el príncipe azul la maltrataba y la dejó embarazada a los dieciséis años, historia que acabó con un aborto en Londres.

Ana Curra vino a Madrid a estudiar Farmacia. Tenía casi siete cursos de piano hechos en el Conservatorio. A través de sus hermanos mayores, que también estudiaban en la universidad, se introdujo en el mundo de la música. En el tocadiscos del piso que compartían sonaban constantemente Bob Dylan y la Velvet Underground. También escuchaban los programas de radio de los locutores que ponían la música de la Nueva Ola y que iban a buscar los discos a Londres[105]. Para Ana Curra fue un tiempo maravilloso. Sus hermanos empezaron a llevarla con ellos a conciertos y a bares donde iba la gente y ponían la música de la Nueva Ola, como el Penta. En este recorrido «típico» no faltó el puesto de Alaska en el Rastro, el bar La Bobia, e incluso vio un concierto de uno de los primeros grupos punk locales, Kaka de Luxe[106]. Durante una actuación de Zombies en la sala El Sol, Carlos Berlanga le preguntó si sabía tocar algún instrumento y le propuso integrarse en Alaska y los Pegamoides. Lo que más le sorprendió fue ver a gente sin ningún conocimiento de música subirse a un escenario, tocar y cantar. Enseguida comprobó que era más fácil de lo que imaginaba. El grupo estaba conformado por Olvido Gara (Alaska), Nacho Canut, Carlos Berlanga y Eduardo Benavente.

Eduardo entró en el grupo después. Una noche en que se marchaban de un pequeño local cerca de la estación de Chamartín, El Escalón, él le preguntó si podía acompañarla mientras se montaba en un taxi camino de su casa. Desde esa noche durmieron juntos.

Eduardo Benavente fue decisivo en la vida de Ana Curra. No sólo mantuvieron una relación de pareja, sino que también la respaldó profesionalmente. La pequeña escena musical madrileña se movía con mucha rapidez. Eran pocos y se retroalimentaban entre ellos[107].

En España, el punk llegó a comienzos de los años ochenta. A juicio de Ana Curra, hubo punk en algunos barrios, pero no a gran escala. Los primeros novios que tuvieron Alaska y Ana Curra fueron dos punkis e incluso tuvieron un trío por «experimentar». Ni Alaska ni Ana Curra tenían demasiados prejuicios con la diferencia de que Olvido apenas salía y no se drogaba. En cambio, a Ana Curra le atraía probar cosas nuevas. Hubo épocas de su vida en que experimentó de todo, incluso en el sexo. Ella cree que para hablar de algo tienes que haberlo vivido, aunque esa postura conlleva riesgos que luego te pueden pasar factura. Una de sus últimas parejas, César Scappa, la define como «temeraria, tremendamente fuerte y decidida, sin tenerle miedo a nada»[108].

Tras la disolución de los Pegamoides por diferencias musicales, Eduardo Benavente creó Parálisis Permanente, grupo en el que entró Ana Curra, mientras que Carlos Berlanga formó Dinarama, formación a la que consiguió atraer a Nacho Canut y a Olvido.

Parálisis Permanente tuvo «una evolución tan salvaje que me parece imposible que en un año pudiéramos cambiar tanto. A nivel personal lo veo como un crecimiento brutal. La clave fue toda la energía sexual que tienes a esa edad con la persona de la que estás locamente enamorada. Los dos teníamos la suerte de vivir ese enamoramiento con un proyecto musical muy nuestro, y eso la gente lo notaba en directo, se transmitía», resume Ana Curra[109]. Dentro de su interés por experimentar, al sexo se sumaron las drogas.

La heroína la probaron una noche en la sala de conciertos Carolina, en 1981. Fue El Ángel [ilus. 34], el músico y antiguo componente de Los Escaparates, grupo del que también formó parte Benavente, quien les invitó a unas rayas:

> ¿Cómo negarnos? Tanto Eduardo como yo lo estábamos deseando. Los músculos se me despegaron de los huesos y floté. A la mañana siguiente cogí el teléfono y le llamé en señal de agradecimiento, emocionada por el descubrimiento[110].

Eduardo y ella veían el consumo de drogas como algo lúdico, experimental, pero también como una forma de expresar su rebeldía. Al gustarte las sensaciones, repetías y un día necesitabas tomar más, explicó ella.

También probaban en otras direcciones, como se comprueba en el *El acto*, un vinilo que narra la relación de

34. El Ángel y Ana Curra, fotografiados por Miguel Trillo

una pareja que descubre el misterio del sexo. Para ella, la sexualidad es una parte muy importante de la vida y «no hay pócima que te coloque más que el sexo, no hay un intercambio de energía mayor que el sexo». Además, se puede aprender mucho si uno se deja llevar, porque desestructura los valores imperantes.

Sus exploraciones sexuales eran un intento por comprender los motivos que la conducían a sentirse atraída por una relación de dominación, sumisión, fetichismo, follar en sitios prohibidos, cambiar los roles... Se trataba de mundos que les interesaban mucho y deseaban conocer el motivo de por qué surgían esos deseos y curiosidades sexuales entre ellos dos:

> ¿Por qué cuando me atas me pongo como una moto? Pues no lo sé, no sabes analizarlo, está en el cerebro y ni los propios expertos lo saben... [111].

El 14 de mayo de 1983, tras un concierto que dieron en León y mientras se dirigían en dos coches hacia Zaragoza, donde tenían el siguiente, al vehículo conducido por Ana Curra –y en el que iban Eduardo Benavente y el batería, Toti Soler– se le reventó una rueda a la altura de Alfaro, en La Rioja. El coche derrapó y dio varias vueltas de campana hasta salirse del arcén. Eduardo se partió el cuello y falleció en el hospital de Alfaro. Ana Curra se rompió una clavícula, se cortó el muslo y tuvo el hombro en cabestrillo durante varios meses:

> Fue muy duro, muy duro... De las peores cosas que me ha tocado vivir, sin duda. Nadie está preparado para la muerte, pero siendo joven, mucho menos, y menos todavía viviendo lo que estábamos viviendo Eduardo y yo en aquel momento, con esa relación entre nosotros, esa complicidad, esa fusión de cosas... Y que se cortara así, de cuajo... Eso no... Eso no...[112].

La reaparición de un ángel caído

En cuanto Ana Curra se recuperó de sus lesiones preparó los conciertos que tenía programados con el grupo que Eduardo Benavente había impulsado en 1981 para que actuase ella sola. El nombre de la banda, Seres Vacíos, encajaba a la perfección con el momento que vivía. Para seguir hacia delante, Ana Curra se apoyó en esta banda y en la heroína:

> Fue un infierno; un infierno elegido, porque me volqué en la heroína. No me permití el duelo. Mi relación con Eduardo para mí era como un cuento de príncipes y princesas, éramos dos chicos jovencísimos, superenamorados, que teníamos un grupo de rock and roll, y de pronto eso se partió. Me negué a hacerme mayor y la heroína me sirvió[113].

En su ensayo *Duelo y melancolía*, Sigmund Freud escribió que la mejor manera de procesar el dolor era aceptar poco a poco la pérdida de la persona amada y dirigir la carga emocional hacia un sucesor, lo que resulta más saludable que hundirse en la melancolía, que implica que el doliente no puede reconocer la pérdida por ser demasiado profunda, por lo que es reprimida en el inconsciente donde se añora a menudo y sigue presente. De algún modo, la adicción a la heroína le ayudó a mantener esa presencia dentro de ella sin que fuese demasiado dolorosa. Además, era un «sucesor» poderoso para el que no contaba el tiempo que había transcurrido desde que murió la persona amada, sino la distancia que había entre ella y la droga, el verdadero anhelo en ese momento. Por eso resultaba el complemento ideal para esa etapa oscura y vacía de Ana Curra.

En muchos de esos conciertos se le saltaban las lágrimas. Intentaba superarlo, pero no lo conseguía. Entre su estado de ánimo y las drogas, la banda se disolvió. Lo único positivo de esa época fue que en 1984 acabó su carrera de piano, lo que le supuso un gran esfuerzo. Más tarde consiguió una plaza como profesora del Conservatorio de El Escorial, trabajo del que vivió. Dice que nunca recibió los derechos que le correspondían de forma legal de los discos de los grupos de la Movida madrileña en los que participó. Tras las elecciones municipales de 1983, que ganó el Partido Socialista, los presupuestos de los ayuntamientos destinados a actividades de cultura y ocio aumentaron, lo que permitió contratar a grupos musicales importantes para que tocasen en las fiestas locales. Esas actuaciones se convirtieron en un gran negocio al que se apuntaron muchas bandas y cantantes que nada tenían que ver con la Movida. Para Ana Curra la Movida fue un movimiento lúdico y creativo formado por muy poca gente y donde todo fue absolutamente romántico y sin pretensiones. Cuando esta situación cambió, la Movida terminó para ella.

Una noche de 1984, en el Rock Ola, durante una fiesta del programa de Jesús Ordovás en Radio 3, y en el que tocaron diferentes conjuntos de la Movida madrileña, el fotógrafo Alberto García-Alix pasó a los camerinos y, según cuenta ella, la invitó a viajar al sitio que eligiese. Luego le pidió el teléfono, la llamó a la semana siguiente y enseguida empezaron a vivir juntos. Ana Curra no creyó traicionar a Eduardo Benavente, aunque al comienzo de su relación con Alberto García-Alix los comparaba.

Al año siguiente empezó su carrera en solitario como Ana Curra con una canción titulada *Una noche sin ti* en la que se reflejaban sus sentimientos hacia Eduardo Benavente y que fue número uno en los 40 Principales. Ella deseaba reincorporarse a la vida, pero en su interior se mantenían el dolor y la nostalgia que se reflejaban en sus canciones posteriores. En 1987, con un estado de ánimo bajo, dejó todo durante más de un año. A su regreso, colaboró con su amigo Santi Camuñas en la programación de una sala de conciertos que tenía con su hermano Álvaro y que se llamaba Revólver. También reanudó su historia con Alberto García-Alix.

En febrero de 1993, Ana Curra asistió con Santi Camuñas a un concierto de flamenco de Enrique Morente en Madrid. Fue durante esa actuación cuando se reencontró con El Ángel, el antiguo componente de Los Escaparates. Él se alegró mucho de verla y le contó que había escrito un libro de poemas y diversas letras de canciones y deseaba que le ayudase a publicarlas. También le dijo que había dejado las drogas, pero que tenía sida y se iba a morir. Por eso quería publicarlos antes de fallecer.

Ana Curra leyó el manuscrito y le impactó mucho la emocionalidad de unos textos que captaban muy bien el momento de su generación. Pero también veía la sensibilidad de El Ángel, sus miedos, sus pataletas de niño porque nunca quiso madurar del todo, sus actitudes punk. Al día siguiente llamó a Alberto García-Alix para darle el manuscrito y conocer su opinión. El fotógrafo llevaba, junto a Borja Casani, la editorial Los libros del cuervo. También García-Alix vio reflejado en el texto la historia que muchos habían vivido y decidieron publicarlo.

Cuando Ana Curra conoció a El Ángel era un joven alto, transparente y como escribió ella en el prólogo de *Los planos de la demolición*, que fue el título del libro, de unos ojos color cielo líquido en los que se podía leer el principio y el fin del universo. Para ella se trataba de una vida con las mismas canciones, mitos e ideales frustrados que la suya.

Él la invitó a olvidar lo que el mundo le había quitado y ser su amante: «Te quise desde el primer momento y no me has defraudado/ Tú siempre lo has sabido... /Nuestras movidas tóxicas que habitualmente terminaban en tu coche o en tu casa... Ana/ Tantas cosas/ Tantas sensaciones/ Tanta juventud en el filo de la navaja/ Tantas ambiciones/

Tanta generosidad/ Tanta belleza/ Tanta audacia/ Nunca dejes de estar allí mientras yo exista. Por favor, niña»[114].

Como él mismo escribió, sus padres le llevaron a colegios caros, le educaron de forma intachable, tuvo buenos amigos, ejemplos a seguir, pasiones e ideales. Hizo realidad algunos de sus más preciados sueños. Tenía libertad, inteligencia, sensibilidad, locura, amor... y lo perdió todo por la heroína. Llegó más abajo lo que nunca pudo imaginar. Jugó en la línea dura, apostando más de lo que tenía para no ganar jamás, dijo. El Ángel fue un seguidor de ese romanticismo negro que hizo fortuna y estragos durante esos años entre muchos jóvenes y que tuvieron como modelos a los ídolos malos del rock, como Keith Richards, Iggy Pop o su adorado Lou Reed, todos ellos con sus temporadas tóxicas. A este último lo retrata con acierto en *El viejo Lou*. El cantante, de treinta y cinco años, actuaba en un concierto. Enfundado en cuero negro, se paseaba «amaneradamente sobre las primeras filas de fans... contoneaba su rosada lengua, su rostro pálido, provocando el delirio de todos los babuinos que acudíamos a sus conciertos... Además, estaba esa música feroz e inquietante, de reflejos metálicos, y esa figura flaca y desgarbada pendiendo de un hilo invisible de cada vez más dudosa resistencia»[115].

Ana Curra le ayudó a grabar su disco. Fue ahí cuando surgió algo más porque había una fuerte atracción entre los dos y ella estaba con Alberto García-Alix y sabía que El Ángel tenía los días contados. El Ángel habló con García-Alix y le dijo que siempre había estado enamorado de ella y deseaba tener esa historia de amor antes de morirse. Incluso les propuso una relación a tres. García-Alix prefirió retirarse y editó el libro de El Ángel en una decisión que Ana Curra calificó de «generosa, brillante y excelsa». Ana Curra eligió seguir a su corazón, aunque sabía que iba a tener que volver a pasar por el mismo proceso que tuvo tras la muerte de Eduardo Benavente. Una historia de la que no se arrepintió. Mientras él pudo, hicieron muchas cosas juntos. Luego vino lo más duro. Fue hospitalizado y tardó nueve meses en morir.

El duelo final

Tras la muerte de El Ángel, Ana Curra buscó un lugar donde podía sentirse mejor y se marchó con Santi Camuñas a Portugal. Cuando regresaron se fue a Almería con él y otra gente como César Scappa, el fundador de Los Escaparates. En un concierto de Bob Dylan en Murcia, comenzó su historia con César. Ella siempre había encadenado sus relaciones amorosas, porque se consideraba una persona muy valiente para el amor. Dijo que el que siempre le gustó de Los Escaparates fue César, pero años atrás tenía novia. Era el tercer componente del grupo con los que estuvo emparejada, después de Eduardo Benavente y El Ángel.

Al igual que ocurrió tras la muerte de Eduardo Benavente, la otra relación fue con la heroína. Sin embargo, esta vez durante un largo tiempo, de 1996 a 2006. Para ella, sus caídas siempre han sido un luto sobre otro luto. La conclusión que saca es que el duelo o lo pasas en el momento o más tarde, pero al final lo tienes que pasar. Dice que empezó con la heroína por un dolor que tenía que domeñar como fuera, porque no podía vivir con él. La heroína era lo único que conseguía anestesiarla. Pero era consciente en todo momento de dónde estaba. La forma de conseguir la droga ya no era como al comienzo de los años ochenta, en invitaciones, fiestas entre amigos o pequeños traficantes. Ahora existían mercados de la droga en poblados del extrarradio de Madrid abiertos las veinticuatro horas del día. Las Barranquillas, La Celsa... eran un ejemplo de sordidez y degradación. Para Ana Curra ir cada día era lo normal, aunque nunca dejó de impresionarle lo que veía en lo que definió como basureros de personas y almas:

> Cuando estás pillado, eres un esclavo. Pero los baremos y el umbral de la degradación son muy personales, cada uno tiene los suyos... Hay mujeres que llegan a prostituirse y ni siquiera ahí están tocando fondo, y hay otras que no llegan a prostituirse porque han tocado fondo mucho antes[116].

Durante esos años, Ana Curra vivió con César Scappa en distintos lugares. Dice que la relación con él fue muy bonita e intensa, la más duradera y asentada. Estuvieron juntos y viajaron mucho, y también vivieron situaciones muy duras. Si por un lado esas vivencias les unieron de forma definitiva, por otra les rompió. Demasiadas cargas encima. Él ahora es otro de sus incondicionales.

Acerca de su experiencia sobre el exceso, Ana Curra sostiene que no hay belleza sin oscuridad ya que negaríamos nuestra propia condición, nuestra génesis. Hay que aceptarse con todas las limitaciones, defectos y exageraciones. Sostiene que no se arrepiente porque más que perseguir el éxito o la fama, siempre ha preferido encontrar su luz interior. Reconoce que la dependencia es un infierno sólido, duro y que se baja tanto que cuesta mucho salir, aunque cuando lo consigues no hay quien te pare. Su renacimiento se debió en gran parte al daño que hacía a sus padres, que se merecían verla bien porque uno tiene todo el derecho del mundo a decidir cuándo morirse, o hacer con tu cuerpo lo que se te ocurra, probarlo todo... pero sin perjudicar a tus seres queridos.

Tras pasar un tiempo retirada de la escena musical, regresó con distintas propuestas y aún sigue. Cuando actúa ve a Eduardo acompañándola. Siempre dedica sus conciertos a sus «muertitos». Le encanta hacerlo, invita a los suyos y a los del público, lo pasan bien, luego los despide y se van. Le encanta ese ritual de danzar con sus muertos. Dice que es capricornio y necesita conectar con las fuentes de lo sagrado. Sabe que siempre va a estar disconforme consigo misma porque se ve como si estuviera mutilada. Por eso la búsqueda es eterna para ella, y cuando cierra un círculo empieza otro con la intención de descubrir algo nuevo. Ha bajado a los infiernos y subido a los cielos infinidad de veces, ha sido vapuleada pero también ha tenido momentos de intensa felicidad. De lo que está convencida es de que nunca se ha sentido muerta.

Robert Mapplethorpe [ilus. 35] era el tercero de los seis hijos que tuvieron el matrimonio formado por un ingeniero y un ama de casa, que vivían en una urbanización de clase media en Queens, Nueva York. El padre no mostró mucho interés por aquel hijo guapo de ojos verdes que nació en 1946 y la madre estaba demasiado ocupada con sus obligaciones domésticas. Cuando se inscribió en Bellas Artes en el Instituto Pratt en 1963, en Nueva York, en contra de los deseos de su padre que hubiese preferido que se matriculase en ingeniería, contrarrestó esta «debilidad» enrolándose en la formación paramilitar del instituto llamada los Pershing Rifles. El adiestramiento previo para ser aceptado consistía en soportar durante mes y medio todo tipo de novatadas. El momento cumbre se producía la noche anterior a la jura

35. Patti Smith y Robert Mapplethorpe en el Hotel Chelsea, 1969, fotografiados por Norman Seeff

donde, en un cuartel, las humillaciones subían de intensidad. Les vendaban los ojos y desnudaban. También les ataban al pene una cuerda enrollada en un ladrillo que debían arrojarlo todo lo lejos que pudiesen. Por último, tenían que comer los excrementos de los retretes que eran plátanos machacados con mantequilla de cacahuete.

Mapplethorpe pasó la prueba y entró en el cuerpo sin que el padre reconociese su esfuerzo. Era su hermano mayor el que se llevaba la palma con las atenciones paternas. Robert empezó a vivir con algunos compañeros de la sociedad paramilitar cuando estudiaba en el Pratt. Al carecer de novia o amigas, el resto de los Pershing Rifles se burlaban de él y le gastaban bromas pesadas. Con el fin de acabar con su virginidad, uno de sus jefes pagó a una prostituta callejera de raza negra y tras acostarse con ella obligó a Mapplethorpe a hacerlo también. Él sabía que le gustaban los hombres, aunque procuraba no pensar en ello.

Al año siguiente, el futuro fotógrafo dejó a los fusileros y empezó a navegar por su cuenta. Se hizo amigo de las estudiantes negras del instituto, con las que simpatizaba al considerarse también diferente y marginado. De este modo se convirtió en el «raro» del instituto. Entre sus extravagancias, compró un mono que vivía en estado salvaje en su apartamento. Mapplethorpe decía que estaba endemoniado. Cuando el mono murió, lo decapitó y limpió el pequeño cráneo, que llevaba en su bolsillo. Robert dejó el instituto antes de graduarse sin decirlo en casa y empezó a vivir de trabajos eventuales. Soñaba con ser un artista reconocido y adoptó los aires *hippies* que estaban de moda.

En 1967, una chica de veinte años llegó a Nueva York decidida también a ganarse la vida como artista. Era una joven delgada, morena, y cuanto menos extraña. O, como ella misma escribirá años después, una chica mala que intentaba ser buena. Se llamaba Patricia Lee Smith, pero recortó su nombre en Patti Smith. Como necesitaba tiempo libre para sus prácticas artísticas consiguió un trabajo a tiempo parcial en una librería. Siempre llevaba en un bolsillo un libro del poeta francés Arthur Rimbaud (1854-1891). Descubrió su obra *Iluminaciones* a los dieciséis años en el quiosco de la estación de autobuses de Filadelfia, atraída por el dibujo de la cubierta y el título. Como no tenía dinero para comprarlo, en un descuido del quiosquero alargó la mano y el libro pasó a un bolsillo de su gabardina. Desde entonces fue un amor a primera vista entre Rimbaud y Patti Smith. La huida a Nueva York y la identificación con el papel del artista absoluto formaban parte del romanticismo que atraía a la juventud del momento, que buscaba un sentido a sus vidas que fuese más allá de lo establecido. Ver la vida en blanco y negro simplifica la construcción de nuestra identidad.

La actitud bohemia de Patti Smith chocaba con la de sus padres, una familia de clase obrera de orígenes irlandeses y bastante tradicional. La madre había sido cantante de *jazz* y luego testigo de Jehová. De pequeña Patti era una chica enfermiza que leía la Biblia. Tenía dotes de mando y capitaneaba a los hermanos y amigos. Se quedó embarazada a los diecisiete años de un novio casual y dio a la hija en adopción. De todo esto, incluidos los estudios y un empleo en una fábrica de bicicletas en la que se vio obligada a trabajar debido a las dificultades familiares, huía Patti Smith. Una chica que vestía un pantalón vaquero de peto y una vieja gabardina de grandes bolsillos que le servían para esconder libros o comida que hurtaba cuando el hambre apretaba y no tenía dinero.

Entre la gente mayor, los tiempos son los mismos desde hace siglos. Un escritor de ciencia ficción que frecuentaba la librería donde había conseguido trabajo Patti la invitó a cenar. Una cena significaba mucho para quien ni siquiera disponía de un sitio donde dormir y lo hacía a salto de mata. Ella no percibió ningún peligro y tampoco tenía mucho que ofrecer a alguien con malas intenciones. Dormía en los vagones del metro, en los portales, incluso en un cementerio. A veces, por la mañana, una mano ajena la despertaba y le decía: circule, por favor. Otras, algún nuevo conocido la dejaba ducharse y pasar la noche en su casa. Una vida cuyo encanto radicaba en una libertad absoluta lastrada por el hambre. La bohemia podía ser muy dura en Manhattan, durante el invierno, en casas desvencijadas y sin calefacción, pero era verano y la libertad alejaba cualquier incertidumbre. Cuando el escritor decidió cobrarse la invitación en carne humana, Patti decidió que era libre de irse a la cama con quien quisiera. Por suerte vio a lo lejos a un chico alto que había conocido fugazmente en el piso de una amiga y se aferró a él como un náufrago a una tabla de salvación. «Di que eres mi novio», le dijo. Él la abrazó y se marcharon juntos. Destino o suerte, el joven se llamaba Robert Mapplethorpe. Vestía también pantalón vaquero con peto y un chaleco de piel de carnero, mientras que en el cuello tenía varios collares de cuentas.

Mucho tiempo después, Patti Smith escribirá una semblanza de aquellos años, que es también la historia de su relación amorosa con el futuro fotógrafo Robert Mapplethorpe. Él le explicó que había tomado un ácido. Estamos en la primavera de 1967, los preludios del verano del amor, y Patti y Robert se dirigieron hacia Washington Square, en el Village neoyorquino, la plaza donde se reunían los jóvenes para fumar hierba, tomar un ácido, tocar los bongos y escuchar arengas o grupos musicales. Ella tenía un concepto romántico de las drogas y las consideraba como algo sagrado. Robert parecía cariñoso. Siguieron paseando hasta que Patti le confesó que no tenía un sitio donde dormir. Él la llevó al piso de un amigo que se encontraba de viaje.

A partir de entonces se convirtieron en pareja. Ella le mantenía con su trabajo en la librería y ayudas extra que robaba de la caja registradora. De este modo Robert podía dedicarse al arte y trabajar de forma parcial. Si entre los *hippies* el concepto de autenticidad frente a lo comercial era un principio sagrado, otros creadores no desdeñaban el éxito. Ahí estaba Andy Warhol, que defendía la fama y el dinero, las metas de todo artista según su filosofía. Robert y Patti alquilaron un pequeño apartamento. Robert tenía una extraña forma de ser que Patti intentaba descifrar. Desprendía un encanto travieso y tendía a protegerla. Dibujaba, hacía *collages* y estudiaba las obras de los grandes escultores en la historia del arte: Miguel Ángel, Rodin...

Tenía una parte masculina, pero también una femenina: «Sus mundos eran solitarios y peligrosos, y vaticinaban libertad, éxtasis y liberación», escribirá Patti Smith. Cuando el jipismo se guardó en el baúl de las modas pasadas, las telas indias que decoraban las paredes del pequeño apartamento fueron cambiadas por sábanas teñidas de negro y violeta, y grapadas a la pared. Robert colgó también cruces, grabados religiosos e imágenes del diablo y le pidió a Patti que robase libros sobre ocultismo. Luego él arrancaba las páginas con ilustraciones y las reconstruía en sus *collages*. También empleaba imágenes de hombres desnudos de revistas para gais. El resultado era una cartografía de invocaciones y conjuros que podían tener múltiples significados. Incluso Satán, al que él confundía con Aladino, el genio de la lámpara, y al que le pedía ayuda para tener éxito. Como su familia era de educación católica, también frecuentaba la catedral de San Patricio para rezar por los artistas muertos que admiraba y, de paso, por ellos dos con el fin de que se cumpliesen sus deseos. Según Robert, la iglesia le conducía a Dios y el arte hacia las mil caras del diablo.

Midnight Cowboy, una película dirigida por John Schlesinger y estrenada en 1969, ganó tres Óscar a la mejor película, mejor director y guion adaptado. Interpretada por Jon Voight y Dustin Hoffman, cuenta la historia de un joven texano que va a Nueva York con la intención de ganarse la vida como gigoló gracias a su físico. No lo consigue y acabará prostituyéndose en la calle donde se hace amigo de un estafador tuberculoso de poca monta. Esta película que vieron Robert y Patti les impactó sobremanera porque, de algún modo, retrataba una realidad que conocían bien. Llevado por la curiosidad y la falta de dinero para pagar el alquiler, Robert se prostituyó en la calle 42, un sitio peligroso y duro. Incluso se hizo una foto en un fotomatón, con la chaqueta que le había regalado ella y una vieja gorra de la Marina francesa con su característico pompón [ilus. 40]. Patti lloró, le suplicó que no lo hiciese, pero él no le hizo caso:

> Lo imaginé aguardando en una esquina, ofreciéndose a un desconocido con el propósito de ganar dinero para nosotros. Por favor ten cuidado, fue todo lo que pude decir. No te preocupes. Te quiero. Deséame suerte. ¿Quién conoce el corazón de la juventud salvo la propia juventud?[117].

Patti observaba con preocupación que él se estaba adentrando en un universo desconocido. No porque se lo contase Robert, que no hablaba de ello, sino por lo que se reflejaba en sus obras. Hacía extraños *collages* eróticos que la desconcertaban y asustaban. Robert no quiso explicarle el significado porque era un asunto ajeno a la relación que mantenían. Tampoco ella deseaba saberlo y seguía sin entender de dónde le venía a Robert esa afición que nada tenía que ver con el joven que había conocido. Incluso se vestía de forma diferente. Ahora llevaba un chaquetón y un pantalón de cuero negro. Ella puso distancia entre los dos y se marchó a París con su hermana, dispuesta a conocer la tumba de su adorado Rimbaud.

Cuando regresó, el hombre había pisado la Luna y Robert estaba enfermo. Patti se dio cuenta de que esa vida en apartamentos destartalados, sin calefacción y mal alimentados no podía seguir. Le hablaron del hotel de la bohemia neoyorquina, el Chelsea. El dueño aceptó alojarlos con la promesa que le hizo ella de que le pagaría un adelanto en unos días. El dueño les alquiló la habitación más pequeña, pero limpia y sin chinches. Un médico que vivía en el hotel examinó a un Robert enfebrecido. Tenía una gingivitis ulcerosa aguda y gonorrea. Patti temió que se la hubiese contagiado, pero tampoco era el momento de hacerle muchos reproches. Debía cuidarle para cumplir con la promesa que se habían hecho uno al otro de ayudarse hasta que pudieran triunfar como artistas y valerse económicamente por sí mismos. Patti se presentó en la librería de la que se había marchado antes de irse a París y la contrataron de nuevo. Con el adelanto que le dieron pagó el hotel y compró algo de comida.

Patti sabía que Robert la quería, pero como dejaron de hacer el amor pensó que él se había cansado de ella sexualmente. Se fue con otro y Robert, destrozado, le pidió que volviese, aunque le confesó sus preferencias sexuales. Había estado con un hombre, y no por dinero. Una declaración que no se esperaba porque las señales que él le transmitía, Patti las había interpretado en la dirección equivocada de que le gustaba otra mujer. Para ella el arte estaba por encima de los gustos sexuales. Lo vio como una parte de la faceta artística de Robert, lo mismo que las fotos de hombres desnudos que cortaba de las revistas gais con las que hacía *collages*. Patti Smith le dijo que ella necesitaba indagar más allá de él y Robert buscar dentro de sí. Al comienzo de su historia, Robert la protegió, después dependió de ella, y luego se mostró posesivo. Ahora decidieron seguir como amantes y amigos, pero libres.

El hotel Chelsea les permitió conocer también a otros artistas que vivían en el edificio de ladrillo rojo del bajo Manhattan. Como la cineasta y fotógrafa Sandy Daley [ilus. 36], que se alojaba en una habitación del hotel

36. Sandy Daley y Patti Smith en el Hotel Chelsea, fotografiadas por Albert Schöpflin

pintada toda de blanco y en la que sólo había un colchón, unos cojines y un jarrón con flores de tallo alargado. Sandy adoptó a la pareja y les hizo de guía en el hotel. También les enseñó el local nocturno donde había que estar si se deseaba formar parte de la corte de Andy Warhol, el monarca de la modernidad neoyorquina: el Max Kansas City. Era un restaurante y bar de copas pintado de rojo con una trastienda reservada a los vips y que acabará siendo también un local de conciertos. Robert y Patti empezaron a ir todas las noches hasta el local de toldo blanquinegro que lo señalaba desde la distancia después de estudiar detenidamente frente al espejo lo que iban a ponerse. Una vez allí, se pasaban las horas en una mesa con una ensalada y una coca cola. Lo peor era regresar al hotel en el duro invierno neoyorquino andando o en metro. Con el tiempo consiguieron acceder a la trastienda donde estaban los famosos. Patti y Robert solían sentarse en un rincón debajo de una escultura fluorescente de luz roja. El objetivo principal de su presencia en el local, conocer a Warhol, ya no era posible. Tras el intento de asesinato de Warhol por parte de la feminista radical Valerie Solanas, ya no aparecía por el Max, pero el local seguía de moda. Era como la antesala del éxito o el fracaso artístico, mientras se cotilleaba, odiaba e incluso se practicaba el sexo en los servicios.

Sandy Daley dejó que Robert hiciese fotos con su cámara Polaroid. Todas las mañanas, cuando Patti se marchaba a trabajar, Mapplethorpe fumaba unos porros de hachís con Sandy y estudiaban los libros de fotos de ella. A petición de él, una noche acompañó a Robert a uno de los locales sadomasoquistas del West Village disfrazada de hombre. Los dos se sentaron en una mesa y observaron el duro tratamiento al que eran sometidos los sumisos. Para alguien como Robert, que había formado parte de una sociedad militar para agradar al padre y alejar las sospechas de su homosexualidad mediante la hombría que exudaba ese cuerpo militar, lo que vio allí le entusiasmó. De alguna manera conjugaba su atracción por los hombres de apariencia viril y el fetichismo del cuero negro.

Como hemos visto en el caso de Foucault, en los años setenta surgió en San Francisco una subcultura homosexual encarnada por el culto a una virilidad exaltada y que pronto se extendió por otras ciudades, en especial a Nueva York. «Hombres de verdad.» Eran los *leather man*, los hombres que vestían apretadas prendas de cuero negro. Sin embargo, el mundo gay veía con hostilidad a la comunidad del cuero porque estaba asociada a unas prácticas sexuales extremas que perjudicaban la lucha por sus derechos debido a la imagen que desprendían. Solían llevar uniformes y la gorra de cuero negro de visera levantada con el emblema de una pequeña águila con las alas desplegadas y que recordaba la de los oficiales de las SS, «una comunidad de élite militar que no sólo sería supremamente violenta sino también igual de hermosa», según Susan Sontag[118]. Diversas publicaciones gais atacaron numerosas exposiciones de fotógrafos sadomasoquistas que, en algún caso, debieron suspenderse. La ensayista norteamericana observó que el sadomasoquismo era lo más extremo a lo que se podía llegar en el sexo, ya que no tenía nada que ver con el amor, las personas o la relación que se tuviera. Por eso las SS se habían convertido en sinónimo de osadía sexual en las películas y libros pornográficos. Sontag se preguntaba cómo era posible que un régimen que persiguió a los homosexuales se hubiese convertido en un fetiche sexual gay[119]. En el mundo heterosexual también se produjo la erotización del nazismo. Un ejemplo fue la película *Portero de noche*, de la realizadora italiana Liliana Cavani. Estrenada en 1974, contaba la relación de un exoficial de las SS que se reencuentra en la Viena de la posguerra con una antigua prisionera del campo de concentración en el que había estado internada y con la que mantuvo una relación sadomasoquista, que vuelven a reanudar. El papel del oficial de las SS estaba interpretado por Dirk Bogarde. Su gabardina de cuero negro, junto con los pantalones de tirantes y la gorra de él que usaba la prisionera en algunas escenas, interpretada por la actriz Charlotte Rampling [ilus. 37], encarnaron una estética muy imitada y dieron origen a numerosas películas de nazis sadomasoquistas.

Entretanto, Patti tampoco permanecía quieta y conoció a Bobby Neuwirth, el amigo íntimo de Bob Dylan. Le enseñó su cuaderno de poesías y él le dijo que tenía aptitudes como letrista de canciones. Otro nuevo amigo la llevó a un concierto de una banda de rock. Patti se quedó prendada del batería que poseía energía y belleza a raudales. Ya no vivían en el hotel Chelsea sino en un apartamento cercano. Robert teóricamente también, pero pasaba muchas noches con un nuevo novio. Patti malvivía y se encontraba enferma. Un médico le diagnosticó anemia y le dijo que necesitaba comer carne roja. Entonces recordó que Charles Baudelaire también pasó por una situación parecida en Bruselas. Saberlo no le hizo aumentar

37. Charlotte Rampling y Dirk Bogarde, *Portero de noche*, 1974

los glóbulos rojos, pero la animó a ir a una carnicería y robar dos filetes que guardó en los bolsillos de su gabardina. Cuando regresaba a su piso se cruzó con el batería que había conocido la noche anterior y al que le contó lo que acababa de hacer. Él la invitó a comer langosta en el Max, un manjar que ella desconocía que existiese. El batería se convirtió en su nueva pareja y descubrió que era un dramaturgo de éxito. Se llamaba Sam Sheppard, estaba casado y regresó con su mujer e hija recién nacida a las pocas semanas. Patti se quedó destrozada porque el guapo y listo batería le gustaba de veras. Pero ella ya estaba encarrilada hacia el éxito, no como poeta o artista visual que era lo que en un principio pretendía, sino como letrista de canciones de rock que pronto empezó a cantar con un grupo que había formado.

Se le daba bien actuar ya que había participado en numerosos recitales de poesía. El punk acababa de nacer en Nueva York. Una tendencia que encajaba con la estética de Patti Smith, que aprendió a tocar en directo en pequeños locales a expensas del espectador que tenía derecho a escupir. Lo que importaba era la energía, la fuerza y la rabia de los que subían al escenario para proclamar que no había futuro para los jóvenes. La crisis del petróleo de 1973 trajo paro y recesión. Será dentro de este cuadro global donde Patti debute como cantante con su grupo de rock. Frecuentaba el CBGB, un local alargado y angosto con una barra en el lado derecho y un escenario a la izquierda. Al fondo, una mesa de billar, una cocina y la habitación donde dormía el dueño. Situado en el Bowery, un barrio situado en el bajo Manhattan y frecuentado por alcohólicos y gente sin hogar, era el lugar ideal para la estética punk y los grupos de música que nadie conocía. Mapplethorpe se pasaba por allí antes de seguir camino hacia los bares sadomasoquistas los días que tocaba Patti Smith con su grupo. Él la veía y se saludaban. Ella sonreía. También acudieron a verla ejecutivos de compañías discográficas para escucharla. A mediados de 1975, Patti Smith y su grupo grabarán *Horses* para el sello Arista. La foto de la portada es obra de Mapplethorpe. A la discográfica no les gustó porque no era *sexy*. Ella se empeñó y la foto en blanco y negro tuvo resonancia y la canción *Gloria* fue un éxito.

El momento perfecto de Robert Mapplethorpe

Mapplethorpe no le contó a Patti Smith que se había emparejado con David Croland [ilus. 38], un joven guapo que se movía por los bares del Village. Fue una tercera persona quien se lo dijo a Patti. Ella se enfadó bastante con él por no decirle la verdad. Pero Robert tenía sus motivos. Patti deseaba marcharse del apartamento compartido en el que habían tenido que abrir un agujero en el tabique que separaba las dos habitaciones para respetar las normas antiincendios, tras una visita de la inspección municipal. Como Patti mantenía una relación con un músico, carecía de intimidad, pero Robert no podía pagar el apartamento si se quedaba solo. Y la relación con David tampoco parecía destinada a tener un largo recorrido.

Como reparación hacia Patti Smith y compromiso con David Croland, Mapplethorpe accedió a que Sandy Daley

38. Robert Mapplethorpe y David Croland, años 70

(la vecina del hotel Chelsea cuya habitación estaba toda pintada de blanco) filmase un documental titulado «Robert anillándose el pezón», operación que le hizo el médico titular del hotel Chelsea. Daley hacía documentales de este tipo que se encuadraban dentro de lo que ella entendía como «cinema veritè». Cuando Patti Smith quiso inmortalizar su relación con Sam Sphepard mediante un tatuaje, un rayo (él) y una luna nueva (ella), la voluntariosa Daley lo filmó también. Ahora es normal grabarse con la cámara del móvil mientras uno se tatúa, pero entonces no era fácil ni se acostumbraba a hacerlo por lo que de alguna manera se les puede considerar como precursores.

David Croland tenía la sofisticación que le faltaba al fotógrafo. Había salido con Susan Bottomly, la modelo y superestrella de Warhol conocida como International Velvet. Su padre era dueño de una empresa textil y fue la puerta de entrada de Mapplethorpe en la alta sociedad artística de la ciudad. Gracias a él conoció a John McKendry en una cena a la que fue con Croland.

McKendry y su mujer tenían su domicilio en el elegante barrio del Upper East Side neoyorquino. De nacionalidad canadiense, trabajaba como conservador de grabado y fotografía en el Museo Metropolitano de Arte. Estaba casado con una inglesa once años mayor que él y que escribía sobre gastronomía en la edición norteamericana del *Vogue*, Maxime de la Falaise [ilus. 39]. A ella le gustaba cocinar y publicó un libro sobre la antigua cocina inglesa, lo cual tiene su mérito si se repasa lo que se comía entonces en la isla sin que haya mejorado demasiado con el tiempo. Alrededor de este matrimonio se movía un amplio círculo de amistades de la alta sociedad neoyorquina con ramificaciones británicas, siempre de dinero o buen linaje. En cambio, McKendry procedía de una familia humilde. Su padre era un jardinero irlandés, católico y comunista. Como prueba de sus devociones tenía en el comedor de casa colgados los retratos del papa Pio XII y Stalin a la misma altura, una conjunción astral muy particular teniendo en cuenta lo opuesto de sus respectivas iglesias. Tal vez ese origen fue uno de los hilos que le unió a Mapplethorpe, además de una bisexualidad que le condujo a tener numerosas aventuras extramatrimoniales, lo que no le importaba mucho a Maxime. Esta hija de un retratista inglés de fama, sir Oswald Birley, se había educado en una familia de la alta bohemia inglesa. Maxime se casó en Nueva York, ciudad a la que la enviaron sus padres tras la Segunda Guerra Mundial, con un conde francés, Alain de la Falaise, que la doblaba en edad. Con él se trasladó a París. El conde le dio un bonito apellido que cambió por el suyo y la hizo madre de dos hijos. Una hija, Loulou de la Falaise (1948-2011) fue modelo y musa de Ives Saint Laurent. Maxime, guapa y elegante, enderezó la economía familiar. Marido y mujer mantuvieron numerosos amantes en paralelo antes de divorciarse. En el listado de Maxime

39. John McKendry y su mujer Maxime de la Falaise, 1967

tenemos un embajador británico, un playboy italiano, el director de cine Louis Malle, el pintor Max Ernst y un artista estadounidense de poca importancia con el que regresó a Nueva York a finales de los años cincuenta. Allí lo aparcó y se casó con John McKendry.

El conservador de grabados y fotografías del Museo Metropolitano de Arte era un maniaco depresivo aquejado de cirrosis hepática, enfermedad de la que murió en 1975 a los cuarenta y dos años. Iba vestido con trajes de terciopelo y camisas de seda, un poco al estilo de finales del siglo XIX. En cada dedo de la mano tenía un anillo. McKendry hacía un uso generoso de estupefacientes, en el sentido de que también invitaba a su interlocutor a unas rayas de cocaína en su despacho de trabajo del museo. Un gesto de cortesía que podía ser rechazado, pero que daba a entender que las buenas maneras están por delante de cualquier vicio. También era propenso a entusiasmos amorosos de gran intensidad en tiempos breves, ya fuesen hombres o mujeres, como Jackie Onassis, Maria Callas, Rudolf Nureyev y Yukio Mishima. Profesionalmente demostró una gran competencia y fue el artífice del redescubrimiento de los grandes fotógrafos victorianos del siglo anterior[120]. Como tenía acceso a todas las dependencias del Museo Metropolitano, invitó a Mapplethorpe y a Patti Smith a ver las distintas colecciones de fotos, muchas de las cuales nunca se habían enseñado al público. Para el fotógrafo neoyorquino fue una visita decisiva porque le impulsó a dedicarse a la fotografía en exclusiva. Aunque tampoco estaba claro qué otra cosa hubiese podido hacer, ya que la pintura o la escultura, artes por las que se sentía atraído, implicaban dedicarles demasiado tiempo y una personalidad impaciente como la suya sólo le permitía ocuparse unas pocas horas en el mismo asunto. Embobado, Robert contempló las placas de cristal que McKendry le enseñaba y aprendió cualquier detalle, desde la luz al encuadre. Aparte de influirle fotográficamente, McKendry le regaló una cámara Polaroid e incluso logró que la marca le facilitase todas las películas que necesitase.

El conservador le invitó a ir juntos a Londres, donde le presentó a sus amistades. Cuando David Croland supo que Robert se iba un mes con McKendry se quedó estupefacto de la rapidez e intensidad de la relación entre ambos. Sin embargo, McKendry estaba enamorado de Mapplethorpe, pero al fotógrafo le gustaban los hombres que irradiaban autoridad, lo que no era el caso del canadiense. A Patti Smith, John McKendry le parecía un niño victoriano pálido y delicado que perseguía la sombra de Peter Pan[121].

El matrimonio de Maxime y John adoptaron también económicamente a Patti y Mapplethorpe. Cuando estaban sin dinero les enviaban con un taxista un sobre con veinte dólares para que pudiesen comprarse algo de comer. A la rebelde Patti no le gustaba nada el ambiente en que se movía McKendry ni las cenas a las que les invitaban. En cambio, el arribista Mapplethorpe estaba encantado. Subir en la escala social era necesario para ser reconocido y vendido como un artista de valor.

Croland quería ser pintor e invitó a un conocido mecenas a ver su obra. Sam Wagstaff vio los dibujos y se fijó en una foto de polaroid en la que aparecía un hombre joven y guapo con una gorra de marinero [ilus. 40]. Le preguntó quién era y Croland le explicó que se trataba de un amigo suyo, Robert. Sam Wagstaff le pidió el teléfono y Croland no tuvo más remedio que dárselo. Acababa de comprarle dos dibujos por mil dólares. El mecenas no tardó en llamar a Mapplethorpe ante el entusiasmo del fotógrafo que sabía la forma de actuar de Sam Wagstaff por las habladurías del ambiente en que se movía. Como todavía vivía con Patti Smith, atravesó el agujero hecho en el tabique de las dos habitaciones para anunciarle la buena nueva. Un millonario parecía interesado en su obra: estaban salvados.

Sam Wagstaff visitó el apartamento de Robert y Patti y luego los invitó al suyo, bastante normal, y situado cerca del Soho, zona en la que estaban abriendo muchas galerías de arte. Como hombre rico que no presumía de sus

40. Robert Mapplethorpe, 1970

bienes iba vestido de una forma sencilla. Muy culto sin llegar a la pedantería, este neoyorquino atractivo adoraba a su madre. Homosexual secreto, participó en el desembarco de Normandía como oficial de la Armada. Tenía veinticinco años más que Mapplethorpe y habían nacido el mismo día, lo que ambos lo atribuyeron a un capricho del destino. Esa misma noche se acostaron. Con motivo del cumpleaños que celebraron juntos, Robert le regaló un retrato que le hizo y él una cámara Hasselblad último modelo que exigía utilizar fotómetro y permitía una mayor profundidad de campo aparte de mayor flexibilidad con la luz. Después de la Guerra Mundial, Sam Wagstaff había trabajado en el mundo de la publicidad neoyorquina durante los años cincuenta, un poco antes de la misma época que retrata la serie *Mad Men*. Él odiaba ese mundo porque veía en la publicidad una manipulación continua y lo dejó. Quien haya visto la serie de television se puede imaginar con facilidad por qué un hombre culto y refinado detestaba un universo semejante sin tener ni siquiera el aliciente de acostarse con las secretarias jóvenes. Entonces derivó hacia lo que de veras le interesaba y estudió arte renacentista en la Universidad de Nueva York. Después fue conservador de arte contemporáneo en diversos museos hasta 1971.

Cuando Wagstaff [ilus. 41] conoció a Mapplethorpe le dijo que estaba buscando alguien a quien cuidar, una forma como otra de explicarle que tenía dinero para invertir en él. El fotógrafo estuvo rápido de reflejos y respondió que acababa de encontrarlo. Sam le alquiló una casa a unos metros de donde él vivía en Bond Street. Si él ayudó a Mapplethorpe en su carrera fotográfica, el fotógrafo tuvo mucho que ver en la decisión de Sam de convertirse en uno de los coleccionistas privados de fotografía más importantes de los Estados Unidos, colección que vendió años después a la fundación Paul Getty por cinco millones de dólares. Sam también congenió con Patti y la contrató

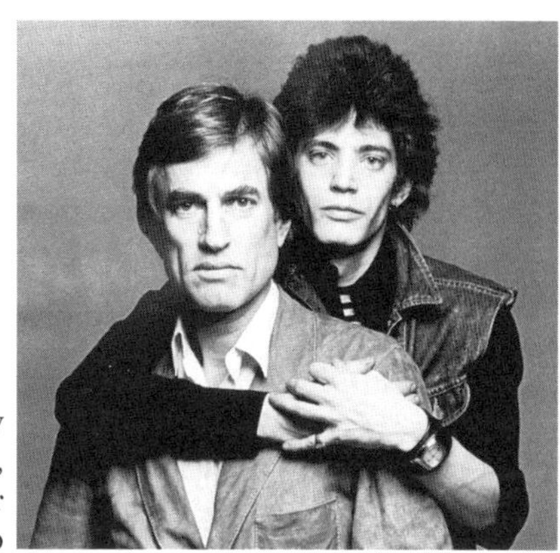

41. Robert Mapplethorpe y Sam Wagstaff, 1974, fotografiados por Francesco Scavullo

para catalogar sus colecciones de arte moderno y cuadros que tenía guardados en su casa.

Mapplethorpe le explicó que no deseaba una relación exclusiva en el plano sexual. Necesitaba explorar el sexo en todas sus vertientes debido a su trabajo de fotógrafo. Sus modelos confiaban en él y la intención de Mapplethorpe era documentar como arte aspectos de la sexualidad que hasta ese momento nadie había retratado. Un reto que le interesaba como artista. Trabajar y crear algo desconocido para el gran público en un territorio virgen. De este modo, al poner su condición de artista por delante, Wagstaff podía entenderle mejor, ya que tampoco podía permitirse el lujo de perderlo.

La primera exposición del fotógrafo fue en enero de 1973, en la única galería de fotografía contemporánea que había entonces en Nueva York. Debido al carácter explícito de muchas de las polaroids expuestas, se hizo en la parte trasera. Wagstaff y Mapplethorpe se movilizaron para que fuese el mayor número de gente posible. La invitación era una foto de Mapplethorpe desnudo con una cámara y un punto adhesivo que ocultaba su pene. La exposición tuvo éxito de público, aunque no de ventas, ya que entonces no existía la costumbre de coleccionar fotos y menos de autores contemporáneos. Robert le contó al fotógrafo Bob Colacello, director de la revista de Andy Warhol *Interview* y del que era amigo, que se sentía cada vez más atraído por la escena de los clubes de sadomasoquismo del West Village[122].

Las atracciones fatales

Cuando Mapplethorpe era adolescente, en la década de los años sesenta, el ocio de la mayoría de los chicos estadounidenses de raza blanca consistía en ver mucha televisión, ir al cine y leer cómics. Los que más le gustaban eran los de superhéroes, películas de terror o historias de nazis malvados. El verdadero miedo es el que alimenta la imaginación. Los chicos que jugaban en el parque con él transformaban los escasos árboles en un bosque cruzado de senderos en cuyos bordes creían ver tumbas con lápidas rotas, o cruzaban un puente que atravesaba un riachuelo donde el croar de las ranas les parecía que eran los lamentos de seres hechizados. Realidad y fantasía se mezclaban con el cine de serie B, los monstruos y la ciencia ficción. Robert Mapplethorpe formaba parte de esa pléyade de jóvenes que bordeaban la exclusión social debido a su rareza. Con los años, las fantasías sadomasoquistas le enlazaron con estos antiguos terrores. Al igual que otros jóvenes de su generación, Mapplethorpe vio en esos subgéneros de la cultura popular un territorio amigo al que añadió el ocultismo.

El contexto ayudaba. Había interés por la demonología, como lo demostró también el cine con películas como *El bebé de Rosemary* (1968) de Roman Polanski, o más tarde *El exorcista* (1973) de William Friedkin. La figura del diablo obsesionaba a Mapplethorpe, que pensaba que podía ayudarle a convertir el caos primigenio en el que se movía en algo valioso. En las casas donde vivió este artista dispuesto a vender su alma al diablo a cambio del éxito abundaban las cruces, calaveras, imágenes del demonio y multitud de fetiches mágicos. El fotógrafo visitaba anticuarios y chamarileros, compraba diablillos de bronce con la pata de cabra y el rabo, estatuillas de Mefistófeles, parafernalia nazi, anillos, símbolos de la suerte, joyas...

Sin embargo, lo que más atraía a Mapplethorpe era la virilidad extrema desde una perspectiva fetichista y de *voyeur*. El fotógrafo fue el iniciador de una dinastía de retratistas del exceso que muchos han practicado después. Pero nadie llegó tan lejos como él. Mapplethorpe buscaba el exceso sadomasoquista con una finalidad documental y artística. Siempre estaba preguntando a sus amigos para que le llevasen a una fiesta especial para hacer fotos, o que le presentasen a la gente que practicaba las parafilias más bizarras. Desde un punto de vista artístico, el mérito de Mapplethorpe consistió en extraer lo pornográfico y reflejar unas imágenes frías y distantes que podían asustar por su contenido sin excitar sexualmente. Para lograrlo se valió de una técnica donde los retratos tenían un aire escultural. Mapplethorpe no buscaba el glamur de una escena sadomasoquista *light*, como hicieron Helmut Newton y numerosos fotógrafos para el mundo de la publicidad y la moda. Era una mirada que veía lo que hasta entonces resultaba desconocido. Más que la estética en sí, lo que le interesaba era desvelar la esencia de los sujetos que retrataba. Por eso solía hacer sus retratos después de alguna sesión de sadomasoquismo real.

Tenemos el testimonio de Jack Fritscher, un californiano que dirigía *Drummer*, una revista especializada en el fetichismo de cuero para homosexuales. La revista de Fritscher necesitaba buenas fotos y se puso en contacto con Mapplethorpe en 1977. Ambos simpatizaron. Tenían las mismas inquietudes artísticas y un origen semejante ya que procedían de familias católicas. El fotógrafo, pelo negro ensortijado, ojos verdes, chaquetón y pantalones de cuero, delgado y con un cigarrillo mentolado siempre en la mano, resultaba muy seductor y acabaron siendo amantes a lo largo de tres años y, luego, amigos[123].

Durante una de sus visitas a Nueva York, Mapplethorpe invitó a Fritscher a que fuese solo a una sesión sadomasoquista organizada por una celebridad de la televisión en una casa con piezas de arte oriental, buenos cuadros, alfombras persas y muchos elementos ostentosos que indicaban que el dueño era un hombre de buen gusto y con dinero. Participaban varias personas y cuando Fritscher vio que habría prácticas escatológicas, avergonzado, se retiró. Como había tomado drogas tenía miedo de salir a la calle solo y llamó a Mapplethorpe para que le fuese a buscar. Tras consolarle cariñosamente, el fotógrafo le dio un hipnótico para tranquilizarlo, y cuando llegaron a su casa le sentó en un sillón del estudio. Alarmado, Fritscher le preguntó qué pensaba hacer. Mapplethorpe le dijo que fotografiarlo, ya que su alma estaba a flor de piel.

Mapplethorpe seguía casi siempre el mismo método. Numerosos correligionarios acudían a su piso para «jugar» y ser luego fotografiados. Algunos se resistían pero el fotógrafo les invitaba a franquear sus límites, diciéndoles que él sabía que en el fondo de su alma deseaban hacerlo. En mayo de 1978, Mapplethorpe escribió una carta a Fritscher en la que le confesaba que su objetivo consistía en descubrir lo que le gustaba a cada persona en el sexo y estudiar el cuerpo humano, al que veía como una estructura ósea y muscular capaz de grandes prestaciones físicas. El exceso moderno siempre ha tenido algo de curiosidad mecánica.

Pero no todo era sexo en la vida del fotógrafo neoyorquino. Su progresión social continuaba sin pausa. Logró ser invitado al baile de oro que celebró en 1976 el dueño de la isla de Mustique, el millonario Colin Tennant, con motivo de su cincuenta cumpleaños. Mapplethorpe ofreció al director de *Interview*, y amigo suyo, Bob Colacello, hacer un reportaje fotográfico que le permitió codearse con distintas celebridades, como Carolina Herrera o la princesa Margarita. Muchos de los famosos que Mapplethorpe fotografió durante esos años lo fueron también gracias a las gestiones de Wagstaff, que era su mecenas y promotor, aunque ya no mantenían relaciones amorosas. El millonario salía ahora con un joven arquitecto y Mapplethorpe, temeroso de acabar siendo desplazado, hizo todo lo posible por boicotear la relación (objetivo en el que tuvo éxito), así como con la siguiente pareja de Wagstaff, un fotógrafo. Sólo descansó cuando le vio emparejado con un peluquero californiano que le había presentado él, Jim Nelson.

Por mediación de su mecenas, la galerista Holly Solomon aceptó representarle y a principios de 1977 se celebró una exposición de Mapplethorpe titulada «Erotic Pictures». A la inauguración asistieron los que habían contribuido directa o indirectamente al éxito de su carrera, aparte de amigos, conocidos y gente del mundillo sadomasoquista. Salvo estos últimos, los demás no habían visto nunca escenas similares ni entendían mucho de ello. Pero los invitados, como hombres y mujeres de mundo, prefirieron verlo igual que si fuese un estudio antropológico de un nuevo medio ambiente. Y así se lo hicieron saber al artista. La enorme timidez de Mapplethorpe (disipada con alcohol y drogas) le hacía hablar poco en las inauguraciones, y cuando alguien le preguntaba algo sobre una foto decía lo primero que se le ocurría para desdecirse con el siguiente que le hablase. Las ventas fueron tan escasas que no le dieron ni siquiera para pagar los marcos de unas imágenes que se vendían a trescientos dólares y que diez años después valdrían más de trece mil dólares.

Mapplethorpe entendió que si deseaba vender sus fotos debía encontrar motivos más decorativos. Un día recibió un ramo de tulipanes que le había enviado un amigo en señal de agradecimiento, y comenzó a fotografiarlos con los nuevos focos de luz que le había regalado Wagstaff. El resultado fue brillante. De algún modo infundió a esas flores de tallos largos un cierto erotismo. Unas tenían la emoción previa al coito con los pistilos dispuestos a ser sorbidos por algún insecto glotón, y otras recordaban los falos *postcoitum* con la tristeza de todo final.

También empezó a retratarse. Mapplethorpe hizo de sí mismo su mejor modelo. En esto no era muy original. Desde los años sesenta se puso de moda el arte del *performance* por parte de artistas que empleaban sus cuerpos como un campo de juego artístico. Una de las más conocidas era la artista serbia Marina Abramović que incluso llegó a provocarse heridas en *performances* como *Ritmo 5* (1974). El fotógrafo se retrató con un látigo en el ano y del que tiraba de él con una mano como si fuese una especie de cordón umbilical.

El pozo de la mina

A Mapplethorpe le gustaba frecuentar en sus salidas nocturnas el Mineshaft (El pozo de la mina). Allí estaban los hombres de verdad que le gustaban. Muchos de los que iban vestían de cuero negro y jugaban el rol de ser paladines de la maldad absoluta, pero envueltos en un aura de belleza estética. Ir a ese sitio era como emprender un viaje alegórico a los infiernos. La transgresión estaba emparejada con el dolor y el castigo, y el verdugo era el demonio de la nueva modernidad que conocía las posibilidades de saciar los placeres de la carne con la fantasía. Como escribió Susan Sontag:

> Ahora hay un gran escenario a disposición de quien lo desee. El color es el negro, el material es el cuero, la seducción es la belleza, la justificación es la sinceridad, la meta es el éxtasis, la fantasía es la muerte[124].

The Mineshaft fue uno de los grandes templos nocturnos de la modernidad neoyorquina junto al Studio 54. Los dos aportaron nuevas ideas al mundo de la noche, aparte de conseguir un gran éxito y ser copiados hasta el infinito. Ambos locales comenzaron su andadura gracias al apoyo financiero de la mafia, siempre dispuesta a invertir en negocios capaces de generar buenas ganancias económicas. La mafia actuaba de prestamista y facilitaba camareros no sindicados, permisos municipales, y ayudaba a pasar las inspecciones. En la práctica sólo arrendaba los locales ya que la propiedad nominal era de un bufete de abogados. The Mineshaft fue inaugurado en noviembre de 1976 y era hermano del Hellfire (El fuego del infierno) dedicado a los heterosexuales y situado cerca. Matthew Ianniello, de la familia Genovese, gestionó ambos locales junto a otras decenas de bares de gais y lesbianas durante décadas en Nueva York, incluido el Stonewall, donde comenzó la lucha por los derechos de los gais en 1969.

El Studio 54 sólo estuvo abierto dos años y diez meses, mientras que el Mineshaft aguantó nueve años y nueve días. Se encontraba en el sur de Manhattan, en el llamado Meatpacking –Mercado de la carne–, cerca del río Hudson, en el 835 de Washington Street, donde estaban situados los mataderos de la industria cárnica de la ciudad. Ahora es uno de los barrios más exclusivos de la ciudad y no queda rastro alguno de esos establecimientos que se han trasladado a Nueva Jersey o el Bronx. En los años setenta la zona estaba formada por edificios industriales de ladrillo rojo de dos o tres plantas y soportales porticados con muelles que permitían la carga y descarga de las reses de los camiones sin necesidad de elevadores.

La prostitución y la venta callejera de drogas se apoderaron de las calles del distrito en los años setenta. En esa década, los empleados trabajaban por la mañana en el comercio de la carne. Por la tarde, las calles estaban vacías. En los espacios libres surgieron bares y *afterhours*.

Como siempre ocurre en todo negocio de éxito, fue un hombre el que entendió por dónde había que ir. Wally Wallace era un antiguo actor homosexual que había gestionado distintos bares de cuero con éxito. El mafioso Ianniello, más conocido como Matty el Caballo por su imponente aspecto físico, le puso al frente de The Mineshaft, un local que no tenía ninguna señal luminosa por fuera y que, teóricamente, era sólo para socios. El nombre se debía a la existencia de un pozo. El club estaba abierto ininterrumpidamente desde el miércoles hasta el lunes por la mañana. En la puerta de hierro sólo había un pequeño cartel que lo identificaba como la «Escuela Mineshaft para la educación inferior». Una vez que se entraba, había una escalera hacia un piso superior donde se encontraba un portero detrás de un atril junto a un guardaespaldas. Debido a la afluencia de público los fines de semana (podía haber entre quinientas y seiscientas personas), se formaba una larga cola en la escalera e incluso fuera en la calle. La única razón para convertirlo en un club de socios era que podía seguir abierto después de la hora oficial de cierre de las discotecas y bares públicos, que era las cuatro de la madrugada. A los que no eran socios se les facilitaba un carné provisional. Ser miembro implicaba formar parte de una lista donde figuraba el nombre y un alias, y recibir un carné plastificado negro. Hacerse socio no era caro, unos diez dólares por trimestre. Las bebidas costaban un dólar por cerveza y dos cincuenta por una copa en concepto de «donación». Los que no eran socios pagaban por acceder unos diez dólares el sábado por la noche y ocho el resto de la semana. Para entrar había que llevar ropa vaquera o de cuero, no se permitían camisas ni polos, menos aún trajes, chaquetas o sudaderas y tampoco estaban bien vistas las zapatillas de deporte. Tampoco se aceptaban perfumes ni colonias ni nada que enmascarase el propio olor corporal.

Las mujeres tenían prohibido el acceso. Una noche se presentó Mick Jagger acompañado de la que luego sería su esposa, la modelo texana Jerry Hall, y fue rechazado. Sin embargo, la noche de la inauguración estuvo una mujer muy atractiva vestida de cuero, y Wallace no la dejó pasar. Ella se marchó escoltada por una veintena de chicos que la acompañaban. Wallace se enteró de quién era. Se movía en el ambiente del cuero y habló con ella. A partir de entonces la dejó pasar a condición de que no bajase a la otra planta. Se trataba de Camille O'Grady, una poetisa y cantante de rock que había trabajado de modelo. A finales de los años setenta se mudó a San Francisco junto a su pareja el fotógrafo Robert Opel, que montó una galería de arte donde expuso Mapplethorpe por primera vez en esa ciudad. Camille fue testigo del asesinato de su pareja durante un atraco a la galería en 1979 por dos adictos y ella misma estuvo a punto de morir de otro disparo. Una historia demasiado fuerte incluso para una mujer que cuando no estaba Wallace en el Mineshaft se aventuraba en la planta de abajo del local y participaba en juegos sadomasoquistas subidos de tono.

Una vez traspasada la entrada estaba el salón que era un espacio grande con unos billares cubiertos de madera contrachapada, un bar con una barra, el área del guardarropa y algunos bancos en penumbra para sentarse. El salón estaba iluminado y se permitía hablar en voz alta. El volumen del sonido de la música era menor que en el área de diversión y permitía tener una conversación con otra persona. Las paredes estaban cubiertas de tablones de madera sin barnizar y en el suelo se echaba serrín. Muchos de los que entraban se cambiaban o desnudaban en los vestuarios o adoptaban nuevos disfraces para sus juegos favoritos. El salón era también una zona de tránsito para lo que iba a ocurrir luego. También había un aseo con luces rojas. Un pasillo conducía a la zona de diversión. Allí las paredes eran negras y no se permitía hablar, reír o todo lo que distrajese la actividad sexual. La zona estaba mal iluminada y disponía de un pequeño bar y varios reservados de madera con orificios para mirar o practicar felaciones. Los camareros facilitaban vasos de cartón con lubricante y toallitas de papel e invitaban a la gente a ir desnudos. En cuanto al piso de abajo (que se encontraba a ras de la calle porque el salón y el área de diversiones estaban en la primera planta), el sociólogo Thomas S. Weinberg lo describió de la siguiente manera:

> La planta inferior era más amplia que la superior, pero estaba dividida por muros de hormigón pintados de negro. La primera parte de la planta inferior parecía un laberinto. El piso no estaba bien nivelado, y el área se recorría con dificultad con algunos rincones oscuros. La mayor parte de estos lugares servían de escenario para practicar el sexo sadomasoquista en pareja o en grupo. Bajo la escalera de madera había algunos compartimentos más de madera. En otra parte había una bañera [...]. En medio del silencio se escuchaban de vez en cuando susurros exhortatorios...[125].

Lo que le dio una enorme popularidad al local fue la película *Cruising*, dirigida por William Friedkin e interpretada por Al Pacino en el papel estelar de un policía infiltrado en el ambiente gay sadomasoquista de Nueva York para descubrir un asesino en serie. La cinta estaba basada en hechos reales descritos en la novela del periodista Gerald Walker. Cualquier psicópata sádico encontraba un terreno propicio en estos encuentros anónimos. Le bastaba con seducir al masoquista adecuado que, inmovilizado y por lo general drogado, era presa fácil. También hubo otros crímenes causados en sesiones SM, como el del joven noruego Eigil Dag Vesti cuyo cadáver apareció con dos disparos en la cabeza en una finca del norte del estado de Nueva York. Por este crimen fue condenado Bernard Le Geros, de veintidós años, y absuelto el otro participante en la orgía anterior al crimen, el comerciante de arte Andrew Crispo, de cuarenta y cuatro. Un modelo y amigo de Mapplethorpe, el californiano Larry Hunt, fue a un local de aficionados al cuero de Los Ángeles y lo único que se volvió a ver de él fue su mandíbula inferior en el Parque Griffith de la ciudad, uno de los más grandes de Norteamérica con una amplia extensión de bosque.

William Friedkin, director de la película *El exorcista*, que tuvo mucho éxito, visitó el Mineshaft. Muchos de los asiduos del local participaron como extras, pero no se logró rodar dentro porque Wallace no lo consintió. Las escenas del bar se rodaron en el Hellfire Club, el primo hermano de The Mineshaft. Sin embargo, expolicías que colaboraban con Friedkin desde su anterior película, *French Connection*, provocaron una redada en el Mineshaft por venta de alcohol y todos los empleados fueron detenidos y llevados a declarar a una comisaría, momento que aprovechó un equipo de la compañía cinematográfica para entrar en el local y fotografiarlo para reproducirlo luego fielmente.

Hubo una furibunda respuesta gay a la película *Cruising* (1981) de William Friedkin, al considerar que los homosexuales eran presentados como seres perversos, otras veces resultaban caricaturizados y se negaban a identificar la homosexualidad con esos ambientes. Si ahora ha quedado como un testigo de una época desaparecida, entonces suscitó numerosas protestas, manifestaciones e intentos de boicot en los sitios donde se exhibía. Sin embargo, con el paso del tiempo la lectura que se ha hecho de la cinta es distinta. El personaje principal del policía que interpreta Al Pacino sufre una catarsis al vestirse de cuero para frecuentar el ambiente. No es tanto un disfraz como una segunda identidad que termina siendo la suya según avanza la cinta. La película refleja bien aquel medio ambiente donde todo el mundo tenía dobles vidas y los roles se mezclaban y confundían.

El local cumplía las normas de seguridad. Como la falsa parte subterránea daba a la calle, las puertas de seguridad también. En 1984, con el auge del sida, los beneficios descendieron en picado. Los mafiosos de Ianniello interrogaron al personal acusándoles de robar parte de la recaudación. No entendían que debido al sida cada vez había menos clientes, muchos de los cuales habían contraído la enfermedad.

En un artículo publicado en 1985 en el *New York Times* sobre la inspección hecha en el lugar por agentes municipales antes del cierre, se afirmaba que los funcionarios habían visto a hombres «en varias fases de desnudez practicando sexo». Los hombres pasaban de una pareja a otra y aunque los carteles advertían del sida y el local ofrecía preservativos, éstos no se utilizaban. Dos de los inspectores dijeron haber oído ruidos de azotes y gemidos, que no investigaron «por razones de seguridad personal», según escribió uno de ellos[126].

El ayuntamiento de Nueva York ordenó el cierre de los clubes en los que se realizaran actividades sexuales en octubre de 1985. El entonces alcalde, Edward Koch, dijo que no trataba de imponer ninguna restricción a la sexualidad, sino de salvar vidas. Oficialmente, se clausuró por carecer de licencia para vender bebidas alcohólicas. Muchos estuvieron de acuerdo, pero otros pensaron que al cerrarlo se entrometía en la vida sexual de la gente. También se criticó que se centraran en las prácticas homosexuales y no heterosexuales. En la misma zona de calles mal iluminadas y abandonadas, las prostitutas adictas y sin control llevaban a los clientes a callejones u hoteles baratos para atender sus demandas.

El éxito nunca es definitivo

El primer semestre de 1979 supuso el despegue hacia el éxito para Mapplethorpe con numerosas exposiciones, dos en San Francisco y dos en Nueva York, una de ellas con Patti Smith [ilus. 42] y la otra con la fotógrafa Linn Davis. Además de otra en París gracias a las gestiones de Wagstaff. Sin embargo, las dos exposiciones de San Francisco eran en principio la misma. Al galerista, que era judío,

42. Patti Smith, 1978, fotografía de Robert Mapplethorpe

le ofendió el uso de la esvástica en algún personaje fotografiado. Además, tanto Mapplethorpe como Wagstaff (aunque este último también era de origen judío) en privado hacían comentarios antisemitas, lo que tampoco ayudó mucho. El galerista, Simon Lowinsky, eligió las fotos de flores, los retratos y alguna imagen erótica *soft*. El fotógrafo, enfadado, buscó y encontró otra galería para las imágenes más duras y eligió para la invitación su autorretrato con el látigo en el ano y el rótulo «censurado». Pero si estas exposiciones no tuvieron la repercusión buscada por Mapplethorpe, la de junio en la galería neoyorquina Robert Miller, con Patti Smith, fue un éxito compartido. Los dibujos de la cantante ocupaban el lugar central de la galería. Hechos a lápiz, eran retratos de su santoral particular: Rimbaud, Verlaine, Pasolini, Jane Bowles, Genet... Ella era la figura central del acontecimiento. Su álbum *Easter* tuvo buenas ventas y su libro de poesías *Babel* había recibido elogiosas reseñas. La exposición de París, la primera individual en Europa del fotógrafo, también fue un éxito y se vendieron casi todas las fotografías.

La marca Mapplethorpe empezaba a crecer. Montó un cuarto oscuro para revelar con la ayuda de dos técnicos y fichó a un fotógrafo que había conocido en San Francisco como ayudante. Marcus Leatherdale era un joven canadiense atractivo que había formado parte de la escena punk de San Francisco con un grupo denominado Penélope y los Vengadores. Mapplethorpe le había conocido en la exposición de San Francisco y le ofreció que viviese en su estudio cuando le comentó que pensaba trasladarse a Nueva York. De este modo Leatherdale comenzó a trabajar como ayudante de Robert Mapplethorpe, modelo fotográfico y compañero de correrías nocturnas. Cuando empezó a ver que Leatherdale despuntaba con sus fotos, empezaron las tensiones. Como explicó años después Leatherdale, ambos fotografiaban a menudo a la misma gente, y Mapplethorpe no podía aceptar comparar sus fotos con las de un neófito. Mapplethorpe era intenso y egocéntrico, aunque también podía ser un tipo amable y generoso al que le gustaba bromear y cotillear. Al final se separaron, aunque siguieron siendo amigos. Leatherdale adquirió luz propia en los años ochenta retratando a los personajes del mundo de la noche neoyorquina, como a una chica entonces desconocida vestida con un traje vaquero y que se llamaba Madonna[127].

La exposición que Mapplethorpe hizo con la fotógrafa Linn Davis, una admiradora suya, fue un fracaso. Mapplethorpe odiaba verse definido como un fotógrafo gay y veía sus fotos sadomasoquistas como la expresión de un nuevo arte. Cuando expuso el *X Portfolio* con trece imágenes «fuertes» en la parte de atrás de una galería mientras que en la delantera exhibía el acostumbrado repertorio de retratos y flores, lujosamente enmarcadas, la crítica fue hostil. Una publicación gay le acusó de ser un estafador al intentar vender sus imágenes SM como si fueran arte. El crítico del *Village Voice*, el influyente Ben Lifson, fue mordaz al traer a colación a Freud para hablar del descenso de los artistas a los abismos particulares con el fin de explicar luego qué habían descubierto allí. Sin embargo, Mapplethorpe había regresado con una postal donde contaba que se lo había pasado muy bien y sentía mucho que nadie hubiera podido acompañarle[128]. Mapplethorpe comprendió que el descenso al abismo sadomasoquista ya sólo podía traer malas críticas y un catálogo de chifladuras que no iban a enriquecer su mirada de artista.

En esta nueva etapa nos encontramos a la culturista Lisa Lyon [ilus. 43], que fue la segunda y única mujer con la que mantuvo una relación después de Patti Smith. Lisa Lyon era una californiana a la que había conocido en una fiesta a través de Marcus Leatherdale. Hija de un rico odontólogo, era intelectualmente superdotada y depresiva. Aseguraba que el ácido que tomaba con frecuencia dictaba las órdenes oportunas a sus neurotransmisores para esculpir

43. Lisa Lyon y Robert Mapplethorpe, 1982

físicamente su cuerpo en lugar de esteroides, y le ayudaba a luchar contra las alucinaciones que sufría desde pequeña. Esta mujer culta y de cuerpo musculoso, pero femenino, excitó a Mapplethorpe, que la fotografió días después.

El fotógrafo empezó también a frecuentar un bar en Nueva York especializado en sexo interracial gay, el Keller's. Más que un intercambio sin intereses, era un lugar donde los chicos negros vendían su sexo a cambio de dinero para drogas. Los cuerpos más proporcionados y musculosos de los hombres de raza negra eran unos modelos ideales para ser fotografiados. El nuevo escenario le exigió cambiar el vestuario de cuero por los trajes vaqueros y llevar cocaína. Mapplethorpe llegaba en el momento justo para su nueva exploración sexual y artística. Los hombres y mujeres de raza negra empezaban a ser descubiertos y tras conquistar los derechos civiles en los años sesenta, había un *boom* de la música negra, además de otros fenómenos de la época, como los Panteras Negras, el poder negro, el gueto y sus rebeliones, el traficante, el artista... Robert Mapplethorpe tenía lo que necesitaba para adentrarse en su nuevo mundo como un antiguo explorador en el corazón de las tinieblas de África ecuatorial. Disponía de una buena cámara de fotos, un estudio equipado y mucho dinero en su cuenta corriente. Hasta ese momento las imágenes de los hombres de raza negra aparecían esporádicamente en las revistas eróticas gay, que por lo general incluían un desplegable central donde enseñaban genitales gigantescos. La estética de las fotos de Mapplethorpe sobre los hombres de raza negra al principio recordaba la «plantación» sureña de esclavos, sólo que en un plano sexual. Después volvió a encontrar su vocación inicial de *voyeur* hasta convertirlos en estatuas, como se puede observar en el libro que publicó con sus retratos.

En 1980 se celebró la primera exposición suya dedicada a los modelos de raza negra titulada «Blacks and Whites», en San Francisco. Lisa Lyon asistió a la inauguración y días después se prestó a una sesión de fotos con Mapplethorpe en el desierto, cerca de Palm Springs. Luego fueron a un hotel, tomaron un ácido y se acostaron juntos. En las semanas que estuvo en California, ambos siguieron con su relación hasta que Mapplethorpe conoció a Milton Moore. Este joven de veintitrés años era originario de Tennessee y lo había conocido una madrugada en el Keller's. Moore necesitaba trabajo y Mapplethorpe le ofreció posar como modelo suyo y le llevó a su loft donde le atiborró de cocaína.

Con Lisa Lyon tuvo una reanudación de su historia con motivo del libro de fotos titulado *Lady*, en el que trabajaron dos años. Mapplethorpe acabó hastiado de la personalidad de Lisa por sus problemas emocionales y excesos con las drogas, incluso para un hombre como él que era cocainómano. El libro fue presentado en la Galería Castelli como el arquetipo de la mujer nueva pero no tuvo éxito. Hubo que esperar una década para que Madonna imitase la idea y triunfase con su libro *Sex,* fotografiada por Steven Meisel en 1992.

La relación con Moore hizo agua enseguida. Mapplethorpe le pagaba un sueldo como modelo exclusivo. Si se exceptuaba la fotografía, las relaciones eran básicamente sexuales. Mapplethorpe alquiló un apartamento para Moore y le matriculó en un curso de fotografía que no siguió. La siguiente exposición sobre hombres de raza negra, «Black Males», con Moore de protagonista, fue un triunfo. Mapplethorpe llevó a su amante negro a la inauguración para que viese que no había fotos de su cara y genitales al mismo tiempo como le había prometido. Mapplethorpe no escondía a Moore y compartía su intensa vida social con él. A Moore le tensionaba mucho porque debía aprenderse de memoria lo que tenía que decir.

Las peleas eran frecuentes entre ambos. Moore le amenazaba con visitar a su familia y contarles que su hijo era gay (la familia de Mapplethorpe seguía sin saberlo). En cambio, fue el fotógrafo quien conoció a la familia de

Moore en un último intento de comprenderle. El ambiente familiar de los Moore en Tennessee era de extrema pobreza. Las cucarachas reinaban por doquier en una vivienda mínima habitada por la madre y ocho hermanos. Por la noche, Moore se acercó al jergón de Mapplethorpe y con una escopeta de caza le amenazó con dispararle y contar a su madre que el supuesto amigo era homosexual como él, le llevaba al Mineshaft, y le llamaba *nigger* (un término ofensivo y que era como los blancos llamaban a los negros en la época de la esclavitud). Mapplethorpe salió corriendo y tomó el primer vuelo de vuelta a Nueva York llorando por la pérdida de Moore. Años después Moore acabó en una penitenciaria de Alabama por el asesinato de un hombre. Le pidió tres mil dólares a Mapplethorpe que se los envió.

A Moore le sucedió Jack Walls. Este joven también de raza negra de veintitrés años carecía de la belleza de Moore, pero era inteligente y divertido. Trabajaba de mecanógrafo, había sido minorista en la venta de drogas, y de sus ocho hermanos uno había resultado muerto en un tiroteo entre bandas. Daba clases de baile y había pasado por la cárcel. Walls sabía comportarse en la vida social de Mapplethorpe sin necesidad de lecciones previas. En cambio, no se prestaba tan fácilmente a hacer de modelo. Además, su físico era bastante normal. El fotógrafo le consiguió diversos empleos a través de amistades, pero Walls llegaba tarde, faltaba muchos días al trabajo y lo que le gustaba era drogarse.

El extraño virus que mataba preferentemente a homosexuales estaba en boca de todos. Mapplethorpe prefería no pensar en ello. El fotógrafo fue hospitalizado con diversas infecciones en 1982. Incluso siguió frecuentando el Mineshaft y el Keller's, pero había aparcado las prácticas extremas. Mapplethorpe siempre decía que el sexo era lo más importante en su vida.

En febrero de 1984, Robert Mapplethorpe inauguró una exposición suya en la galería madrileña de Fernando

Vijande. Desde luego nada tenía que ver con la popularidad de Andy Warhol, a quien Vijande había convencido para inaugurar en Madrid, a comienzos del año anterior, su exposición titulada «Pistolas, cuchillos y cruces». Una de las invitadas recuerda la belleza del fotógrafo y su inmensa timidez[129]. Vijande, siempre atento a la mejor forma de promocionar a sus artistas, organizó una preinauguración el día antes, a la que invitó a la gente más interesante para Mapplethorpe. Fue allí donde conoció a un joven fotógrafo, Javier González Porto, que se acabaría yendo con él a Nueva York para trabajar de asistente suyo durante tres años.

Los ayudantes de Mapplethorpe cambiaban según los caprichos del fotógrafo. Todos eran jóvenes atractivos que se encontraban al comienzo de su carrera fotográfica. Como asistente más «oficializado» permanecía el más pequeño de sus hermanos, Ed. El español Javier González Porto sustituyó a Leatherdale. A Javier le sustituiría tres años después Brian English.

Mapplethorpe desarrolló una veta coleccionista y compraba de forma compulsiva objetos que le fascinaban. Como tenía dinero, empezó a coleccionar figuras modernistas de vidrio de Vanina y Murano de múltiples colores y formas. Un coleccionismo que había aprendido de Wagstaff quien, tras vender su colección de fotografía a la Fundación Paul Getty, empezó otra nueva de plata americana desde el siglo XIX hasta comienzos del XX, lo que enfureció a Mapplethorpe que lo vio como un desprecio indirecto hacia su obra. El enfado se le pasó cuando Sam Wagstaff le compró un ático cerca de su vivienda con el dinero de la venta de su colección de fotos. El piso, ironías del destino, estaba cerca de donde Mapplethorpe y Patti Smith habían vivido en sus tiempos de dura bohemia.

Además de los retratos comerciales o las fotos publicitarias, Mapplethorpe solía fotografiar las flores y objetos que le traía Dimitri Levas, un interiorista aficionado a recorrer rastrillos y tiendas de antigüedades. Éste fue el momento más clásico y comercial de Mapplethorpe. Autorizó la reproducción de fotos suyas en sábanas y otros objetos, y se hicieron tarjetas postales con sus imágenes, además de publicarse más de veinte catálogos y libros de sus exposiciones. Para difundir y proteger su marca artística creó la Fundación Robert Mapplethorpe. Pero el verdadero interés del fotógrafo en estos años fue la vida social. Tenía una agenda frenética y le gustaba chismear de cualquier asunto. El fotógrafo se hizo muy amigo de una decoradora de interiores, la millonaria Suzie Frankfurt, una mujer a la que le gustaba moverse en la órbita de los homosexuales, y a la que visitaba en su inmensa casa. La vida de Mapplethorpe se sofisticó y acudía con ella a restaurantes buenos y a la ópera. Suzie se había convertido al catolicismo y pedía a Robert que volviera a la religión de sus orígenes familiares, aparte de advertirle de su peligroso comportamiento sexual. También le encargaba retratos y animaba a sus amistades para que hiciesen lo mismo. Mapplethorpe cometió la equivocación de llevar a una cena de etiqueta a su último acompañante de raza negra, Thomas Williams. La cena la había organizado Suzie Frankfurt en honor del fotógrafo, del que estaba enamorada, y ella figuraba como pareja de él para conmemorar la inauguración de una exposición suya. La amistad entre ambos ya no volvió a ser la misma de antes.

En 1985 fue entrevistado en Nueva York para el programa *La Edad de Oro* en TVE, de Paloma Chamorro. Ya lo había sido el año anterior durante su visita a Madrid. Mapplethorpe explicó lo que intentaba hacer con sus fotografías. También intervino Sam Wagstaff que dejó caer entre sonrisas que el fotógrafo jugaba demasiado con el peligro. Ambos estaban físicamente bien, pero Wagstaff fue hospitalizado meses después por una tuberculosis, una de las numerosas infecciones oportunistas asociadas al sida.

Con motivo de la salida del nuevo disco de Patti Smith, *Dream of life*, que reaparecía después de estar diez años retirada del mundo de la música dedicada a sus hijos y marido, se reunió con Mapplethorpe para que le hiciese la foto de la portada, que no convenció y menos a la discográfica. Ella insistió en que no la cambiasen. El álbum no funcionó. Patti aprovechó su estancia en Nueva York para ver a Sam Wagstaff que estaba hospitalizado. Él le confesó que los tres grandes amores de su vida habían sido su madre, el arte y Mapplethorpe. Murió en enero de 1987 y dejó las tres cuartas partes de su herencia, unos siete millones de dólares, a Mapplethorpe. El testamento fue impugnado por la hermana de Sam Wagstaff, Judith, señora de Thomas Jefferson IV, que recibió diez mil dólares, pero el mecenas sabía lo que iba a ocurrir y dejó a sus dos amantes un sueldo mensual. La hermana, que era inmensamente rica, no siguió con el pleito. Mapplethorpe cedió la casa de la playa a la pareja de Wagstaff, Nelson, y quinientos mil dólares. Con la herencia recibida, el peluquero viajó a Londres en el camarote más lujoso del *Queen Elizabeth* y se alojó en una *suite* del Ritz. Regresó en silla de ruedas debido a su estado de debilidad causado por el sida.

Mapplethorpe esnifaba cocaína y fumaba, a pesar de que los síntomas de la enfermedad avanzaban. Con motivo de su cuarenta y un cumpleaños celebró una fiesta en su nueva casa para doscientas personas. Robert seguía gestionando sus asuntos y demostró una fortaleza física sobrehumana. Aparte de la exposición organizada en el Instituto de Arte Contemporáneo Corcoran de Filadelfia el 9 de diciembre de 1988, y que llevaba como título «El momento perfecto», programó una retrospectiva suya en julio en el Whitney Museum de Nueva York. Tuvo más repercusión «El momento perfecto» en Filadelfia, debido a la denuncia interpuesta por la Asociación de Familias Norteamericanas, lo que motivó que fuese cancelada la misma exposición prevista para el verano de 1989 en la galería de arte Corcoran de Washington. Hubo una fuerte polémica durante año y medio con motivos a favor y en contra que culminaría con un proceso en Cincinnati por obscenidad, con la absolución final de los directores de la galería.

Mapplethorpe viajó en febrero a la inauguración de su exposición en Ámsterdam, y en marzo a Londres para asistir a diversos acontecimientos relacionados con su obra, que obtuvo gran éxito de público y crítica. El autor de un documental sobre la vida de Mapplethorpe para la BBC tuvo que eliminar cualquier referencia al sida que sufría Mapplethorpe.

Cada día que pasaba, Mapplethorpe se encontraba peor de salud y aumentaba el número de sus cuidadores. El más importante era su hermano Ed, la novia de éste, antigua modelo de Mapplethorpe y que había presentado a su hermano con la esperanza de que formasen pareja, lo que efectivamente ocurrió. También estaba su antiguo asistente Jack Walls, que recibía una asignación semanal para limpiar la casa, y que invertía en drogas. Cuando Mapplethorpe se lo recriminaba, Walls le echaba en cara que consumiese cocaína y fumara dos cajetillas diarias de tabaco. También formaban parte de la corte Dimitri Levas, su asistente Brian English y su amiga fotógrafa Lynn Davis, la coordinadora de toda la tribu. Cuando tuvieron que ponerle un catéter para administrarle una solución proteínica por vía intravenosa, no le quedó más remedio que contratar a un par de enfermeros privados para supervisar el complicado sistema de alimentación.

En julio de 1988 le visitó su hermana Nancy y, por primera vez, reconoció su homosexualidad, lo que su madre se negaba a creer. En su juventud le había presentado a Patti Smith como su futura esposa. Tampoco el compañero de Sam Wagstaff, el peluquero Jim Nelson, que se estaba muriendo de sida, deseaba que su familia le acompañase en el hospital en sus últimas horas por temor a que descubriesen que era homosexual. Siempre había recurrido a subterfugios variados e incluso se inventó novias. La familia se presentó y estuvieron con él en sus últimos momentos. Falleció meses antes que Mapplethorpe.

Robert asistió a la inauguración de su exposición en el Museo Whitney en julio. Aunque parecía que no podría levantarse de la cama, acudió en una limusina vestido con un esmoquin de satén púrpura, camisa blanca, pantalones negros y chinelas de terciopelo con sus iniciales bordadas en oro. La inauguración del Whitney fue uno de los eventos más esperados del verano en Nueva York y casi nadie se dio cuenta del catéter y la botella de oxígeno que formaban la parte más importante de la vida del fotógrafo durante esos días. Con la ayuda de un bastón con empuñadura de plata, Lynn Davis y una enfermera, entró en el museo andando. Mapplethorpe no aceptó la silla de ruedas que le ofrecieron y se dirigió a un sofá que le habían preparado en el centro de la sala. Cuando se cansó de tanta gente, se retiró a una de las habitaciones traseras donde creó, de forma involuntaria, un reservado para los íntimos lo mismo que en un club nocturno, y cuando se fatigó demasiado se marchó andando despacio entre las dos filas formadas por los invitados.

El viernes 4 de noviembre de 1988, Robert Mapplethorpe ofreció un gran cóctel en su estudio para celebrar su cuarenta y dos cumpleaños. También hubiese sido la fecha del cumpleaños de Sam Wagstaff, al que recordó. En el momento álgido de la fiesta, cerca de doscientas personas se arremolinaban en el amplio estudio, entre ellas estrellas de cine fotografiadas por Mapplethorpe. Entre la multitud también se encontraban muchas celebridades. Además de coleccionistas, amigos y, cómo no, los inevitables hombres vestidos de cuero negro, con la gorra negra de visera y sus esclavos.

Los regalos, maravillosamente envueltos, formaban una montaña junto a la puerta principal. A lo largo de la fiesta siguieron llegando ramos de flores, incluido uno de tres docenas de rosas blancas en un jarrón de cristal. Los camareros con chaquetas negras se movían entre la multitud, llevando bandejas con copas acanaladas de champán. En varias mesas había grandes latas de caviar beluga, y Robert no dejaba de inclinarse y servirse.

Aunque era la fiesta de despedida de Robert Mapplethorpe para sus amigos, nadie expresó su tristeza. Robert, siempre impecable, ofreció a sus invitados una celebración optimista y alegre. Lucía mejor aspecto del que había tenido en semanas. Se sentó en su sillón favorito, sin perderse nada, recibiendo a un invitado tras otro, que se acercaba y se arrodillaba a su lado para charlar con él. Hacia el final de la velada, se levantó y caminó hacia su habitación.

Robert Mapplethorpe falleció en la madrugada del 9 de marzo de 1989 en un hospital de Boston. Patti Smith le visitó días antes en su domicilio para despedirse. El 8 de marzo su estado general se agravó, pero no quiso tomar morfina para mantenerse despierto. Su hermano Ed cumplió la promesa que le había hecho a su madre y avisó al capellán del hospital, que le administró los últimos sacramentos. La madre murió tres días después. Las cenizas de Mapplethorpe fueron enterradas en la tumba de su madre, en el cementerio de Queens. El padre se negó a incluir el nombre del hijo en la lápida. Siempre se vuelve al padre, aunque Mapplethorpe intentó alejarse de su sombra a través del exceso. Por el camino, se convirtió en un gran fotógrafo, así como la devoción por los hombres viriles encerró su corazón en una guerra de uniformes de cuero y quimeras y una guerra ficticia entre uniformes de cuero.

EL EXCESO EN EL SIGLO XXI

En el siglo XXI los horizontes del exceso han cambiado lo mismo que muchos aspectos de nuestras vidas. Nos encontramos en una fase de la historia de la humanidad donde la mayor parte de nuestras experiencias, problemas y conocimientos son nuevos en muchos ámbitos. La separación entre lo humano y lo artificial, lo físico y lo virtual, se ha hecho más difusa. Hemos entrado en una era donde no sólo el cuerpo humano, sino también nuestras identidades y valores están siendo redefinidos. A diferencia del siglo anterior, el exceso actual no está dirigido a expandir la conciencia o desafiar las normas sociales. Tampoco a la transformación personal. No se busca que sea una manifestación privada o un aspecto más o menos íntimo de nuestra personalidad. Si antes se publicitaba en los medios de comunicación cuando traspasaba ciertos límites, ahora las redes sociales ejercen de portavoces autorizados. En la cultura individualista de las sociedades desarrolladas de este siglo y donde cualquier diversidad es respetada, al menos teóricamente, se pueden practicar muchas experiencias extremas. Incluso se ve como positivo que cada persona viva como crea conveniente y sin imposiciones ajenas. En un país como España, donde el 85 % de la población entre los doce y los setenta y cuatro años son usuarios activos de las redes sociales[130], se invita a que cada uno sea el rey de sí mismo.

Los perfiles en las redes sociales son la imagen pública de una persona. Se crean contenidos para enseñar qué es lo que a uno le gustaría ser, en lugar de lo que es. Una contradicción acorde con la mercantilización de la sociedad y que ayuda a «vender» una imagen mejor. Quienes aspiran a tener muchos seguidores o llegar a ser *influencers* no lo tienen fácil, debido a la multiplicidad de la oferta. Sin embargo, la mayoría de los perfiles los conforman protagonistas de pequeños mundos que comparten cómo se sienten, lo que les gusta o sus ideas. Una exposición que sirve para construir identidades, fomentar el narcisismo y que los demás aprueben el éxito propio. Pero siempre hay alguien que lo hace mejor o tiene más posibilidades de sobresalir. Al enseñar parte de la propia vida como un éxito personal, también se generan comparaciones con otras más lujosas, completas e inalcanzables para la mayoría de la gente, lo que puede dar lugar a problemas de autoestima. Además, en un ámbito que promociona la cultura del éxito, se tiende a ver el fracaso como algo generado por un fallo personal, como ocurre en el mundo del deporte donde los analistas deportivos atribuyen la derrota de tal o cual deportista a que ha jugado mal.

En esta nueva trama, los comportamientos excesivos pueden parecer una ayuda. El exceso siempre busca diferenciarse, lo que atrae la atención de los demás en contextos donde la mayoría de los usuarios comparten experiencias parecidas de distinta calidad. Éste es uno de los motivos por el que algunos hombres intentan realizarse a través de valores masculinos ancestrales que sienten como las ramas perdidas de un árbol común, y enseñan comportamientos excesivos en las redes sociales. De este modo eluden comparaciones basadas en campos poco propicios para ellos y atraen seguidores.

Con el fin de la sociedad patriarcal, los roles de la masculinidad clásica se han desvaído dando lugar a la búsqueda de una nueva identidad. Una crisis de significado que alimenta muchos extremos de este nuevo siglo y teje una historia donde los hombres superan a las mujeres y las minorías sexuales. Lo cual no implica la inexistencia de la búsqueda de otras identidades, ya sea femenina, LGTBI... «actualizada» porque los retos son parecidos para todas las personas en esta nueva era globalizada, pero la forma de manifestarlo en las mujeres no suele ser a través del exceso.

Acrobacias masculinas sin redes de seguridad

Históricamente, la masculinidad ha estado vinculada a modelos que con el fin de la sociedad industrial y los cambios sociales originados en el siglo anterior se han transformado. También lo han hecho las relaciones entre hombres y mujeres, cuestionadas por los movimientos feministas por su desequilibrio y que, entre otras cosas, resguardaban al sexo masculino de la vulnerabilidad emocional o las responsabilidades domésticas. La consecuencia es que una parte importante de la radicalidad de este siglo se nutre de hombres que consideran que la hombría está en crisis. Suelen ser varones de raza blanca que sufren una crisis emocional que está emparentada con la identidad, aparte de tener connotaciones económicas y políticas.

Los más jóvenes ven en la fuerza física y en la capacidad de riesgo que están dispuestos a asumir, una característica típicamente varonil que les proporciona una sensación de omnipotencia. De esta forma creen seguir un camino de realización personal. Una motivación que resulta evidente en los foros de prácticas de riesgo y donde rige el principio de jugarse el tipo e ir contracorriente, ya que estas radicalidades no están bien vistas socialmente. La sociedad los percibe como una «locura cuerda» donde se corren serios peligros para experimentar subidas hormonales o buscar más seguidores en las redes sociales.

Existen plataformas de *streaming* que prometen a sus participantes, en su inmensa mayoría hombres, una total «libertad creativa» y donde los espectadores pagan por ver cómo los participantes se someten a todo tipo de violencias y humillaciones por dinero, lo que ha ocasionado alguna que otra muerte[131]. También peleas donde se admite cualquier clase de golpe, duelos con armas blancas o de fuego, competiciones de coches, acróbatas aficionados que saltan desde puentes o viaductos sobre ríos o lagunas dando volteretas, o entre azoteas de edificios de gran altura. Las variantes son innumerables. En este carrusel perpetuo del más difícil todavía, y que se graba en vídeo con detalle porque la condición primera de la hazaña es darla a conocer y refrendar en las redes sociales que se ha llevado a cabo, se encuentran los deportes de riesgo, un tipo de exceso individual que no exige la complicidad de numerosa gente, como pueden ser las luchas que se organizan en lugares clandestinos, con cámaras de vídeo en *streaming* para que el público *online* pueda seguirlas en tiempo real y apostar.

El más peligroso de los deportes de riesgo es el salto BASE. Esta sigla es el acrónimo en inglés de los cuatro puntos fijos desde los que es posible saltar en esta modalidad y que son: Building: edificios; Antenna: antenas; Span: puentes, viaductos o infraestructuras similares, y Earth: acantilados, picos o cimas naturales. Lo habitual es lanzarse desde una altura que oscila entre los seiscientos y los ciento cincuenta metros con apertura final del único paracaídas (en el paracaidismo deportivo se salta con dos). Debido a que el salto dura muy poco tiempo, cualquier fallo puede ocasionar un accidente mortal. Según una encuesta de Unofficial Networks, la posibilidad de matarse o sufrir un accidente grave es de una entre sesenta. Dentro de esta especialidad, la más espectacular es la denominada *wingsuit flying* que se realiza con un traje aéreo que tiene tres alas: dos que conectan los brazos con el torso, y una tercera que une las piernas entre sí. Sólo hay cuatro fabricantes en el mundo de estos trajes que se hacen a medida y cuestan unos mil ochocientos euros. El traje aumenta la superficie de contacto con el aire para retrasar la caída y volar horizontalmente con la ayuda de los movimientos de la espalda, hombros, cadera y brazos[132]. En las filmaciones que los mismos saltadores o sus compañeros realizan con cámaras fijadas en el casco se ve cómo planean por encima de riscos y acantilados como si fuesen aves. Según uno de sus practicantes, el nivel de adrenalina siempre está al máximo y requiere un perfecto control del cuerpo ya que se vuela a más de doscientos kilómetros por hora. Lo recomendable es hacer al menos quinientos saltos con paracaídas antes de saltar con un traje de alas. Como supone un gran riesgo, las condiciones climatológicas y el trabajo previo de planificación técnica son fundamentales.

Uno de los practicantes españoles más conocidos es un treintañero de Úbeda, Dani Román (1991), que desde 2016 recorre el mundo con saltos BASE, paracaidismo, y *wingsuit*. En 2022, atravesó con un traje de alas a trescientos kilómetros por hora el arco central del histórico puente de Ronda, operación que le llevó varios meses de preparación. Román estuvo en Ronda muchas veces, tomó medidas con un láser, hizo más de noventa saltos previos y comprobó que podía hacerse con seguridad. Lo más difícil era, una vez cruzado el puente, abrir el paracaídas desde una altura suficiente.

En cambio, el madrileño Álex Villar [ilus. 44] se mató a los treinta y cuatro años en el 2023, cuando participaba en una competición en Punta Calva, en Huesca. Era instructor de parapente, paracaidismo y salto BASE, especialidad en la que contaba con más de mil saltos. La modalidad que le gustaba practicar era el *proximity* (volar con traje de alas cerca del terreno, en la montaña). En el 2019, había atravesado a doscientos cincuenta kilómetros por hora el Arco de Piedrafita, un agujero natural en los Pirineos de sólo siete metros de alto y cuatro de ancho. Al comentar su salto dijo que tenía un 50 % de posibilidades de matarse:

> Es una tontería, te estás jugando la vida para pasar por un agujerito. Es algo que la gente no puede entender. El arco no se ve hasta que estoy prácticamente a cincuenta metros de él. Milímetro arriba o abajo te la juegas, pero la vida es superación[133].

44. Álex Villar en un salto base extremo

En el lugar donde Álex Villar tuvo el accidente mortal se mató dos años antes un amigo suyo, el guardia civil Óscar Cacho. Con Villar era el cuarto accidente mortal de esta actividad deportiva en el Alto Aragón en cinco años. Álex Villar había sobrevivido a un impacto contra el suelo durante un salto en el que cometió un error al calcular la trayectoria y no pudo tomar altura para abrir el paracaídas. Gracias a la suerte, a su fortaleza física y a que el terreno era blando salió ileso.

El cocinero madrileño Darío Barrio (1972-2014), que fue uno de los introductores de los programas de gastronomía en la televisión española y era dueño de un restaurante, murió en la inauguración del Festival Internacional del Aire (FIA), en Segura de la Sierra (Jaén), uno de los más importantes de Europa por la multitud de actividades aéreas. Al realizar el salto no se le abrió el paracaídas. En el evento se homenajeaba al deportista Álvaro Bultó (Barcelona, 1962-2013), que se mató en los Alpes suizos mientras practicaba también el salto con traje de alas. El empresario, presentador de televisión, de cincuenta y un años, había sufrido un accidente durante otro salto en Benidorm el año anterior. Intentó sobrevolar el Gran Hotel Bali, de ciento ochenta y seis metros de altura, y aterrizar en la playa. Un problema con su paracaídas hizo que acabase en el tejado del hotel y sufrir contusiones leves.

En 2024 se estrenó el documental *Fly*, rodado a lo largo de siete años entre Estados Unidos, Noruega y Brasil, y que sigue la vida de varios saltadores BASE sin esconder la realidad (muertes y accidentes) con espectaculares imágenes aéreas de paisajes y saltos. Gente que hace bromas acerca de la posibilidad de sufrir un accidente o morir, y en que cada minuto se vive como si fuese el último. Tenemos a un exmarine que busca lo más peligroso y se siente un superhéroe, pero también parejas que viven extasiadas en pleno romanticismo porque su amor puede finalizar antes de lo previsto[134].

En una sociedad en la que rige el principio de seguridad y se miden bien los riesgos que comporta cualquier acción, resultan sorprendentes estas acrobacias sin red. Vistas desde la pantalla de nuestro móvil producen cuanto menos vértigo, al pensar en las consecuencias de sufrir un fatal accidente de forma gratuita. Cuando se buscan respuestas, aparte de las descritas antes, tenemos también las químicas. Neurotransmisores como la serotonina influyen en las emociones y facilitan que nuestro estado de ánimo tenga sensaciones de felicidad y placer. Cada vez que realizamos una actividad placentera, se estimula la producción de serotonina. También se conoce bien la sobredosis de adrenalina y dopamina en este tipo de acciones. Estas sustancias químicas dependen de las células nerviosas y se usan para enviar señales a otras células en situación de estrés, o de peligro. Otra consecuencia es el recuerdo inmediato de la experiencia, ya que, al ser más intensa de lo habitual, es premiada por la mente con la idea de que duró mucho más tiempo del real, uno de los motivos por los que se memorizan mejor los buenos momentos que los malos. Asimismo, la visión de escenarios naturales a vista de pájaro cambia la manera que tenemos de ver el mundo que nos rodea y a nosotros mismos. Lo mismo que cuando contemplamos de cerca la majestuosidad de una cordillera, nos conecta al Universo y empequeñece las preocupaciones y ansiedades humanas. El asombro puede alterar el estado mental de una persona e incluso permitirle alcanzar un lado espiritual o místico. Como explica un practicante del salto base en un tuit:

> Surcar las montañas en un traje de alas y descender en paracaídas es el epítome de la audacia y la libertad humanas. Se trata de superar los límites, abrazar la emoción y sentirse realmente vivo. Cada salto es un testimonio de valentía, precisión y espíritu inquebrantable para conquistar los cielos. Sigue persiguiendo el horizonte, porque es ahí donde descubres tu verdadera hombría.

Para estos hombres la masculinidad refleja una energía dirigida hacia la superación de uno mismo, actitud que corroboran los miles de comentarios de sus seguidores en las redes sociales y en los que alaban su intrepidez y comparan con Supermán y otros superhéroes.

Conseguir lo que parecía imposible

También hay otros hombres insatisfechos que han intentado crear un mundo nuevo a través de la técnica. Un exceso cuyo origen se remonta a finales del siglo pasado cuando tecnólogos descontentos con el rumbo que tomaban la técnica e Internet, colonizadas por las grandes compañías, quisieron volver a los orígenes libertarios de la red y democratizar el sistema financiero. Pensaron que cambiar las reglas de juego no era tan complicado si se disponía de los conocimientos necesarios y una idea acorde con los nuevos tiempos. Entonces se centraron en idear una moneda que estuviera fuera del control de los gobiernos y los bancos centrales, y que podía ser la raíz de lo demás. Esta mezcla de libertarismo y tecnología intentaba aunar la libertad personal con la capacidad del libre mercado de gestionarse a sí mismo.

También estaban influenciados por creencias como el transhumanismo. Esta ideología parte de los ideales de la Ilustración y del desarrollo tecnológico del siglo XX, y cree en un futuro en el que el envejecimiento, la enfermedad e incluso la muerte pueden vencerse gracias a los rápidos avances de la inteligencia artificial (IA), la edición genética, la neurotecnología y la nanomedicina. A medida que la IA sigue avanzando, los transhumanistas prevén una conjunción con la mente humana, lo que permitirá mejorar también la memoria, el conocimiento y la creatividad.

En 2009, un grupo de personas agrupadas bajo el pseudónimo de Satoshi Nakamoto[135] dieron a conocer un sistema monetario virtual basado en una red que funcionaba con un *software* llamado Bitcoin, al igual que el nombre que dieron a su moneda. Los creadores buscaban un sistema económico que eliminase cualquier tipo de vigilancia e intermediación, lo mismo que ocurre cuando se paga en efectivo. Crearon un libro de contabilidad abierto que registra en Internet las transacciones y se encuentra habilitado en el mayor número de lugares posibles interconectados mediante una red de nodos (ordenadores). El registro de las transacciones funciona con una «cadena de bloques», que viene a ser una base de datos compartida donde la información se guarda en bloques unidos criptográficamente (por eso se les llama criptomonedas), y al que tienen acceso los nodos. Esta forma descentralizada se valida mediante un protocolo común para que los nodos puedan operar al mismo tiempo desde lugares muy diferentes. Una técnica segura de guardar y certificar las operaciones realizadas. Para incentivar la formación de nodos a lo largo del mundo (a los que operan estos nodos se les llamó mineros), se decidió pagarles con la criptomoneda creada, cuya cantidad en el mercado sería limitada en el tiempo para que tuviese más valor.

Uno de los jóvenes que vio con rapidez las posibilidades de este mecanismo fue el impulsor de la segunda criptomoneda de mayor valor después del Bitcoin, el Ether (ETH). Vitálik Buterin nació en Moscú en 1994 y sus padres eran una pareja de ingenieros rusos que emigraron a Canadá en busca de mejores oportunidades. Alto, delgado, rubio, de ojos azules, y bastante introvertido según sus conocidos, de niño su juego favorito era crear y cambiar celdas de Excel. Enseguida demostró un gran talento matemático. Escolarizado en un programa canadiense para niños superdotados, a los doce años programaba juegos para divertirse. Desde los trece a los quince años, se hizo adicto al videojuego de estrategia *World of Warcraft*. Ambientado en un mundo épico medieval, el jugador crea personajes que pertenecen a una raza que pueden ser humanos, orcos, elfos nocturnos o muertos vivientes. Buterin abandonó el juego cuando los programadores «debilitaron» al brujo que era su héroe. Incluso reconoce que lloró y aborreció los «horrores» de los servicios internáuticos centralizados. También cabe pensar que su decepción fue debida a que rompió la omnipotencia mágica que sentía cuando pasaba horas jugando solo en su habitación.

En el 2012 ingresó en la Universidad canadiense de Waterloo. Allí estudió criptografía. Al año de estar en la universidad se dio cuenta de que no iba a aprender lo que de veras le interesaba, que eran las criptomonedas. Un sistema que concordaba con sus ideas favorables a la autonomía individual y la descentralización. Buterin empezó a frecuentar los foros de entusiastas de las criptomonedas donde conoció a un informático rumano, Mihai Alisie, con sus mismas inquietudes. Tras hablar por Skype decidieron crear la primera revista en papel sobre las criptomonedas, *Bitcoin Magazine*.

Buterin viajó a Barcelona para conocer en persona a su amigo rumano. Mihai Alisie vivía en ese momento en una autodenominada «Colonia Ecoindustrial postcapitalista de Calafou», a unos sesenta kilómetros de Barcelona, y disponía de un laboratorio informático en el que estaban involucrados diversos *hackers*[136].

Uno de los organizadores de esta colonia era el profesor de tenis de mesa Enric Durán Giralt (Villanueva y Geltrú, Barcelona, 1976). Mediante una nómina falsa y un oficio ficticio, así como dos empresas fantasma, Durán consiguió cuatrocientos noventa y dos mil euros repartidos en sesenta y ocho pequeños préstamos de una treintena de bancos para comprar objetos de consumo. Durán dijo que invertiría el dinero en financiar alternativas a la sociedad de consumo. Desde ese momento fue conocido como Robin de los Bancos, en referencia a Robin Hood, el bandido del folclore medieval inglés que robaba a los ricos para dárselo a los pobres. En el 2013, la Audiencia de Barcelona ordenó su ingreso en prisión por no haberse presentado al juicio y no ser localizado. Desde la clandestinidad, Durán manifestó en un documental sobre su vida titulado *Robin Bank* que llevaría a cabo un plan continuo de estafas en contra del sistema[137].

En los años de esplendor de Calafou, que van desde el 2013 hasta la pandemia de COVID, las edificaciones, rehabilitadas en parte, fueron una especie de monasterio *hacker* denominado Hackafou. Por unos cien euros mensuales, los *hackers* tenían derecho a comida y alojamiento. Fue en este entorno donde Vitálik Buterin empezó a fraguar el proyecto de su criptomoneda. Incluso intervino en una asamblea general celebrada en julio de 2013, para hablar de estos activos digitales, junto a otros especialistas. Todos coincidieron en la facilidad de crearlo, su seguridad y que no hubiese que pagar impuestos a los gobiernos. Sin embargo, algunos asistentes expresaron sus dudas, ya que el valor de las criptomonedas era especulativo y dependía de la ley de la oferta y la demanda[138].

Tras su estancia en Calafou, Vitálik Buterin visitó varios países en busca de apoyos para su proyecto. No lo entendieron y decidió lanzarlo solo. A finales de 2013, publicó la primera versión del libro blanco de la Fundación Ethereum[139]. Unas treinta personas se mostraron interesadas y empezó a trabajar con ellas para hacer realidad su idea. El apoyo financiero lo obtuvo en la conferencia sobre el Bitcoin celebrada en 2014 en Miami, donde expuso su plan. Vendió dieciocho millones de dólares de monedas a las que denominó «éter» (ETH) cuando éstas fuesen una realidad, por lo que fue la microfinanciera más exitosa del mundo. Además, recibió una subvención personal de cien mil dólares de la Fundación del inversor libertario Peter Thiel[140].

Entonces Buterin creó la Fundación Ethereum, cuya finalidad era organizar una red que ofreciese múltiples servicios, entre ellos criptomonedas. Dos inversores en nuevas tecnologías aportaron más de quinientos mil dólares para pagar el alquiler de la casa y los gastos legales de la empresa naciente. Establecidos en la localidad suiza de Zug, el grupo de programadores y diseñadores venidos de diversas partes del mundo dormían en habitaciones compartidas. De noche, mientras unos dormían otros trabajaban. Ninguno cobraba y se autofinanciaban, aunque recibirían una parte de la criptomoneda que estaban creando[141].

Ethereum presume de ser un proyecto abierto y descentralizado, ya que nadie puede controlar la cadena de bloques. Del anarcocapitalismo inicial queda la afirmación de que se trata de un sistema financiero más justo, ya que nunca se puede apagar, reiniciar o censurar[142]. Como muchos de estos capitalistas tecnológicos de éxito que ejercen también de pensadores, para Buterin la sinergia entre el transhumanismo y las criptomonedas permite superar los límites percibidos, ya sean físicos, políticos o económicos. Buterin cree que la tecnología es una fuerza liberadora y las criptomonedas una herramienta para recuperar el control sobre el dinero, los datos y los gobiernos.

Igual de optimista sobre el futuro, el fundador y consejero delegado de Google DeepMind, Demis Hassabis (Londres, 1976) y ganador del Premio Nobel de Química 2024 junto a David Baker y John Jumper por descubrir los secretos de las proteínas con la IA y computación, asegura que en 2030 aparecerá un *software* capaz de razonar como los humanos[143].

Más polémico, Peter Thiel asegura que estamos en una carrera mortal entre la política y la tecnología:

> El futuro será mucho mejor o mucho peor, pero la cuestión del futuro sigue estando muy abierta... A diferencia del mundo de la política, en el mundo de la tecnología las elecciones de los individuos pueden seguir siendo primordiales. El destino de nuestro mundo puede depender del esfuerzo de una sola persona que construya o propague la maquinaria de la libertad y que haga que el mundo sea seguro para el capitalismo[144].

Más interesante que estas profecías resulta comprobar que sus biografías concuerdan con el mito del emprendedor tecnológico: autodidactas, disruptivos, inversores agresivos y millonarios tempranos. Conocen bien los impulsos humanos por atracciones como el juego en sus diferentes variantes, la importancia del espectáculo y la adrenalina de la transgresión. Sus vidas se han realizado a través del exceso. Hassabis, al igual que Buterin, fue un niño prodigio. Consiguió el grado de maestro en ajedrez a los trece años y logró ser el quinto jugador mejor clasificado en el *ranking* mundial Sub-13. A los diecisiete años codiseñó y desarrolló el videojuego *Theme Park*, que vendió varios millones de copias[145]. Peter Thiel nació en Alemania y vivió en tres continentes por la carrera de su padre, ingeniero. Era un chico raro, muy inteligente y poco sociable. Cambió siete veces de colegio, pero en todos destacó. También fue campeón infantil de ajedrez y estudió Derecho y Filosofía en la Universidad de Stanford.

A comienzos de febrero de 2025, un éter valía 2.553,20 euros. Para Buterin, al igual que para el resto de la tribu de los jóvenes creadores de las criptomonedas y de las nuevas herramientas técnicas, conseguir lo que parecía imposible era un reto perseguido desde niño. Lo que también puede explicarse de otro modo: la soledad y la omnipotencia mágica que experimentaron con sus juegos infantiles y adolescentes les influyó para cambiar el mundo a través del exceso tecnológico.

La fortuna favorece a los hombres audaces

A partir de 2018, muchos inversores pensaron que las criptomonedas podía ser una forma de hacerse rico. Cada día era mayor el número de gente que invertía en el mercado de criptodivisas para especular. Gracias a que el precio cambiaba con rapidez, el inversor podía obtener grandes beneficios en poco tiempo, pero también pérdidas a la misma velocidad. Aunque cada año se acercaba más al mundo de las finanzas, seguía siendo un terreno «peligroso» para quien desconocía las reglas de juego. Menudeaban todo tipo de fraudes.

El caso más sonado fue el de la plataforma de intercambio de criptomonedas FTX, creada en el 2019 por el empresario e inversor norteamericano de veintisiete años Sam Bankman-Fried (Stanford, 1992). Su moneda se llamaba FTT. Gracias a una publicidad muy agresiva protagonizada por deportistas y famosos, la gente empezó a abrir cuentas en FTX para adquirir y comerciar con criptomonedas. Después llegaron los inversores de capital de riesgo y especuladores. En enero de 2022, la empresa valía treinta y dos mil millones de dólares y tenía su sede en las Bahamas. En noviembre, la revista digital de criptomonedas *CoinDesk* reveló que los fondos de los clientes de FTX iban a las cuentas de otra empresa de criptomonedas en pérdidas y también dirigida por Bankman-Fried. El crecimiento vertiginoso de FTX hizo creer al fundador que su capacidad de hacer dinero le permitiría tapar con rapidez los agujeros de la otra compañía. Al conocerse la noticia, los clientes empezaron a retirar su dinero, lo que acabó por hacer quebrar a FTX.

Según el juez que juzgó a Bankman-Fried, la creencia en su autoestima cotizaba demasiado alto para lo que valía[146]. El creciente ego de Bankman-Fried, producto de lograr que un millón de personas confiaran sus ahorros en él, le hizo incluso creer que tenía posibilidades de llegar a la presidencia de los Estados Unidos. La justicia estadounidense presentó cargos penales y civiles en contra de Sam Bankman-Fried y otros ejecutivos de la empresa por apropiarse de más de ocho mil millones de dólares de cuentas ajenas, y que aprovechó también para comprarse viviendas de lujo, yates, automóviles y realizar diversas inversiones. El que fue definido como uno de los mayores fraudes financieros de la historia de los Estados Unidos se cebó en los inversores que sabían poco de las criptomonedas y que habían apostado por la plataforma debido a la publicidad. Bankman-Fried fue extraditado desde las Bahamas a Estados Unidos. En marzo de 2024, fue condenado a veinticinco años de cárcel.

Tres años antes, durante el partido de la final de fútbol americano conocido como la Super Bowl, el mayor acontecimiento deportivo y que más telespectadores siguen en Norteamérica, el actor Matt Damon protagonizó un vídeo publicitario de Crypto.com, una aplicación de intercambio de criptomonedas con sede en Singapur que dice tener ochenta millones de usuarios y tres mil empleados. Su criptomoneda oficial se llama Cronos. El vídeo se titulaba «La fortuna favorece a los valientes». El actor decía en medio de un paisaje digital en el que aparecían varias figuras históricas que la historia está repleta de episodios protagonizados por los casi, los hombres que casi se aventuraron, casi lo consiguieron, pero al final resultó que era demasiado para ellos. El actor se detenía delante de las imágenes de Fernando de Magallanes, sir Edmund Hillary, los hermanos Wright, un grupo de astronautas... y afirmaba que, en cambio, hubo otra gente que se comprometió hasta el final y alcanzó la meta que se habían propuesto. Estos hombres, simples mortales como los demás, cuando se asomaron al precipicio, se tranquilizaron con las palabras que siempre repiten los valientes desde los tiempos de la antigua Roma: la fortuna favorece a los audaces. Desde luego la frase encajaba a la perfección con el viejo sueño americano de que la riqueza está al alcance de la gente capaz de arriesgarse y trabajar duro, pero también era una invitación a unirse a la comunidad de los verdaderos hombres y demostrar coraje.

El anuncio apareció en las vallas publicitarias y anuncios de televisión de muchos países meses antes de que el valor de las criptomonedas se desplomara tras la crisis de FTX, por lo que las bromas se sucedieron a expensas del actor[147].

La idea de que para ganar hay que arriesgarse es un principio básico de las criptomonedas. Así lo proclamaban los libros en los que se afirmaba que la revolución había llegado a los mercados financieros y que la generación de *millennials* habían encontrado un atajo para hacerse ricos[148]. En las redes sociales crecieron portales y foros con *influencers* que aconsejaban a sus seguidores invertir en tal o cual criptomoneda. Esta avalancha se vio favorecida por la pandemia del COVID. Surgieron nuevas aplicaciones que demostraron su utilidad en tiempos de aislamiento, lo mismo que el comercio electrónico se extendió más allá de Amazon. Las plataformas para invertir en el mercado financiero mediante el endeudamiento facilitaron las cosas. En la jerga financiera se conoce como el apalancamiento: endeudarse para invertir. Una práctica muy en boga para un tiempo en el que se había asumido que para ganar había que ser audaz.

Hasta el 2020, las criptomonedas eran un asunto de jóvenes blancos de clases acomodadas que trabajaban en la industria tecnológica o financiera. Pero los jóvenes *millennials* que nacieron entre los años ochenta y el 2000 cambiaron la clientela de las criptomonedas. Ahora los compradores eran de clase media o baja y de todas las razas. Habían visto los excesos de Internet y de las punto.com, la burbuja inmobiliaria y las crisis económicas desde el 2008 hasta el COVID. Estaban educados en el mito de convertirse en marca de sí mismos, ser emprendedores, crear *starup*, en definitiva, esforzarse y tener éxito. Pero también habían sido testigos de cómo las distintas crisis y el aumento de la precariedad empobrecieron a las clases medias. Había hombres que no podían mantener a una familia, comprarse una casa y jubilarse bien. Las ventajas sociales que habían tenido sus padres eran más difíciles de obtener. La insatisfacción masculina volvía a aflorar con fuerza. Para comprobarlo, bastaba con asomarse a WallStreetBets, una página web que depende de Reddit, un foro social con miles de páginas e hilos sobre intereses diferentes y donde dos de cada tres usuarios son hombres.

Muchos jóvenes volcaron sus esperanzas de éxito en las criptomonedas, que en 2022 habían alcanzado los máximos históricos. Sin embargo, ese año se produjo la caída de TerraUSD, una criptomoneda con un valor estable vinculado a la paridad con el dólar y que perdió casi todo su valor en menos de una semana. Su derrumbe dejó tocado al sector, con un impacto de cuarenta mil millones de dólares. Las plataformas que prestaban dinero para el apalanque y posterior compra de criptomonedas, y que a su vez estaban endeudadas, empezaron a verse en dificultades por las retiradas de fondos o la imposibilidad de conseguir crédito, por lo que sus cotizaciones y monedas cayeron arrastrando a muchos inversores. El Bitcoin bajó hasta los dieciséis mil quinientos dólares, mientras que el ETH cotizó en los mil cien dólares, un 70 % menos de su valor respecto al año anterior. Muchos de los que se arruinaron hicieron públicas sus pérdidas con todo lujo de detalles y obtuvieron el aplauso general en los foros de Internet dedicados a las criptomonedas. No es habitual ganar cinco millones de dólares y perderlos en unos días, pero resultaba igual de excitante enseñar a otros hombres las heridas recibidas en el combate.

A pesar de que el mercado alcanzó mínimos tras la quiebra de FTX, el posterior repunte de las criptomonedas ha aumentado su valor en el tiempo. No obstante, carecen de índices económicos hasta cierto punto fiables que orienten al inversor sobre las imprevistas bajadas o subidas especulativas y siguen produciéndose fraudes en los que se han visto implicados incluso gobiernos. Pero las criptomonedas han nacido para quedarse. La capitalización total de las criptodivisas asciende actualmente a más de tres billones de dólares. Todavía estamos en los comienzos de una moneda que de sus orígenes libertarios se ha convertido en el activo capitalista por excelencia gracias a la especulación, el secretismo, el menor número de intermediarios y la libertad de movimientos.

El exceso en el mundo de las criptomonedas es el resultado de comprobar que toda ganancia o pérdida que se tenga, por grande o pequeña que sea, puede ser aún mayor al instante siguiente. Pero siempre habrá un hombre sentado en la mesa de juego entre el todo y nada, dispuesto a demostrar que la fortuna favorece a los audaces.

El exceso que sigue

Lo que resulta inalterable en la historia del exceso a lo largo del tiempo es que las personas que practican estos comportamientos intentan satisfacer impulsos que son la respuesta a necesidades propias, modas del momento o intentos de transformar la sociedad mediante esas prácticas. Como escribió el filósofo y poeta italiano, Giacomo Leopardi (1798-1837) en su diario *Zibaldone di pensieri*, el alma humana tiende a lo infinito porque busca lo que le compensa y desea que sea ilimitado. Éste es el motivo por el que cualquier exceso practicado tiene algo de búsqueda de un tesoro inencontrable. En el fondo, la personalidad extrema quiere dilatar la experiencia del exceso. Le gusta perseguirlo día a día, a veces con éxito y la mayoría de las ocasiones sin lograrlo. Las personalidades excesivas necesitan un propósito que se encuentra más en su imaginación que en la realidad. Esa búsqueda ilusoria de una mayor satisfacción supone acercarse a la meta, aunque al final también muestra los límites de la propia vida. De este modo el exceso proporciona la sensación de una eternidad menor al no poderse saciar nunca por completo.

Éste es el motivo de que la experiencia del exceso sea una fantasmagoría que ayuda a sobrellevar una existencia que no satisface. Creer que con la ayuda de la técnica lograremos que la mayoría de los males que aquejan a la humanidad desaparecerán tiene más de fantasía que de realidad. Sin embargo, para los espíritus extremos estos motivos son suficientes para intentar la experiencia. Sólo a través de la intensidad sienten que la vida es limitada, pero merecedora de ser vivida.

La pregunta que hay que hacerse cuando ha transcurrido un cuarto del siglo XXI sobre la experiencia del exceso no es tanto por qué cada vez son más numerosos los comportamientos extremos. Menos aún si lo que influye en las personalidades excesivas son ciertas particularidades psíquicas, de género, raza o edad, que las hacen más propensas a responder de una forma desmesurada frente a la vida, como pueden ser la baja autoestima, la competitividad o la depresión. Ni siquiera comprobar la relación existente entre padres fallidos e hijos excesivos.

Lo que hay que preguntarse es qué nos enseña la experiencia del exceso en este momento.

Una respuesta se encuentra en los avances tecnológicos que borran la conciencia de los límites y todo parece posible en un mundo transhumanista que intenta superar las fronteras físicas y cognitivas de la condición humana. Además, se tiende a creer que una experiencia es siempre beneficiosa si es placentera. También mucha gente percibe la falta de sentido en su vida, a la que no ven trascendencia alguna ni personal ni espiritual. Se vive en un presente acelerado donde resulta difícil sustraerse a un bombardeo de seducciones desde todos los ámbitos. Las relaciones humanas se rigen por un tráfico generalizado de intereses entre prisas y un «ruido» que fatiga y confunde.

Los comportamientos excesivos no engañan ni pretenden hacer de la vida un juego equilibrado y armónico. Discurren en un estado emocional que oscila entre la insatisfacción y la plenitud. Los excesos del siglo XXI se hallan frente a un escenario abierto. A unos les gusta retarse a sí mismos con acciones peligrosas para probar su hombría, y otros convertir la técnica en una realidad que les haga más poderosos y cambie la forma de vivir. En un mundo que siempre pide más en todos los ámbitos, el exceso crecerá. Las conductas extremas son útiles para crear una identidad en un tiempo nuevo e ilusionar los sentidos con fantasmagorías.

NOTAS

[1] Georg Simmel, «La metrópolis y la vida mental» (1903). *Bifurcaciones, Revista de Estudios Culturales Urbanos*:
http://www.bifurcaciones.cl/004/bifurcaciones_004_reserva.pdf

[2] John Richardson, *Picasso. Una biografía*, vol. I, p. 89. Madrid. Alianza Editorial, 1995.

[3] Benjamin Moser, *Susan Sontag. Vida y obra*. Traducción de Rita da Costa. Barcelona. Anagrama, 2020, p. 327.

[4] Gerald Clarke, *Truman Capote. La biografía*. Traducción de Víctor Pozanco. Barcelona. Ediciones B, 1989, p. 180.

[5] Julien Covignou, *Trafic illicite des stupéfiants. La drogue*. París. Les cahiers de la Tour Saint Jacques, 1960, pp. 215-s.

[6] Fue una de las primeras mujeres aviadoras y sirvió en el ejército chino en 1920. Era hija de un diplomático que estuvo destinado en España y de madre belga, por lo que Nadine nació en Madrid. Su hermana era Marcela de Juan, escritora y traductora que vivió casi toda su vida en España. Con el advenimiento de la República china, en 1912, la familia regresó a Pekín, donde el padre ocupó un puesto de responsabilidad en el ministerio de Asuntos Exteriores y las hijas colaboraron con los movimientos reformistas en su país. Tras la muerte del padre, la familia regresó a España.

[7] Robert Greenfield, *Timothy Leary. Una biografia*. Traducción al italiano de Alessandro Ciappa. Roma. Fandango Libri, 2012, p. 129. Título original: *Timothy Leary. A biography*. Houghton Mifflin Harcourt, 2006.

[8] Albert Hofmann lo descubrió mientras retomaba un antiguo trabajo suyo sobre la dietilamida del ácido lisérgico, cuyo acrónimo en alemán era LSD (Lysergsäurediethylamid), para elaborar un cardiotónico a partir de distintos alcaloides del cornezuelo de centeno. Cuando estaba trabajando en el laboratorio experimentó un estado de conciencia distinto. Se sentía alterado, todo brillaba con un color más intenso y sufría ligeras alucinaciones. Dedujo que su estado era debido a la dietilamida del ácido lisérgico y decidió tomar una dosis mínima de un cuarto de miligramo al día siguiente. El efecto fue demoledor. Sufrió fuertes alucinaciones y al llegar a casa tuvo que tumbarse en un sofá. El entorno se había transformado de un modo

aterrador y creyó haberse envenenado. Pero a la mañana siguiente se levantó con una sensación de bienestar. Albert Hofmann, *La historia del LSD. Balance crítico de sus aplicaciones y efectos, realizado por su descubridor*. Traducción de Roberto Bein. Barcelona. Gedisa, 1997, pp. 31-34.

[9] Luis de León Barga, «La vida extrema de Arthur Koestler, el escritor que despreciaba a las mujeres». https://librosnocturnidadyalevosia.com/la-vida-extrema-de-arthur-koestler-el-escritor-que-despreciaba-a-las-mujeres/

[10] Robert Greenfield, *Timothy Leary. Una biografia*, *op. cit.*, p. 213.

[11] Timothy Leary, *LSD. Flashbacks. Historia personal y cultural de una época. Una autobiografía*. Prólogo de William S. Burroughs. Traducción de Gabriel Dols. Barcelona. Alpha Decay, 2004, p. 309.

[12] Leary era un gran admirador de la obra del escritor alemán, nacionalizado suizo. Hesse fue muy popular en los años sesenta impulsado por la Contracultura que veía en él un antecedente de sus intereses, como la búsqueda de la iluminación espiritual en Oriente en obras como Siddhartha, Viaje al Oriente o El lobo estepario.

[13] Timothy Leary, *LSD. Flashbacks*, *op. cit.*, p. 366.

[14] Según escribió Leary, Susan «siempre había sido una niña obediente y cumplidora, sedienta de aprobación y afecto. La publicidad a escala nacional la afectaba mucho. La revista *Life* y periódicos de todo el país publicaron una foto en la que salía mirándome con devoción perpleja. Cuando volvió a su internado, el director me llamó varias veces durante la primavera para expresarme su preocupación por ella. Después de aquel suceso nada le alegraba. Tardé en descubrir lo mucho que había sufrido por lo que ella veía como una deshonra pública». Timothy Leary, *LSD. Flashbacks*, *op. cit.*, p. 400.

[15] R. E. L. Masters y Jean Houston, *LSD. Los secretos de la experiencia psicodélica*. Traducción de Miguel Jiménez Sales. Barcelona. Bruguera, 1974, p. 177.

[16] En el bienio 1970-1971, una parte minoritaria de la Contracultura norteamericana adoptó la violencia. Los Weather Underground surgieron en 1969 en la Universidad de Michigan, y efectuaban atentados terroristas contra sedes policiales, oficinas de reclutamiento militar y otros símbolos de autoridad. Su nombre procedía de una canción de Bob Dylan, *Subterranean Homesick Blues*, que decía: «You don't need a Weatherman to know which way the wind blows» (No necesitas al hombre del tiempo para saber de qué lado sopla el viento).

[17] Los Panteras Negras era una organización izquierdista para gente de raza negra. Surgida en 1966 como un grupo de autodefensa

frente a la brutalidad policial, acabaron implicados en numerosos actos de violencia y crímenes. Se disolvieron en 1982.

[18] Hofmann criticó que hubiese hecho propaganda del LSD entre los jóvenes y en la prensa, ya que era una droga para ser tomada por cabezas maduras, pero Leary respondió que los jóvenes estadounidenses eran comparables a los europeos adultos en cuanto a información y experiencia vital. Albert Hofmann, *La historia del LSD*, *op. cit.*, pp. 89-92.

[19] Timothy Leary, *LSD. Flashbacks*, *op. cit.*, pp. 528-529.

[20] Timothy Leary, *LSD. Flashbacks*, *op. cit.*, p. 556.

[21] Eldridge Cleaver, tal vez preparando el terreno para lo que él también iba a hacer, en unas declaraciones a la revista *Rolling Stones* justificó la actitud de Leary diciendo que si había caído tan bajo era porque había sido abandonado por los suyos. Cleaver estaba implicado en diversos episodios de violencia armada en contra de la policía y podía ser condenado a más de ochenta años de cárcel. Sin embargo, sólo estuvo encarcelado nueve meses. Nunca se conocieron las causas de tanta benignidad, aunque él siempre dijo que no traicionó a nadie.

[22] Cary Grant admitió que había tomado un centenar de veces LSD en Los Ángeles en 1958, con motivo de su participación en un programa de psicoterapia supervisado por el doctor Oscar Janiger. Para Cary Grant, no era bueno que el ácido fuese ilegal, aunque debía estar controlado: «Es como tomar un vaso de *brandy*, puede hacerte bien. El LSD es un alucinógeno, no es una droga». Horren Wagen, «The other Cary Grant», *New York Times*, 3 de julio de 1977. Cary Grant: how 100 acid trips in Tinseltown 'changed my life': https://www.theguardian.com/film/2017/may/12/cary-grant-how-100-acid-trips-in-tinseltown-changed-my-life-lsd-documentary

[23] David Colker, «El hombre terminal: Timothy Leary se enfrenta a la muerte de la misma manera que siempre se ha enfrentado a la vida: como un rebelde»: https://www.latimes.com/archives/la-xpm-1995-08-28-ls-39657-story.html

[24] Douglas Rushkoff, «Leary's Last Trip»: https://classic.esquire.com/article/1996/8/1/learys-last-trip

[25] La novia del cineasta Jean-Luc Godard, Anne Wiazemsky, estudiante universitaria de diecinueve años, en tanto que entonces era menor de edad, tuvo que ir acompañada de su madre para que un ginecólogo le recetase la píldora, quien lo hizo de malos modos. Richard Vinen, *1968. El año en que el mundo pudo cambiar*. Traducción de Héctor Piquer Minguijón. Barcelona. Crítica, 2018, p. 294.

[26] Catherine Millet, *La vida sexual de Catherine M.* Traducción de Jaime Zulaika. Barcelona. Anagrama, 2000, p. 10.

[27] «Los ojos son un órgano sexual muy poderoso». Entrevista a Catherine Millet. Diego Milos: https://saposcat.cl/entrevista-catherine-millet/

[28] https://www.infobae.com/america/mundo/2018/01/09/el-manifiesto-completo-de-las-intelectuales-francesas-contra-el-metoo/

[29] María Cristina Jurado, «Catherine Millet: "La literatura es un desvío de la pulsión sexual"», *El Mercurio de Chile*: http://www.economiaynegocios.cl/noticias/noticias.asp?id=195183

[30] Catherine Millet, *Amar a Lawrence*. Traducción de Jaime Zulaika. Barcelona. Anagrama, 2021, p. 116.

[31] Catherine Millet, *La vida sexual de Catherine M.*, *op. cit.*, p. 21.

[32] *Ibid.*, p. 24.

[33] «Adicción al sexo: qué es y cómo identificarla»: https://cuidateplus.marca.com/sexualidad/masculina/2020/10/17/adiccion-sexo-como-controlarlo-175240.html

[34] Catherine Millet, *La vida sexual de Catherine M.*, *op. cit.*, p. 80.

[35] *Ibid.*, p. 78.

[36] *Ibid.*, p. 245.

[37] *Ibid.*, p. 51.

[38] *Ibid.*, p. 218.

[39] Jon Henley, «Cómo Catherine Millet descubrió los celos»: https://www.theguardian.com/lifeandstyle/2009/oct/29/catherine-millet-jealous

[40] Catherine Millet, *Celos*. Traducción de Jaime Zulaika. Barcelona. Anagrama, 2010, p. 206.

[41] Jon Henley, «Cómo Catherine Millet descubrió los celos»: https://www.theguardian.com/lifeandstyle/2009/oct/29/catherine-millet-jealous

[42] Esta enfermedad es debida a ciertas insuficiencias de las glándulas endocrinas del tiroides, y conlleva dolorosas contracciones musculares y trastornos del metabolismo, como la falta de calcio en la sangre.

[43] Catherine Millet, *La vida sexual de Catherine M.*, *op. cit.*, p. 250.

[44] Catherine Millet, *Amar a Lawrence*, *op. cit.*, p. 14.

[45] Véase el prólogo de Pilar Mañas Lahoz a los cuentos *Heroínas modernas* (Celeste, 2001) en el que afirma que los personajes femeninos de Lawrence tienen características comunes como la lucha por autodefinirse, escapar de las ataduras sociales impuestas y liberarse a través del amor sensual.

[46] Catherine Millet, *Amar a Lawrence*, *op. cit.*, p. 162.

[47] Didier Eribon, *Michel Foucault*. Traducción de Thomas Kauf. Barcelona. Anagrama, 1992, p. 30.

[48] «La banalidad del macho. Louis Althusser mató a su mujer, Hélène Rytmann-Legotien, que quería abandonarle»: https://www.cairn.info/revue-nouvelles-questions-feministes-2015-1-page-84.htm

[49] Michel Foucault, *La inquietud por la verdad. Escritos sobre la sexualidad y el sujeto*. Edición de Edgardo Castro. México. Siglo XXI, 2013, pp. 35-36.

[50] Pierre Gascar, «La nuit de Sankt-Pauli», en *Portraits et souvenirs*. París. Gallimard, 1991, p. 62.

[51] Luther H. Martin, *Technologies of the Self*. Entrevista con Michel Foucault. University of Massachusetts Press, 1988 [*Tecnologías del yo*. Barcelona. Paidós, 1990].

[52] Tras el fracaso del intento de industrialización forzada del campo, el llamado «Gran Salto Adelante», en el que murieron unos treinta millones de personas, la autoridad de Mao Zedong estaba en crisis y éste azuzó a los jóvenes guardias rojos para desembarazarse de los elementos burgueses, pero también de rivales políticos en lo que se denominó la revolución cultural maoísta (1966-1976).

[53] «Las masas cuando reconocen en alguien a un enemigo, cuando deciden castigar a ese enemigo o reeducarlo, no se apoyan en un aparato de Estado que tiene la capacidad de hacer valer sus decisiones, sino que las ejecutan pura y simplemente»: *Un diálogo sobre el poder y otras conversaciones*. Introducción y traducción de Miguel Morey. Madrid. Alianza, 1981, p. 28.

[54] Paul Veyne, *Foucault: pensamiento y vida*. Barcelona. Paidós, 2009, pp. 36-39.

[55] Luther H. Martin, *Technologies of the Self*. Entrevista con Michel Foucault realizada el 25 de octubre de 1982. Massachusetts Press, 1988.

[56] Simeon Wade, *Foucault in California: A True Story-Wherein the Great French Philosopher Drops Acid in the Valley of Death*. California. Heyday, 2019 [*Foucault en California. Un viaje filosófico y lisérgico*. Traducción de Haizea Beitia. Barcelona. Blackie Books, 2023, pp. 83-85].

[57] Gracias al empeño de una doctoranda en literatura de la Universidad del Sur de California, Heather Dundas, se publicó en 2019, con éxito de crítica y público, y luego fue traducido a distintos idiomas.

[58] B. Gallagher y A. Wilson, «Sex, Power and the Politics of Identity». Entrevista hecha en Toronto, junio de 1982. Publicada en *The Advocate* (7 de agosto de 1984).

[59] David Macey, *Las vidas de Michel Foucault*. Traducción de Carmen Martínez Gimeno. Madrid. Ediciones Cátedra, 1995, p. 184.

[60] Lévy Bernard-Henry, *Las aventuras de la libertad*. Traducción de Ignacio Echevarría. Barcelona. Anagrama, 1992, p. 367.

[61] «Il mitico capo della rivolta nell'Iran», *Corriere della Sera*, 26 de noviembre de 1978; «Una polveriera chiamata Islam», *Corriere della Sera*, 13 de febrero de 1979.

[62] Cliff Hengst, «Don't Cry for Me», 21 de abril de 2017: https://openspace.sfmoma.org/2017/04/dont-cry-for-me/

[63] James Miller, *La pasión de Michel Foucault*. Traducción de Óscar Luis Molina. Chile. Editorial Andrés Bello, 1996, pp. 511-512.

[64] Alain Brossat, «Son cœur mis à nu - l'impossible biographie de Michel Foucault». *Ici et ailleurs*, 11 de agosto de 2017: https://ici-et-ailleurs.org/contributions/portraits-philosophiques/article/son-coeur-mis-a-nu-l-impossible-biographie-de-michel-foucault

[65] Didier Eribon, *Michel Foucault*, *op. cit.*, p. 405.

[66] Mathieu Lindon (Pierre-Sébastien Heudaux), *Nuestros placeres*: https://www.anagrama-ed.es/libro/panorama-de-narrativas/nuestros-placeres/9788433930484/PN_48

[67] Mathieu Lindon – Michel Foucault – Hervé Guibert, «La rencontre des trois hommes»: http://reineblancheproductions.com/mathieu-lindon-michel-foucault-herve-guibert/

[68] Hervé Guibert, *Al amigo que no me salvó la vida*. Traducción de Rafael Panizo. Círculo de Lectores, 1992, pp. 26-27.

[69] *Ibid.*, p. 225.

[70] Eric Favereau, «Los últimos días». Entrevista con Daniel Defert. *Libération*, 19 de junio de 2004.

[71] *Ibid.*

[72] Simeon Wade, *Foucault en California*, *op. cit.*, p. 95.

[73] Ignacio Gómez de Liaño era entonces profesor de Filosofía en la Universidad Complutense de Madrid. Impulsor de la poesía en acción, formó con Herminio Molero y el también pintor Manolo Quejido la Cooperativa de Producción Artística y Artesana en los años sesenta. Es autor de una extensa obra que abarca desde lo filosófico-sociológico hasta lo literario. Tuvo un papel destacado en los Encuentros de Pamplona, uno de los festivales de vanguardia más importantes celebrado en 1972. Publicó un diario de aquellos años: *En la red del tiempo 1972-1977. Diario personal*, Siruela, 2013. Blanca Sánchez Berciano, *Blanca Doble*. Catálogo de la exposición dedicada a Blanca Sánchez Berciano en el Círculo de Bellas Artes de Madrid. Susurrando ediciones, 2014, pp. 41-42.

[74] José Luis Gallero, *Sólo se vive una vez*. Madrid. Árdora, 2001, p. 141.

[75] Ianko López: «Hedonista, ambiguo y seductor. Así era Fernando Vijande, el galerista que trajo a Warhol a España»: https://www.revistavanityfair.es/sociedad/celebrities/articulos/fernando-vijande-galerista-warhol-espana-vandres-costus/26870

[76] Pepe Ribas, uno de los protagonistas de esos años como impulsor de la revista *Ajoblanco*, montó en el 2021 en el Palau Robert de Barcelona junto a Canti Casanovas la exposición «Underground y Contracultura en la Cataluña de los 70», que en 2023 se expuso en Madrid. El catálogo puede servir de muestrario de aquel periodo. *Underground y Contracultura en la Cataluña de los 70*. Generalitat de Catalunya, 2021.

[77] La mejor descripción del Madrid underground es de Mariano Antolín Rato en «Madrid Underground 1963-1973»: https://cvc.cervantes.es/literatura/cuadernos_del_norte/pdf/33/33_75.pdf

[78] Conocidos como «Los Esquizos de Madrid», este grupo lo conformaban, entre otros, Carlos Alcolea, Chema Cobo, Carlos Franco, Luis Gordillo, Sigfrido Martín Begué, Herminio Molero, Rafael Pérez-Mínguez, Luis Pérez-Mínguez, Guillermo Pérez Villalta, Manolo Quejido y Javier Utray. Se caracterizaban por una pintura manierista, influida por el pop inglés y americano, el cómic, los dibujos animados, y que no tenía nada que ver con las tendencias dominantes.

[79] José Luis Gallero, *Sólo se vive una vez*, *op. cit.*, p. 316.

[80] Entrevista a Patricia Godes. Julio, 2023.

[81] José Luis Gallero, *Sólo se vive una vez*, *op. cit.*, p. 153.

[82] Entrevista a Ignacio Gómez de Liaño. Junio 2024.

[83] José Luis Gallero, *Sólo se vive una vez*, *op. cit.*, p. 295.

[84] Juan Carlos Usó, *¿Nos matan con heroína?* Libros crudos, 2015, p. 49.

[85] «La Brigada de estupefacientes desarticula una gran red de tráfico y consumo de drogas», *ABC*, 7/02/1975, pp. 39-40 y «Tres actrices detenidas en Madrid por uso de heroína», *ABC*, 04/04/1975.

[86] Juan Carlos Usó, *¿Nos matan con heroína?*, *op. cit.*, p. 57.

[87] A mitad de los años ochenta podrían contabilizarse entre 60.000 y 125.000 heroinómanos según escribió Eduardo Hidalgo Downing en su libro: *Heroína* (Amargord, 2007). El periodo comprendido entre 1979 y 1982 coincidió con el mayor índice de nuevos consumidores entre la población española de quince a cuarenta y cuatro años, con un máximo de ciento noventa inicios en el consumo de heroína por cada 100.000 habitantes en el año 1980: Juan Carlos Usó, *¿Nos matan con heroína?*, *op. cit.*, p. 96.

[88] «El auge momentáneo que vivió la extrema izquierda a mediados de los años setenta se agotó rápidamente debido a la consolidación del Estado de derecho y la institucionalización de la política. El desencanto respecto a la política se extendió entre la población y la juventud empezó a inclinarse más por lo lúdico. Numerosos simpatizantes y exmilitantes de la extrema izquierda cayeron en la tentación de las drogas, en particular la heroína»: Lorenzo Castro, «L' êxtreme gauche en Espagne», *Sécurité Globale*, 12, verano de 2010.

[89] Juan Carlos Usó, *¿Nos matan con heroína?*, *op. cit.*, p. 100.

[90] Datos del Informe 2022: Alcohol, tabaco y drogas ilegales en España del Ministerio de Sanidad: https://pnsd.sanidad.gob.es/profesionales/sistemasInformacion/sistemaInformacion/pdf/2022_Informe_Indi_mortalidad_.pdf

[91] Elena Figueras, *Creíamos que también era mentira*. Barcelona. Caballo de Troya, 2012, p. 39.

[92] Se refiere a la hermana del actor Will More, Carmen, que salió con Antonio Vega según el documental de Paloma Concejero: *Antonio Vega. Tu voz entre otras mil*. Madrid, 2013.

[93] Jacques Hachuel es un financiero judío de origen marroquí que produjo las primeras películas de Almodóvar. Poseía una importante colección de obras de arte que incluía obras de Rothko, Picasso y Juan Gris. Su pareja de entonces era la actriz Cristina Sánchez Pascual, que había trabajado en las primeras películas de Almódovar. Hachuel organizaba en su casa de Puerta de Hierro numerosas fiestas, donde actuaban los grupos de la Movida.

[94] Sara Morales, *Conversaciones con Ana Curra*. Valencia. Efe Eme, 2021, p. 90.

[95] Elena Figueras, *Creíamos que también era mentira*, *op. cit.*, p. 192.

[96] Sobre el espíritu del local visto desde la perspectiva del dueño, puede leerse la entrevista de Luis de León Barga: https://librosnocturnidadyalevosia.com/nocturnidades-el-sol-de-antonio-gastón/

[97] Elena Figueras, *Creíamos que también era mentira*, *op. cit.*, p. 188.

[98] *Ibid.*, p. 214.

[99] José Luis Gallero, *Sólo se vive una vez*, *op. cit.*, p. 172.

[100] Ann Marlowe, *Cómo detener el tiempo. La heroína de la A a la Z*. Traducción de Roger Wolfe. Barcelona. Anagrama, 2002, p. 133.

[101] Entrevista a Mariví Ibarrola. Noviembre de 2023.

[102] Entrevista a Patricia Godes. Julio de 2023. Patricia Godes ha escrito, entre otros libros, varios sobre la Movida madrileña como *Alaska y los Pegamoides: el año en que España se volvió loca*

(Lengua de Trapo, 2013), o la *Guía del Madrid de la Movida*, con Jesús Ordovás (Anaya Touring, 2020).

[103] El Pentagrama, conocido como El Penta, es un bar inaugurado en 1976 y que se encuentra en la calle de La Palma, en el barrio madrileño de Malasaña. Tenía actuaciones en directo y fue muy frecuentado por la gente de la Movida.

[104] Testimonio de Lorenzo Castro en junio de 2023.

[105] La música fue una de las principales señas de identidad de la Movida madrileña y a ello contribuyeron decisivamente los programas radiofónicos de Rafa Abitbol, Mario Armero, Gonzalo Garrido, Diego Manrique, Jesús Ordovás, Juan de Pablos y Juan Pablo Silvestre.

[106] Kaka de Luxe (1977-1982) estaba formado por Fernando Márquez, «El Zurdo», Alaska, Nacho Canut, Carlos Berlanga, Manolo Campoamor y Enrique Sierra, y fueron el germen de diferentes conjuntos musicales de la Movida.

[107] Benavente procedía de Los Escaparates, una banda creada por César Scappa. Durante un tiempo Eduardo Benavente estuvo en paralelo con los Pegamoides y Escaparates. El Ángel, el tercer componente de Los Escaparates, le obligó a elegir y Eduardo se decantó por los Pegamoides.

[108] Sara Morales, *Conversaciones con Ana Curra*, *op. cit.*, p. 9.

[109] Álvaro Corazón Rural: «Ana Curra: "Hubo dos Movidas, la *light* que se ha vendido, y la de los perdedores y transgresores"»: https://www.jotdown.es/2014/02/ana-curra-hubo-dos-movidas-la-light-que-se-ha-vendido-y-la-de-los-perdedores-y-transgresores/

[110] El Ángel, *Los planos de la demolición*. Madrid. Los libros del Cuervo. Ediciones Detursa, 1994, p. 8.

[111] Sara Morales, *Conversaciones con Ana Curra*, *op. cit.*, p. 151.

[112] *Ibid.*, p. 180.

[113] Álvaro Corazón Rural, «Ana Curra: "Hubo dos Movidas, la *light* que se ha vendido, y la de los perdedores y transgresores"»: https://www.jotdown.es/2014/02/ana-curra-hubo-dos-movidas-la-light-que-se-ha-vendido-y-la-de-los-perdedores-y-transgresores/

[114] El Ángel, *Los planos de la demolición*, *op. cit.*, p. 164.

[115] *Ibid.*, p. 39.

[116] Sara Morales, *Conversaciones con Ana Curra*, *op. cit.*, p. 115.

[117] Patti Smith, *Éramos unos niños*. Traducción de Rosa Pérez. Barcelona. Debolsillo, 2012, p. 149.

[118] Susan Sontag, *Bajo el signo de Saturno*. Traducción de Juan Utrilla Trejo. Lasser Press Mexicana, 1981, p. 101.

[119] Benjamin Moser, *Susan Sontag. Vida y obra*. Traducción de Rita da Costa. Barcelona. Anagrama, 2020. p. 409.

[120] John McKendry publicó en 1967 un libro titulado *Four Victorian Photographers* (Cuatro fotógrafos victorianos), con fotografías de Adolphe Braun (1812-1877), Julia Margaret Cameron (1815-1879), David Octavius Hill (1802-1870), Robert Adamson (1821-1848), y Thomas Eakins (1844-1916) que significó el redescubrimiento de la antigua fotografía británica.

[121] Patti Smith, *Éramos unos niños*, *op. cit*., p. 207.

[122] Bob Colacello, «Cuando Robert Mapplethorpe conquistó Nueva York». *Vanity Fair*, marzo de 2016.

[123] Jack Fritscher, *Mapplethorpe. El fotógrafo del escándalo*. Traducción de J. A. Bravo. Barcelona. Alcor, 1995, p. 61.

[124] Susan Sontag, *Bajo el signo de Saturno*, *op. cit*., p. 106.

[125] *BDSM. Estudios sobre la dominación y la sumisión*. Thomas S. Weinberg (ed.). Prólogo de Olga Viñuales. Barcelona. Edicions Bellaterra, 2008. p. 213.

[126] «NYC cierra el "notorio" Mineshaft», *New York Times*, 7 de noviembre de 1985.

[127] Marcus Leatherdale comparte retratos nunca vistos de Robert Mapplethorpe: https://i-d.vice.com/en_uk/article/8xgawp/marcus-leatherdale-shares-never-before-seen-portraits-of-robert-mapplethorpe

[128] «Photophilia: A Conversation about the Photography Scene», Autor(es): Ben Lifson y Abigail Solomon-Godeau, *Octubre*, vol. 16, Art World Follies (primavera de 1981), pp. 102-118.

[129] Entrevista con María (junio de 2023).

[130] Este porcentaje significa unos treinta millones de personas. En cuanto a usuarios de Internet, el número de personas que también utiliza redes sociales es aún mayor, superando el 87 %: https://iabspain.es/estudio/estudio-de-redes-sociales-2023/; https://fad.es/tag/jovenes-y-redes-sociales/

[131] En la madrugada del 17 al 18 de agosto de 2025, tras una emisión ininterrumpida de doce días en la plataforma de *streaming*, Kick, falleció el francés Raphaël Graven, en un ritual de golpes y humillación y con el que los dos agresores y la víctima se ganaban la vida con parte del dinero obtenido por los espectadores.

[132] Jeremías San Martín, «¿Qué es el *wingsuit* y cómo funciona un traje de alas?»: https://www.redbull.com/es-es/wingsuit-flying-como-funciona-traje-aereo

[133] «El salto base imposible de Álex Villar: Un 50 % de posibilidades de matarme»: https://amp.antena3.com/noticias/deportes/el-

salto-base-imposible-de-alex-villar-si-fallas-imaginate-zumo-de-humano_201909195d83a69e0cf24e45f0b4b908.html

[134] *Fly*, de Christina Clusiau y Shaul Schwarz (Estados Unidos, 2024, 110 minutos) Disney+.

[135] En la creación del Bitcoin tuvieron un papel destacado el informático y criptógrafo Nicholas Szabo (1964), el ingeniero informático Wei Dai y el programador y criptógrafo Hal Finney. Hal Finney, «Dying Outsid»: https://www.lesswrong.com/posts/bshZiaLefDejvPKuS/dying-outside

[136] Diego Miralles Buill, «La vivienda cooperativa autogestionada como vector de una nueva cultura del habitar. El caso de la colonia ecoindustrial postcapitalista de Calafou». XV Coloquio Internacional de Geocrítica. Las ciencias sociales y la edificación de una sociedad post-capitalista. Barcelona, 7-12 de mayo de 2018: https://www.ub.edu/geocrit/XV-Coloquio/DiegoMiralles.pdf

[137] Leonor Mayor Ortega, «Un documental desvela que Robin Bank planea un nuevo golpe a escala "global"»: https://www.lavanguardia.com/cultura/20220523/8288041/documental-desvela-robin-bank-planea-nuevo-golpe-escala-global.html

[138] «El Bitcoin no es la revolución, pero puede ayudar»: https://cooperativa.cat/el-bitcoin-no-es-la-revolucion-pero-puede-ayudar/

[139] La piedra filosofal de toda criptomoneda es el libro blanco o documento técnico que informa de los fines, detalles técnicos y camino a seguir del proyecto. Este documento es clave para que los inversores analicen el valor de la criptomoneda que se va a lanzar al mercado. El documento técnico de Ethereum, escrito por Vitalik Buterin, describía los detalles de la segunda criptomoneda más grande por capitalización de mercado: https://zert.com/es-ES/blogs/what-is-a-crypto-whitepaper

[140] Peter Thiel (Fráncfort del Meno, 1967) es un libertario conservador, administrador de fondos de inversión libre y capitalista de riesgo que fundó PayPal junto a Elon Musk, además de ser uno de los primeros inversores de Facebook. También donó dinero a la campaña electoral del actual presidente norteamericano Donald Trump, al que asesora. Es partidario de las criptomonedas y la tecnología como elemento de libertad frente a la política. Peter Thiel, «La educación de un libertario»: https://www.cato-unbound.org/2009/04/13/peter-thiel/education-libertarian/

[141] Vitálik Buterin, «Crypto in Switzerland»: https://about.me/vitalikbuterin

[142] «Un sistema financiero más justo»: https://ethereum.org/es/

[143] Véase el vídeo de la intervención de Hassabis en el que lo explica, publicado en X por Tsarathustra. @tsarnick: Demis Hassabis: we're on track to deliver AGI by 2030. 28 de febrero de 2024.

[144] https://www.cato-unbound.org/2009/04/13/peter-thiel/education-libertarian/

[145] Hassabis hizo el doctorado en Neurociencia Cognitiva en la Universidad de Londres en el 2009 y continuó su investigación en neurociencia e inteligencia artificial en el Instituto de Tecnología de Massachusetts (MIT) y en la Universidad de Harvard.

[146] Jane Rosenberg, «El destino de Sam Bankman-Fried queda sellado por sus propias palabras»: https://www.ft.com/content/3026157a-84e9-4325-9ab7-a551a901e09e?

[147] Damon justificó su participación debido a que su organización sin fines de lucro, Water.org, fundada junto al ingeniero y filántropo Gary White para facilitar el acceso al agua potable en el Tercer Mundo concediendo pequeños préstamos, atravesaba una mala racha financiera.

[148] «Wallstreetbets, la nueva forma de ganar dinero: Descubre cómo los *millennials* se hacen millonarios con Reddit en 2021»: https://www.amazon.es/Wallstreetbets-nueva-forma-ganar-dinero/dp/B08W7SNJVY

LA EXPERIENCIA DEL EXCESO

Brun, Annie Le, *Del exceso de realidad*. Traducción de Fabienne Bradu. México. FCE, 2004.
Dufourmantelle, Anne, *Elogio del riesgo*. Traducción de Simone Hazan. México. Paradiso Editores, 2015.
Granés, Carlos, *El puño invisible. Arte, revolución y un siglo de cambios culturales*. Madrid. Taurus, 2011.
Julius, Anthony, *Transgresiones. El arte como provocación*. Traducción de Isabel Ferrer. Barcelona. Destino, 2002.
Platón, *Diálogos*, vol. V: *Parménides, Teeteto, Sofista, Político*. Edición de Carlos García Gual y Fernando García Romero. Traducidos por Álvaro Vallejo Campos, Néstor Luis Cordero y Mª Isabel Santa Cruz. Barcelona. Gredos, 2021.
Recalcati, Massimo, *¿Qué queda del padre? La paternidad en la época hipermoderna*. Traducción de Silvia Grases. Barcelona. Xoroi Edicions, 2015.
Richardson, John, *Picasso. Una biografía*. Madrid. Alianza Editorial, 1995.
Serra, Maurizio, *La ferita della modernità*. Bolonia. Il Mulino, 1992.

LA SOBRINA DE OSCAR WILDE

Barnes, Djuna, *El almanaque de las mujeres*. Traducción de Rocío Maya Retamar. Madrid. Egales, 2008.
Benstock, Shari, *Mujeres de la «Rive Gauche»*. Traducción de Víctor Pozanco. Barcelona. Lumen, 1993.
Bitton, Jean-Luc, *Jacques Rigaut. Le suicidé magnifique*. París. Gallimard, 2019.

Cocteau, Jean, *Opio (diario de una desintoxicación)*. Traducción y prólogo de Julio Gómez de la Serna. Edición ilustrada con dibujos del autor. Felmar, 1975.

Clarke, Gerald, *Truman Capote. La biografía*. Traducción de Víctor Pozanco. Barcelona. Ediciones B, 1989.

Fitzsimons, Eleanor, *Wilde's Women: How Oscar Wilde Was Shaped by the Women He Knew*. Nueva York. Overlook Press, 2016.

López Viejo, Enrique, *La vida crápula de Maurice Sachs*. Santa Cruz de Tenerife. Melusina, 2012.

Rodriguez Hunter, Suzanne, *Wild Heart: A Life: Natalie Clifford*. Nueva York. HarperCollins, 2002.

Schenkar, Joan, *La importancia de llamarse Dolly Wilde*. Traducción de Ana Eiroa Guillén. Barcelona. Lumen, 2002.

Stein, Gertrude, *Autobiografía de Alice B. Toklas*. Traducción de Andrés Bosch. Barcelona. Lumen, 2000.

Weiss, Andrea, *París era mujer: retratos de la orilla izquierda del Sena*. Traducción de Concha Cardeñoso. Madrid. Egales, 2014.

Internet:

Gerten, Magnus, *Every Face Has a Name*: http://www.chinaww2.com/2016/01/25/the-mysterious-prisoner/

«Nelly & Nadine»*:* http://www.chinaww2.com/2016/01/25/the-mysterious-prisoner/

UNA VIA RÁPIDA PARA LIBERAR LA MENTE

Alpert, Richard; Cohen, Sidney; Schiller, Lawrence, *LSD. A journey into the asked, the answered, and the unknown*. Conmemorative Edition. Minneapolis. WS Press, 2023.

Ayers, Bill, *Días de fuga. Memorias de un activista contra la guerra de Vietnam*. Traducción de Pablo González-Nuevo. Gijón. Hoja de Lata, 2014.

Baker, Deborah, *La Generación Beat en la India. El viaje iniciático de Allen Ginsberg tras la mano azul*. Prólogo de Jordi Doce. Traducción de David Paraleda López. Madrid. Fórcola, 2025.

Dass, Ram, *Siendo Ram Dass. Siempre aquí y ahora*. Traducción de Alejandro Pareja Rodríguez. Madrid. Gaia Ediciones, 2021.

Greenfield, Robert, *Timothy Leary. Una biografia*. Traducción al italiano de Alessandro Ciappa. Roma. Fandango Libri, 2012.

Harcourt-Smith, Joanna, *Tripping the Bardo with Timothy Leary: My Psychedelic Love Story*. Carolina del Sur. CreateSpace Independent Publishing Platform, 2013.

Higgs, John, *I Have America Surrounded*. Londres. Thistle Publishing, 2013.

Hofmann, Albert, *LSD. Cómo descubrí el ácido y qué pasó después en el mundo*. Traducción de Roberto Bein. Barcelona. Gedisa, 1997.

Hoffman, Abbie, *Roba este libro*. Prólogo de Howard Zinn. Introducción de Norman Mailer. Traducción de Inés Campillo y Jorge Sola. Madrid. Capitán Swing, 2016.

Horowitz, Michael; Walls, Karen; Smith, Billy, *An anotated bibliography of Timothy Leary*. Prólogo de Allen Ginsberg. Prefacio de Timothy Leary. Introducción de Frank Barron. Santa Cruz, California. Archon Books, 1988.

Labin, Suzanne, *Hippies, drogas y sexo*. Traducción de C. Castro. Barcelona. Círculo de Lectores, 1974.

Leary, Timothy, *The Interpersonal Diagnosis of Personality*. Nueva York. The Ronald Press, 1957.

–, *El libro tibetano de los Muertos*. Traducción de Horacio Quinto. Barcelona. Star Books, 1976.

–, *Confesiones de un adicto a la esperanza*. Traducción de Luis González Castro. Barcelona. Página Indómita, 2023.

–, *LSD. Flashbacks. Historia personal y cultural de una época. Una autobiografía*. Prólogo de William S. Burroughs. Traducción de Gabriel Dols. Barcelona. Alpha Decay, 2004.

Lee, Martin A. y Shlain, Bruce, *Sueños de ácido. Historia social del LSD: La CIA, los sesenta y más allá*. Prólogo de Andrei Codrescu. Traducción de Luis González Castro. Barcelona. Página Indómita, 2023.

Masters, R. E. L. y Houston, Jean, *LSD. Los secretos de la experiencia psicodélica*. Traducción de Miguel Giménez Sales. Barcelona. Bruguera, 1974.

Minutaglio, Bill y Steven, L. Davis, *The Most Dangerous Man in America: Timothy Leary, Richard Nixon and the Hunt for the Fugitive King of LSD*. Nueva York. Twelve, 2018.

Richards, Keith, *Vida*. Traducción de Helena Álvarez de la Miyar. Barcelona. Cúpula, 2018.

Roszak, Theodore, *El nacimiento de la Contracultura*. Traducción de Ángel Abad. Barcelona. Kairós, 2010.

Rubin, Jerry, *¡Hazlo! Escenarios de la revolución del 68*. Traducción de Pablo Álvarez Ellacuria. Barcelona. Blackie Books, 2018.

Usó, Juan Carlos, *Spanish trip. La aventura psiquedélica en España*. Barcelona. La Liebre de Marzo, 2001.

Wasson, Robert Gordon, *El hongo maravilloso: Teonanacatl*. México. FCE, 1983.

Watts, Alan, *Memorias 1915-1965*. Traducción de David González Raga. Barcelona. Kairós, 1999.

Wolfe, Tom, *Ponche de ácido lisérgico*. Traducción de Jesús Zulaika Goicoechea. Barcelona. Anagrama, 2000.

Woodruff Leary, Rosemary, *Psychedelic Refugee: The League for Spiritual Discovery, the 1960s Cultural Revolution, and 23 Years on the Run*. Edición de F. Phillips David. Rochester. Park Street Press, 2021.

Internet:

Diggers, Docs, «A tribute to the San Francisco Diggers», by Jay Babcock: https://diggersdocs.org

Prima, Diane di, «The Holidays at Millbrook», 1966: https://itinerantdaughter.com/2012/04/17/lets-make-this-for-ourselves/

Roraback, Dick, «Timothy Leary, party animal»: *Los Angeles Times,* 11 de diciembre de 1987: https://www.latimes.com/archives/la-xpm-1987-12-11-vw-18892-story.html

Rosenbaum, Ron, «Back in the High Life. Ron Rosenbaum»: https://archive.vanityfair.com/article/1988/4/back-in-the-high-life

Rushkoff, Douglas, «Leary's Last Trip»: https://classic.esquire.com/article/1996/8/1/learys-last-trip

Sirius, R. U., «Timothy Leary's Trip Thru Time»: https://people.well.com/conf/inkwell.vue/topics/466/R-U-Sirius-Timothy-Leary-s-Trip-page01.html#post2

AMAR DE OTRO MODO

Burgess, Anthony, *La vida en llamas*. Traducción de Víctor Pozanco. Barcelona. Ediciones B, 1989.

Bruckner, Pascal y Finkielkraut, Alain, *El nuevo desorden amoroso*. Traducción de Joaquín Jordá. Barcelona. Anagrama, 2006.

Fabre-Luce, Alfred, *D. H. Lawrence. Novelista y profeta*. Traducción de José Mora Guarnido. Buenos Aires. Santiago Rueda, 1944.

Henric, Jacques, *Legendes de Catherine M*. París. Éditions Denoël, 2001.

Lawrence, D. H., *Correspondencia* (I y II). Recopilación de Aldous Huxley. Traducción de Narciso Pousa. Barcelona. Ediciones de Nuevo Arte Thor, 1984.

–, *Heroínas modernas*. Prólogo y traducción de Pilar Mañas. Madrid. Celeste, 2001.

–, *Mujeres enamoradas*. Traducción de Andrés Bosch. Barcelona. Debolsillo, 2006.

–, *El amante de lady Chatterley*. Traducción de Francisco Torres Oliver. Madrid. Alianza Editorial, 2022.

Leavis, F. R., *D. H. Lawrence. Novelista*. Traducción de Francisco Rivera. Barcelona. Barral, 1974.

Millet, Catherine, *La vida sexual de Catherine M*. Traducción de Jaime Zulaika. Barcelona. Anagrama, 2000.

–, *Celos*. Traducción de Jaime Zulaika. Barcelona. Anagrama, 2010.

–, *Amar a Lawrence*. Traducción de Jaime Zulaika. Barcelona. Anagrama, 2021.

–, *Une enfance de rêve*. París. J'ai Lu, 2015.

–, *Commencements*. París. Flammarion, 2022.

Vinen, Richard, *1968. El año en que el mundo pudo cambiar*. Traducción de Héctor Piquer Minguijón. Barcelona. Crítica, 2018.

Internet:

«Adicción al sexo: qué es y cómo identificarla»: https://cuidateplus.marca.com/sexualidad/masculina/2020/10/17/adiccion-sexo-como-controlarlo-175240.html

Alemano, Cecilia. «Catherine Millet: "Hay una libertad que antes las chicas no tenían, pero son temerosas con respecto a la sexualidad"»: https://www.almagrorevista.com.ar/catherine-millet-una-libertad-las-chicas-no-tenian-temerosas-respecto-la-sexualidad

Basciani, Ariana. «Catherine Millet: "D. H. Lawrence tenía una visión 'natural' de la sexualidad"»: https://theobjective.com/further/cultura/2021-02-17/catherine-millet-d-h-lawrence-tenia-una-vision-natural-de-la-sexualidad/

Berens, Jessica. «The double life of Catherine M.»: https://www.theguardian.com/books/2002/may/19/biography.features

Desjardins, Marie Laurie. «Catherine Millet. "Je reste d'avant-garde"»: https://www.artshebdomedias.com/article/060413-catherine-millet-je-reste-avant-garde/

Friera, Silvina. «Creo que hoy la gente es menos libre en sus prácticas sexuales»: https://www.pagina12.com.ar/147705-creo-que-hoy-la-gente-es-menos-libre-en-sus-practicas-sexual

Fritzsche, Lara. «Catherine Millet: "Las mujeres tienen mucho poder sobre los hombres cuando recurren a su sexualidad"»: https://www.xlsemanal.com/personajes/20200110/catherine-millet-sexo-celos-metoo-feminismo-escritora-francesa.html

Gil, Eve. «Celos y cuerpos liberados: Catherine Millet, la nueva lady Chatterley»: https://semanal.jornada.com.mx/2022/05/15/celos-y-cuerpos-liberados-catherine-millet-la-nueva-lady-chatterley-147.html

Gómez, Andrés. «Catherine Millet: "Nuestra crítica al #MeToo era al encierro de la mujer en el papel de víctima"»:

https://www.latercera.com/culto/2021/05/01/catherine-millet-nuestra-critica-al-metoo-era-al-encierro-de-la-mujer-en-el-papel-de-victima/

Henley, Jon. «Cómo Catherine Millet descubrió los celos»: https://www.theguardian.com/lifeandstyle/2009/oct/29/catherine-millet-jealous

Hevia, Elena. «Catherine Millet cuenta su otra vida sexual en Celos.» La autora relata su infierno al descubrir la recíproca infidelidad de su marido: https://www.elperiodico.com/es/actualidad/20100222/catherine-millet-cuenta-vida-sexual-124105

Jurado, María Cristina. «Catherine Millet: "La literatura es un desvío de la pulsión sexual"»: http://www.economiaynegocios.cl/noticias/noticias.asp?id=195183

Lacroix, Hugo. «Catherine M., singular de cualquier tipo»: ttps://www.artshebdomedias.com/article/catherine-m-singuliere-quelconque/

Méndez, Begoña. «La carta de amor de Catherine Millet a D. H. Lawrence»: https://www.elespanol.com/el-cultural/letras/20210201/carta-amor-catherine-millet-lawrence/555696325_0.html

Millet, Catherine, Legados del 1968: https://artreview.com/ar-may-2018-feature-voices-of-68-catherine-millet/

Millet, Catherine. Discurso inaugural en la Feria Internacional del Libro de Buenos Aires de 2018: https://www.redaccion.com.ar/catherine-millet-en-el-filba-desde-hace-mas-de-un-siglo-las-mujeres-se-empenan-en-hacer-surgir-la-parte-oculta-de-la-historia/

Milos, Diego. «Los ojos son un órgano sexual muy poderoso.» Entrevista a Catherine Millet: https://saposcat.cl/entrevista-catherine-millet/

Millet, Catherine. «La mujer no es sólo un cuerpo»: https://elpais.com/elpais/2018/02/06/opinion/1517922099_385720.html

Millet, Catherine. «El movimiento #MeToo es absolutamente antidemocrático»:

https://www.lanacion.com.ar/opinion/biografiacatherine-millet-el-movimiento-metoo-es-absolutamente-antidemocra-nid2180901/

Salamé, Léa. «Catherine Millet: "Ma seule puissance c'est la liberté!"»: https://www.radiofrance.fr/franceinter/podcasts/femmes-puissantes/catherine-millet-ma-seule-puissance-c-est-la-liberte-4541152

Sánchez Mariño, Joaquín, «Catherine Millet, la polémica autora francesa que se opone al #MeToo se pregunta: "¿Existe la mujer?"»: https://www.redaccion.com.ar/catherine-millet-en-el-filba-desde-hace-mas-de-un-siglo-las-mujeres-se-empenan-en-hacer-surgir-la-parte-oculta-de-la-historia/

Tapia, Patricio. «Catherine Millet: decirlo todo»: https://revistasantiago.cl/literatura/catherine-millet-decirlo-todo/

Tran Huy, Minh. «Catherine Millet: "El placer femenino sigue siendo un gran misterio"»: https://madame.lefigaro.fr/celebrites/interview-catherine-millet-la-vie-sexuelle-de-catherine-m-aimer-lawrence-110917-133982

Vicente, Álex. «Catherine Millet: "Hay una regresión en la forma de vivir la sexualidad femenina"»; https://elpais.com/cultura/2021-01-27/catherine-millet-hay-una-regresion-en-la-forma-de-vivir-la-sexualidad-femenina.html

Vicente, Álex. «Catherine Millet: "Hay que dejar de creer que la mujer siempre es una víctima"»: https://elpais.com/cultura/2018/01/12/actualidad/1515761428_968192.html

Wiseman, Eva. «Lo que sé de los hombres»: https://www.theguardian.com/lifeandstyle/2009/nov/22/relationships-men-catherine-millet

Yanke, Rebeca. «Catherine Millet: "La pareja es el último baluarte de la sociedad"»: https://www.elmundo.es/cultura/literatura/2021/02/10/6022c879fc6c83c1038b45d3.html

LO QUE EL CUERPO CALLA

Bataille, Georges, *El límite de lo útil*. Traducción de Manuel Arranz. Buenos Aires. Losada, 2005.

–, *La literatura y el mal*. Traducción de Lourdes Ortiz Sánchez. Prólogo de Luis Antonio de Villena. Barcelona. Editorial Nortesur, 2010.

–, *El erotismo*. Traducción de Antoni Vicens y Maria Paule Sarazin, Barcelona. Tusquets, 2002.

Baudrillard, Jean, *Olvidar a Foucault*. Traducción de José Vázquez Pérez. Valencia. Pre-Textos, 2000.

Bourdieu, Pierre, «Non chiedetemi chi sono. Un profilo di Michel Foucault». *L'Indice*, 1, octubre de 1984, pp. 4-50.

Colina, Fernando, *Foucaltiana*. Valladolid. La Revolución Delirante, 2020.

Deleuze, Gilles, *Michel Foucault y el poder*. Traducción de Javier Palacio Tauste. Madrid. Errata Naturae, 2014.

Eribon, Didier, *Michel Foucault*. Traducción de Thomas Kauf. Barcelona. Anagrama, 1992.

Foucault, Michel, *Enfermedad mental y personalidad*. Traducción de Emma Kestelboim. Barcelona. Paidós, 2016.

–, *El orden del discurso*. Traducción de Alberto González Troyano. Barcelona. Planeta, 2018.

–, *El pensamiento del afuera*. Traducción de Manuel Arranz Lázaro. Valencia. Pre-Textos, 1988.

–, *Esto no es una pipa. Ensayo sobre Magritte*. Traducción de Francisco Monge y Joaquín Jordá. Barcelona. Anagrama, 1989.

–, *Historia de la locura en la época clásica*. Traducción de Juan José Utrilla. Madrid. Fondo de Cultura Económica, 2016.

–, *Historia de la sexualidad*, 4 vols. Traducción de Ulises Guinazú, Tomás Segovia, Marí Soler y Horacio Pons. Madrid. Siglo XXI, 2019.

–, *La arqueología del saber*. Traducción de Aurelio Garzón del Camino. Madrid. Siglo XXI, 2022.

–, *La inquietud por la verdad. Escritos sobre la sexualidad y el sujeto*. Edición al cuidado de Edgardo Castro. Siglo XXI, 2013.
–, *La microfísica del poder*. Traducción de Horacio Pons. Madrid. Siglo XXI, 2022.
–, *La naturaleza humana. Justicia versus poder. Un debate*. Conversaciones entre Noam Chomsky y Michel Foucault. Traducción de Leonel Livchits. Madrid. Katz Editores, 2006.
–, *La vida de los hombres infames*. Traducción de Julia Varela y Fernando Álvarez Uría. Altamira, 1996.
–, *Nietzsche, Freud y Marx*. Traducción de Alberto González Troyano. Barcelona. Anagrama, 1970.
–, *Nietzsche: La genealogía de la historia*. Traducción de José Vázquez Pérez. Valencia. Pre-Textos, 1992.
–, *Lecciones sobre la voluntad de saber*. Curso del Collège de France (1970-1971) seguido de *El saber de Edipo*. 356 (Universitaria). Traducción de Horacio Pons. Madrid. Akal, 2015.
–, *El coraje de la verdad. El gobierno de uno mismo y de los otros*. Traducción de Horacio Pons. Madrid. Akal, 2014.
–, *Tecnologías del yo y otros textos afines*. Traducción de Mercedes Allendesalazar. Barcelona. Paidós, 1990.
–, *Vigilar y castigar: nacimiento de la prisión*. Traducción de Aurelio Garzón del Camino. Madrid. Siglo XXI, 1992.
–, *Yo, Pierre Riviére*. Traducción de Joan Vinyoli. Barcelona. Tusquets, 2001.
Gasear, Pierre, «La nuit de Sankt-Pauli», en *Portraits et souvenirs*, París. Gallimard, 1991.
Guibert, Hervé, *Al amigo que no me salvó la vida*. Traducción de Rafael Panizo. Barcelona. Círculo de Lectores, 1992.
Halperin, David, *San Foucault. Para una hagiografía gay*. Traducción de Mariano Serrichio. Buenos Aires. El cuenco de plata, 2004.
Heudaux, Pierre-Sébastien, *Nuestros placeres*. Traducción de Joaquín Jordá. Barcelona. Anagrama, 1984.

Lévy, Bernard-Henry, *Las aventuras de la libertad*. Traducción de Ignacio Echevarría. Barcelona. Anagrama, 1992.
Lindon, Mathieu, *Ce qu'aimer veut dire*. París. Gallimard, 2013.
Macey, David, *Las vidas de Michel Foucault*. Traducción de Carmen Martínez Gimeno. Madrid. Ediciones Cátedra, 1995.
Miller, James, *La pasión de Michel Foucault*. Traducción de Óscar Luis Molina. Barcelona. Editorial Andrés Bello, 1996.
Morey, Miguel, *Lectura de Foucault*. Madrid. Sexto Piso, 2014.
–, *Escritos sobre Foucault*. Madrid. Sexto Piso, 2014.
Sauquillo, Julián, *Michel Foucault: Poder, saber y subjetivación*. Madrid. Alianza, 2017.
Surya, Michel, *Georges Bataille. La muerte obra*. Traducción de Meritxell Martínez Fernández, Madrid. Arena Libros, 2014.
Trombadori, Duccio, *Conversaciones con Foucault: Pensamientos, obras, omisiones del último* maître-à-penser. Amorrortu Editores, 2010.
Veyne, Paul, *Foucault: pensamiento y vida*. Barcelona. Paidós, 2009.
Wade, Simon, *Foucault in California: A True Story. Wherein the Great French Philosopher Drops Acid in the Valley of Death*. California. Heyday, 2019 [*Foucault en California. Un viaje filosófico y lisérgico*. Traducción de Haizea Beitia. Barcelona. Blackie Books, 2023].

Internet:

Brossat, Alain. «Son cœur mis à nu - l'impossible biographie de Michel Foucault». *Ici et ailleurs*, 11 de agosto de 2017: https://ici-et-ailleurs.org/contributions/portraits-philosophiques/article/son-coeur-mis-a-nu-l-impossible-biographie-de-michel-foucault
Hengst, Cliff. «Don't Cry for Me», 21 de abril de 2017: https://openspace.sfmoma.org/2017/04/dont-cry-for-me/
«Mathieu Lindon – Michel Foucault – Hervé Guibert»:

La rencontre des trois hommes http://reineblancheproductions.com/mathieu-lindon-michel-foucault-herve-guibert/

MUJERES EN FUGA

Benito, Fernández, J., *Eduardo Haro Ibars: los pasos del caído*. Barcelona. Anagrama, 2005.

Burroughs, William, *Yonqui*. Traducción de Martín Lendinez. Gijón. Júcar, 1976.

Clar, Aníbal J. y Munster, Pedro, *Eduardo Benavente. El genio detrás de la cortina*. Prólogo de Edi Clavo. Madrid. Dos Calaveras, 2022.

Castro, Lorenzo, «L'extrême gauche en Espagne». *Sécurité Globale*, n.º 12, verano de 2010.

Costa, Jordi, *Cómo acabar con la contracultura. Una historia subterránea de España*. Barcelona. Taurus, 2018.

Cervera, Rafael, *Alaska y otras historias de la movida*. Barcelona. Debolsillo, 2003.

Domínguez, Salvador, *Los hijos del rock. Los grupos hispanos 1975-1989*. Madrid. Sociedad General de Autores, 2004.

El Ángel, *Los planos de la demolición*. Madrid. Los libros del Cuervo. Ediciones Detursa, 1994.

Figueras, Elena, *Creíamos que también era mentira*. Madrid. Caballo de Troya, 2012.

Fouce, Héctor, *El futuro ya está aquí*. Prólogo de Mario Vaquerizo. Epílogo de Edi Clavo. Fotos de Miguel Trillo. Madrid. Velecio editores, 2006.

Gallero, José Luis, *Sólo se vive una vez*. Madrid. Ardora, 2001.

García Contreras, Rafael, *Relato sin costuras. Movida madrileña 1977-1988. Moda, tendencias y tribus urbanas*. Madrid. Ocho y Medio, 2024.

Gendre, Marcos; Godes, Patricia; Ordovás, Jesús; et alii, *Parálisis Permanente. Adictos a la lujuria*. Barcelona. Quarentena, 2014.

Godes, Patricia, *Alaska y los Pegamoides: El año en que España se volvió loca*. Madrid. Lengua de Trapo, 2013.

Hidalgo Downing, Eduardo, *Heroína*. Madrid. Amargord, 2007.

Ibarrola, Mariví, *Yo disparé en los ochenta*. Madrid. Munster Books, 2012.

Labrador Méndez, Germán, *Culpables por la literatura. Imaginación política y contracultura en la transición española (1968-1986)*. Madrid. Akal, 2017.

Lenore, Víctor, *Espectros de la Movida. Por qué odiar los años 80*. Madrid. Akal, 2018.

Marlowe, Ann, *Cómo detener el tiempo. La heroína de la A a la Z*. Traducción de Roger Wolfe. Barcelona. Anagrama, 2002.

Márquez, Fernando (El Zurdo), *Todos los chicos y chicas. Historias de la Nueva Ola*. Madrid. La banda de Moebius, 1980.

Méndez, Sabino, *Crónica personal de los 80*. Madrid. Espasa, 2000.

Morales, Sara, *Conversaciones con Ana Curra*. Madrid. Efe Eme, 2021.

Ordovás, Jesús, *La movida madrileña y otras movidas*. Madrid. Guadarramistas Editorial, 2020.

Ribas, Pepe, *Los setenta a destajo*. Barcelona. Booket, 2011.

Sánchez Berciano, Blanca, *Doble Blanca*. Catálogo de la exposición dedicada a Blanca Sánchez Berciano en el Círculo de Bellas Artes de Madrid, 2014.

–, *La movida*. Comunidad de Madrid, Consejería de Cultura y Deportes. Madrid, 2007.

Urquijo, Álvaro, *Siempre hay un precio*. Barcelona. Espasa, 2021.

Usó, Juan Carlos, *¿Nos matan con heroína?* Madrid. Libros Crudos, 2015.

Villena, Luis Antonio de, *Madrid ha muerto. Esplendor y caos en una ciudad feliz de los ochenta*. Barcelona. El Aleph, 1999.

Internet:

Ander, Álex. «Ana Curra: “La gente nos llamaba brujas y putas a Alaska y a mí, pero nosotras nos reíamos”»: https://www.revistavanityfair.es/articulos/ana-curra-alaska-entrevista-eduardo-benavente

Ávalos, Almudena. «Ana Curra: "En la vida hay que darlo todo; si no, no tiene sentido"»: https://elpais.com/smoda/famosos/ana-curra-en-la-vida-hay-que-darlo-todo-si-no-no-tiene-sentido.html

Corazón Rural, Álvaro. «Ana Curra: "Hubo dos Movidas, la *light* que se ha vendido, y la de los perdedores y transgresores"»: https://www.jotdown.es/2014/02/ana-curra-hubo-dos-movidas-la-light-que-se-ha-vendido-y-la-de-los-perdedores-y-transgresores/

González, Álvaro. «Los Pegamoides, la generación que derribó a "los progres" de pana y cantautor»: https://epoca1.valenciaplaza.com/ver/115806/-los-pegamoides----la-generacion-que--derribo-a-los-progres--de-pana-y-cantautor-.html

León Barga, Luis. «El Sol de Antonio Gastón»: https://librosnocturnidadyalevosia.com/nocturnidades-el-sol-de-antonio-gastón/

López Frías, David. «McNamara, cuarenta años después de su disco con Almodóvar: "Ojalá pudiera borrar toda la Movida madrileña"»: https://www.elperiodico.com/es/sociedad/20230824/mcnamara-40-anos-despues-disco-pedro-almodovar-117961300

Marcos, Carlos. «Enrique Urquijo: verdades y mentiras sobre el músico de las emociones»: https://elpais.com/cultura/2021-11-16/enrique-urquijo-verdades-y-mentiras-sobre-el-musico-de-las-emociones.html

Mariño, Henrique. «Ana Curra: "Ir por el camino contrario al de la mayoría es de triunfadora, no de perdedora"»: https://www.publico.es/entrevistas/ana-curra-camino-contrario-mayoria-triunfadora-no-perdedora.html

FANTASÍAS GUERRERAS

Barger, Ralph, Ángel del Infierno. Vida y andanzas de *Sonny Barger y el Club de Motoristas Ángeles del Infierno*. Logroño. Pepitas de calabaza, 2015.

Cooper, William Rev., *Sesso estremo. Pratiche senza limiti nell'epoca cyber*. Castelvecchi. Roma, 1998.

France, David, *Bag of Toys: Sex, Scandal and the Death Mask Murder*. Boston. Little, Brown & Company, 1992.

Freud, Sigmund, *Tres ensayos sobre teoría sexual*. Traducción de Ramón Rey Ardid. Madrid. Alianza, 2006.

Hanson, Dian, *The Little Book of Tom. Military Men*. Colonia. Taschen, 2022.

León Barga, Luis de, *Narcisistas contemporáneos. Groupies, playboys y nocturnidades*. Madrid. Fórcola, 2021.

Morrisroe, Patricia, *Robert Mapplethorpe. Una biografía*. Traducción de Gian Castelli Gair. Barcelona. Circe, 1996.

Moser, Benjamin, *Sontag. Vida y obra*. Traducción de Rita da Costa. Barcelona. Anagrama, 2020.

Phillips, Anita, *Una defensa del masoquismo*. Traducción de César Palma. Barcelona. Alba Editorial, 1998.

Sontag, Susan, *Bajo el signo de Saturno*. Traducción de Juan Utrilla Trejo. México. Lasser Press Mexicana, 1981.

Weinberg, Thomas S., *BDSM. Estudios sobre la dominación y la sumisión*. Prólogo de Olga Viñuales. Barcelona. Edicions Bellaterra, 2008.

Internet:

Colacello, Bob. «Cuando Robert Mapplethorpe tomó Nueva York»:
https://www.vanityfair.com/culture/2016/03/robert-mapplethorpe-new-york

Fritscher, Jack. «Robert Mapplethorpe - Fetiches, caras y las flores del mal», Profiles in Gay Gourage 1-29 de mayo de 2022: www.JackFritscher.com

Fritscher, Jack, «Wally Wallace Tells All»:
https://jackfritscher.com/PDF/ProfilesGayCourage-1/WallaceWally_v4BFinal-Color.pdf

Horwell, Veronica. «Maxime de la Falaise. Modelo, diseñadora y presentadora de sociedad en Londres, París y Nueva York»:
https://www.theguardian.com/lifeandstyle/2009/may/09/obituary-maxime-de-la-falaise

Lifson, Ben y Solomon Godeau, Abigail. «Photophilia: A Conversation about the Photography Scene». *Art World Follies* (primavera de 1981), vol. 16, pp. 102-118.

Manning, Emily. «Marcus Leatherdale comparte retratos nunca vistos de Robert Mapplethorpe»: https://i-d.vice.com/en_uk/article/8xgawp/marcus-leatherdale-shares-never-before-seen-portraits-of-robert-mapplethorpe

Mead, Rebecca. «Robert Mapplethorpe's Intimate Gifts to His Lover and First Male Model, David Croland»: https://www.newyorker.com/culture/photo-booth/robert-mapplethorpes-intimate-gifts-to-his-lover-and-first-male-model-david-croland

Seniuta, Isabella. «The Troubled Life of a Dandy: John J. McKendry, Curator of Prints and Photographs at the Met (1967-1975)»: https://theclassicphotomag.com/the-troubled-life-of-a-dandy-john-mckendry/

EL EXCESO EN EL SIGLO XXI

Ammous, Saifedean, *El patrón Bitcoin: La alternativa descentralizada a los bancos centrales*. Traducción de Mercedes Vaquero Granados. Deusto, 2022.

Andrés, Sebastián, *Ethereum en español: La guía definitiva para introducirte al mundo del Ethereum, las Criptomonedas, Smart Contracts y dominarlo por completo*. WB Publishing, 2022.

Leopardi, Giacomo, *Zibaldone di Pensieri*. Volume Secondo. Milán. Mondadori, 1972.

María, Álvaro D., *La filosofía de Bitcoin: La caída del Estado*. Deusto, 2024.

Piaget, Jean, *La representación del mundo en el niño*. Ediciones Madrid. Morata, 2007.

Russo, Camila, *La máquina infinita: Cómo un ejército de* cripto-hackers *crea el Internet del futuro con Ethereum*. Francisco Gordillo colaborador. Traducción de Hugo A. Cañete. Madrid. La esfera de los libros, 2023.

AGRADECIMIENTOS

Quisiera expresar mi agradecimiento a los protagonistas de este libro, algunos de los cuales conocí, y a los que me han ayudado con sus recuerdos, mis peticiones, sugerencias e ideas. Escribir, a pesar de las apariencias, no es un acto solitario.

Patricia Godes, Mariví Ibarrola, Lorenzo Castro, Pablo Sycet, Malcolm, Ignacio Gómez de Liaño, Raquel, Lola, Belén, Teresa, Almudena, Katherine, Mónica... y tantos otros, algunos de los cuales ya no están como Blanca o Elena y que harían esta lista demasiado larga pero que saben que están en mi corazón, como esos amigos que decidieron que no les nombrase pero que sabían bien de lo que hablaban.

También a todos aquellos que en algún momento de este tiempo de escritura estaban dispuestos a escuchar frases inconclusas e ideas a medio formar, y sus recordatorios de que hay vida más allá de la pantalla de un ordenador.

No quiero olvidarme de quienes, a través de su experiencia personal, han compartido la intimidad de sus recuerdos y la compleja búsqueda de sensaciones. Ellos me descubrieron que la percepción no es fija, que la realidad misma puede cambiar bajo el peso de nuevas experiencias y que la escritura también puede ser una herramienta para abrir puertas entrecerradas.

Agradezco al saltador base, R., cuyo coraje he constatado con admiración, por explicarme lo que significa saltar desde una cornisa, lo que me hizo pensar que todo vuelo comienza con una caída.

Asimismo, a los especialistas en finanzas y criptomonedas, Ignacio y Luis, por sus conversaciones sobre el riesgo, la visión economicista y la creación de valor donde no existe y se origina.

Y, por último, a mi editor, Javier Jiménez, que siempre quiso que este ensayo estuviese en su catálogo. Si este libro existe es porque no lo olvidó.

A todos ellos —amigos, excesivos, soñadores, sabios, exploradores, guardianes—, gracias. Esta obra refleja también su fe, valentía y generosidad conmigo.

ÍNDICE ONOMÁSTICO

ÍNDICE

Esta primera edición de *Excesos femeninos. Delirios masculinos. Una lectura de nuestro tiempo*,
de Luis de León Barga,
se envió a imprenta el 15 de octubre de 2025,
en el IC aniversario del nacimiento del filósofo,
historiador, sociólogo y psicólogo francés
Michel Foucault (1926-1984).

«Cada individuo debe llevar su vida de tal forma que los demás puedan respetarla y admirarla.»

Michel Foucault

La fórcola es la parte más rara y hermosa de la góndola veneciana, realizada en madera, en la que el gondolero apoya el remo para maniobrar. Una auténtica fórcola se talla, de forma artesanal, sobre la curvatura natural del árbol, por eso no hay dos fórcolas iguales.

Advertencia:
Este libro no se ha escrito utilizando
un Generador de Texto IA.
Su contenido es netamente peligroso:
su lectura invita al silencio,
mejora los niveles de comprensión lectora
y ayuda a tener ideas propias.